René Borbonus

Ich zähle jetzt bis drei!

Wie Sie mit Kindern ins Gespräch kommen, im Gespräch bleiben und mit Fehlern umgehen

W0294799

Econ

Wir verpflichten uns zu Nachhaltigkeit

- Klimaneutrales Produkt
- Papiere aus nachhaltiger Waldwirtschaft und anderen kontrollierten Quellen
- ullstein.de/nachhaltigkeit

MIX
Papier
FSC FSC® C083411

Econ ist ein Verlag
der Ullstein Buchverlage GmbH

ISBN 978-3-430-21058-4

3. Auflage 2022

© der deutschsprachigen Ausgabe
Ullstein Buchverlage GmbH, Berlin 2022
Redaktion: Silke Pachal, Berlin
Alle Rechte vorbehalten
Gesetzt aus der Aldus nova Pro
Satz: LVD GmbH, Berlin
Druck und Bindearbeiten: CPI books GmbH, Leck

Für meine beiden Lehrer: Leo und Johann

Inhalt

Prolog

Redebedarf

Kommunikation als Schlüssel zu einer guten Eltern-Kind-Beziehung

»Kinder großziehen ist ganz einfach. Nur das Ergebnis lieben ist schwer.«

Kommentar eines Vaters (nicht meines Vaters)

Vor Kurzem wurde ein guter Freund meiner Familie 50. Rolf ist dreifacher Vater. Aus diesem Anlass hatte Lili, seine Tochter im Teenagerinnen-Alter, sich eine besondere Überraschung ausgedacht. Sie berührte mich als Vater genauso tief, wie sie mich als Kommunikationstrainer beeindruckte. Das Mädchen überreichte Rolf zu seinem Geburtstag ein selbst hergestelltes Buch. Dafür hatte sie viele Jahre lang Highlights der Kommunikation zwischen ihr und ihrem Vater gesammelt. In dem liebevoll gestalteten Band kommentierte sie diese besonderen Momente ihrer Vater-Tochter-Beziehung. Zum Beispiel fand sich darin die Geschichte einer für sie besonders schwierigen Zeit, die einige Jahre zurücklag. Lili hatte nach der Rückkehr der Familie nach Deutschland von einem langen Auslandsaufenthalt in Kanada große Adaptionsschwierigkeiten. Darüber zu sprechen war ihr allerdings schwergefallen.

Just in dieser Zeit schien sich eine Fee namens Titania im Hause der Familie häuslich eingerichtet zu haben. Gutes Timing, denn Rolf hatte den umgekehrten Kulturschock seiner Tochter genauso bemerkt wie ihr Zögern, darüber zu sprechen. Er riet Lili, sich an Titania mit Zettelchen zu wenden, auf denen sie ihre Sorgen niederschreiben könne. Zwischen den beiden entspann sich ein Briefwechsel, in dem Rolfs Tochter sich endlich öffnen konnte. Stets erhielt sie einfühlsame Antworten und Ratschläge, und schon bald ging es ihr wieder viel besser in ihrer neuen, alten Heimat.

Wie das Lili in ihrem Geschenkband nun Jahre später berichtete, hatte sie damals zwar durchaus eine Ahnung gehabt, dass Titania in

Wahrheit Rolf hieß. Doch wen kümmerte das schon? Die Verbindung war geknüpft, die Kommunikation zeigte Wirkung. Die Absenderin oder der Absender der zauberhaften Antwortbriefe, wer auch immer sie oder er sein mochte, nahm großen Einfluss auf ihr Leben in dieser für sie prägenden Zeit. So groß, dass sie als fast erwachsene Teenagerin das Bedürfnis verspürte, Danke zu sagen für das, was ihr Vater, die Fee, mit seinen Worten bewegt hatte. In ihrem Geburtstagsbuch für Rolf schrieb Lili unter anderem Folgendes:

> *»Falls irgendwann jemand mal gesagt hat, dass Väter keine Feen sein können, dann liegt diese Person falsch. […] Das erste Mal, dass ich etwas über meine liebe Titania erfuhr, war ich sieben Jahre alt. Ich lernte sie durch mein Feenbuch kennen. […] Ich glaube, ich wusste sogar, dass du die Person warst, die sich hinter Titania verbarg, habe mich aber unterbewusst dagegen entschieden, es zu glauben, bis ich sie nicht mehr brauchte. Als ich dann einmal einen Brief von ihr oben auf deinem Schreibtisch gefunden habe, war ich nicht enttäuscht oder überrascht, sondern einfach glücklich, dass ich eine Fee hatte, die mir so sehr geholfen hat, mich an mein neues Leben in Deutschland zu gewöhnen. Du wirst immer meine Fee bleiben, ob du dich nun Tata, Titania oder was ganz anderes nennst.«*

Wie es in dieser Erzählung anklingt, war Rolf nicht nur in dieser besonderen Phase der Eingewöhnung als Gesprächspartner für Lili da, sondern ihr ganzes Kinderleben lang, was auch immer ihr Redebedarf gerade war. Das ist auch der Grund, warum ich Ihnen von Rolf und Lili erzähle. Denn das ist es, was Kommunikation in der Familie bewirkt: Die Gespräche mit Kindern prägen ihr Leben. Mit unseren Worten entscheiden wir Eltern darüber, wie diese Prägung aussieht. Vielleicht bekommt nicht jede oder jeder von uns am 50. Geburtstag ein Best-of-Album des eigenen Eltern-Werks geschenkt. Respekt, lieber Rolf! Doch der Einfluss, den die Eltern-Kind-Kommunikation auf ein Kind und sein späteres Leben hat, kann gar nicht überschätzt werden.

Gelingende Kommunikation ist nichts weniger als das Fundament eines funktionierenden Zusammenlebens. Das ist sie immer und für jeden von uns, aber ganz besonders in Familien mit Kindern. Kommunikation formt Beziehungen, und Beziehungen formen Lebensqualität. Wenn die Gespräche zwischen Eltern und Kindern gelingen, ist das nicht nur eine gute Basis für die Entwicklung der Kinder. Es geht auch uns Eltern wesentlich besser damit, und zwar an jedem einzelnen Tag unseres Lebens.

Leider, und da erzähle ich Ihnen bestimmt nichts Neues, gelingen Gespräche nur eben nicht jedes Mal. Das weiß ich als Trainer genauso sicher, wie ich es schon viele Male als Vater schmerzlich am eigenen Leib gespürt habe. Ganz bestimmt weiß selbst Rolf aus eigener Erfahrung, wie sich eine misslingende Kommunikation mit den eigenen Kindern anfühlt. Manchmal höre ich einen meiner Söhne mit dem anderen reden und erkenne den Tonfall meiner Frau oder meinen eigenen wieder. Das kann ein fröhliches Erwachen sein oder ein schmerzhaftes. Wahrscheinlich gelingt mir auch vieles. Doch auffallen werden uns immer eher die Verbalunfälle: Im Umgang mit Kindern spürt man bis ins Mark, wenn die Verbindung nicht gelingt. Weichen Sie dem Schmerz nicht aus. Nehmen Sie ihn an. Er zeigt das tiefe emotionale Potenzial, das in jedem Gespräch steckt.

Ziemlich sicher spreche ich Ihnen aus der Seele, wenn ich behaupte: Eltern-Kind-Kommunikation ist die Lebensaufgabe, auf die uns niemand vorbereitet hat. Hinzu kommt, dass es nie schwieriger war als heute, mit Kindern ins Gespräch zu kommen und im Gespräch zu bleiben. Schließlich sind unser Alltag und unsere Kommunikation auch ohne die Elternrolle schon anspruchsvoll genug: Klimawandel, Digitalisierung, Wandel der Arbeitswelt. Noch keine Generation musste in so kurzer Zeit so viel Veränderung verstehen, bewältigen – und kommunizieren. All das verblasst im Vergleich zu der Verantwortung, in dieser komplexen und ungewissen Zeit Eltern zu sein. Nicht nur müssen wir die Welt für unsere Kinder irgendwie zusammenhalten, nein, wir müssen ihnen all das Durcheinander auch noch erklären können. Vom ganz normalen Familienwahnsinn mal ganz zu schweigen: Auch im 21. Jahrhundert lachen und weinen unsere Kinder, und oft verstehen wir als Erwachsene noch immer nicht, warum. Wie eh und je brauchen sie unsere volle Zuwendung, unsere Liebe und unsere Konsequenz, um von Mini-Menschen zu großen Persönlichkeiten heranzureifen. Aller Ablenkung und Überforderung zum Trotz verdienen sie unsere volle Aufmerksamkeit.

Ich selbst erlebe die Wachstumsschmerzen täglich. Nicht die meiner Kinder, nein: meine eigenen. Gestandene Politikerinnen und Politiker, Managerinnen und Manager habe ich auf schwierige Gespräche vorbereitet. Aber der Dialog als Vater mit meinen Kindern ist meine mit Abstand größte persönliche Herausforderung. Aus dieser doppelten Insider-Perspektive heraus habe ich dieses Buch geschrieben und hoffe, Ihnen als Experte und Lernender in eigener Sache zugleich eine helfende Hand zu reichen.

Im Grunde, da mache ich mir gar nichts vor, erzähle ich in diesem Buch die Geschichte meines eigenen Scheiterns. Besonders als Eltern tun wir uns alle einen großen Gefallen, wenn wir das von vornherein anerkennen: Jede Geschichte über Kommunikation ist immer im selben Maße eine Geschichte des Scheiterns, wie sie eine Geschichte des Wachstums ist. Und das ist völlig okay, denn daraus lernen wir lebenslang weiter – gemeinsam mit unseren Kindern. Eltern müssen eben nicht perfekt sein, um für ihre Kinder perfekt zu sein. Alles, was Sie tun müssen, ist, im Gespräch zu bleiben. Redebedarf gibt es immer.

Diese Haltung der Achtsamkeit gegenüber den eigenen Möglichkeiten und Grenzen ist das Thema des ersten Kapitels. Kommunikation ist immer auch eine Frage der persönlichen Ressourcen. Eltern laufen ständig Gefahr, die eigenen Grenzen zu überrennen. Doch wenn wir nicht auf uns selbst aufpassen, können wir auch nicht achtsam mit den Menschen kommunizieren, die darauf am meisten angewiesen sind: mit unseren Kindern.

Am besten geht es uns natürlich, wenn die ganze Familie an einem Strang zieht. Kinder zur Kooperation zu bewegen ist wahrscheinlich die größte Herausforderung in der Eltern-Kind-Kommunikation, weil sie sich rund um die Uhr stellt. Ihr ist das zweite Kapitel gewidmet. Die Tipps und Strategien für kooperatives Verhalten werden Ihren Alltag mit Kindern vielleicht nicht zu einem einzigen unbeschwerten Spaziergang machen, aber immerhin zu einer *Mission Possible* mit Spaßfaktor für alle.

Im dritten Kapitel geht es um die Rolle, die das Timing bei der Kommunikation mit Kindern spielt – und nicht nur mit ihnen. Viele Gespräche scheitern einfach daran, dass sie im falschen Moment und unter den falschen Voraussetzungen geführt werden. Vermeiden lässt sich das mit dem nötigen Hintergrundwissen darüber, wie Wahrnehmung in Gesprächen funktioniert.

Empathie ist die wohl wichtigste Kompetenz, um tiefgreifend auf die Bedürfnisse von Kindern eingehen zu können. Deshalb ist sie Gegenstand des vierten Kapitels. Während Kinder von Natur aus Meisterinnen und Meister der Empathie sind, haben sich viele Erwachsene im Laufe ihres Lebens Empathie recht effektiv abgewöhnt. Die Kommunikation mit Kindern ist das ideale Spielfeld, um sie zu trainieren und so der Eltern-Kind-Beziehung eine ganz neue Qualität zu verleihen.

Alle Eltern wünschen sich, besser zu ihren Kindern durchdringen zu können – gerade auch bei Themen, auf die sie zuverlässig keinen Bock haben. Dafür hält die Rhetorik ein riesiges Repertoire an Möglichkeiten bereit, von denen wir im hektischen Familienalltag die meisten einfach liegen lassen. Das fünfte Kapitel zeigt Ihnen, wie Sie mit sprachlichen Mitteln Brücken in die Welt Ihrer Kinder bauen können.

Auch die Wortwahl bestimmt maßgeblich darüber, ob Botschaften bei Kindern ankommen und wie es ihnen damit geht. Leider gehen wir unter Druck und Stress oft nicht sehr sorgsam mit unseren Worten um. In der Kommunikation mit Kindern ist das ein echter Verlust, denn sie nehmen Worte wörtlich. Deshalb kauen wir im sechsten Kapitel einmal gründlich darauf herum.

Ein Thema, das vielen Eltern Bauchschmerzen macht, ist der Umgang mit extremen Gefühlen bei ihren Sprösslingen. Wut, Angst, Scham und andere Empfindungen können bei Kindern so stark sein, dass sie uns überfordern und sogar das Familienleben dominieren. Deshalb ist es extrem hilfreich, zu wissen, wie man entspannter und konstruktiver damit umgehen kann. Genau darum geht es im siebten Kapitel.

Das achte Kapitel widmet sich der wichtigen Frage, wo in Gesprächen der Spaß aufhört und die Verletzungen beginnen. Leider ist Sprachgewalt auch in Familien viel verbreiteter, als uns lieb sein kann. Es gehört nicht viel dazu, einem empfindsamen Kind wehzutun. Gleichzeitig reicht schon ein bisschen mehr Achtsamkeit aus, um die meisten Verletzungen zu vermeiden.

In Kapitel neun schließlich steht zur Debatte, was wir Kindern in Gesprächen für die Zukunft mitgeben. Denn was in der Familie geschieht, wirkt sich auf den Rest ihres Lebens aus. Wenn Sie Ihren Sprösslingen also nur noch einen Gefallen mehr tun wollen, ersparen Sie ihnen den späteren Besuch bei der Motivationstrainerin oder dem Motivationstrainer. Dafür braucht es nicht mehr, aber auch nicht weniger als gelingende Gespräche über die besonders kniffligen Lebensthemen – und Ihr gutes Vorbild.

Wenn ich von gelingender Kommunikation spreche, meine ich damit zwei große Ziele, die ich mit Ihnen verfolgen möchte. Beide sind untrennbar miteinander verknüpft. Zum einen sorgen wirkungsvolle Gespräche mit Ihren Kindern dafür, dass das Zusammenleben als Familie funktioniert und alle Beteiligten sich wohlfühlen. Zum anderen sind Sie Ihrem Kind bei jedem Gespräch gleichzeitig immer auch Vorbild für gute Kommunikation im Allgemeinen. Kommunikation ist Leben, Eltern-Kind-Kommunikation ist Familienleben, Ihre gelebte Kommunikation ist Vorbild für das Leben Ihrer Kinder.

Wenn wir als Eltern unsere Sache in der Kommunikation so gut machen, wie wir eben können, erweisen wir unseren Kindern damit den größten Liebesdienst, dessen wir mächtig sind. Gelingende Kommunikation ist jede kleine und große Mühe, jeden aufgearbeiteten Streit, jeden Moment des Scheiterns, jede Träne und jeden Lacher wert, den wir uns unterwegs verdienen.

Kommen Sie gut an!
Ihr René Borbonus

Kapitel 1

Selbstfürsorge

Wie Sie Ihren Kindern helfen, indem Sie auf sich selbst achten

Verschleiß auf leisen Sohlen

Wenn Sie Kinder haben, muss ich Sie von der folgenden Feststellung nicht erst überzeugen: Unterschätzen Sie nicht, was das Elternsein mit Ihnen macht. Zu 95 Prozent meine ich das so positiv wie nichts anderes, was ich je gesagt habe: Es ist einfach unvorstellbar, welche Bereicherung meine Söhne für mich sind, und das seit den Tagen ihrer Geburt. Das gilt, und das war einer der Hauptgründe, dieses Buch zu schreiben, auch für meine Kommunikation. Aber wem sage ich das?

Die übrigen fünf Prozent Lebensveränderung sind allerdings trotzdem nicht von der Hand zu weisen. Sie sind deshalb so tückisch, weil wir sie dank unserer grundsätzlichen Begeisterung über die kleinen Wunderwesen nicht wahrnehmen, oder zumindest nicht ernst genug: Selbst die Müdigkeit und die Erschöpfung erscheinen uns noch entzückend. Wenn wir mit anderen jungen Eltern reden, sieht auch meistens alles nach eitel Sonnenschein aus, denn sind wir ehrlich: Da sind wir oft eben nicht ehrlich miteinander. Wir wollen die perfekten Eltern mit den perfekten Kindern sein und setzen uns damit gegenseitig unter Druck. Diese Echokammer zu durchbrechen und offen übers Reden zu reden war ein weiterer Beweggrund für dieses Buch. Denn der Verschleiß junger Eltern kommt auf leisen Sohlen und bleibt oft viel zu lange unbemerkt. Aber er kommt. Verlassen Sie sich drauf.

Kommunikation mit unseren Kindern und miteinander kann ihm entgegenwirken und die Elternschaft zu etwas noch Größerem, noch Schönerem machen – und zwar für unsere Kinder und für uns selbst. Das war die dritte, zentrale Motivation des Buches, das Sie in Händen halten.

Vor allem, solange die Kinder noch klein sind, gehen wir als Eltern einfach brutal über die eigenen Grenzen hinweg. Und wir merken es erst einmal nicht unbedingt in vollem Umfang, weil das Kinderglück (und auch die Hormone) dafür sorgen. Es beginnt damit, dass Sie, beginnend mit der Geburt, in eine jahrelang andauernde Phase des permanenten Schlafentzugs eintreten, von der Sie sich – so langsam ist das meine Vermutung – bis zur Rente nicht wieder erholen werden. Wenn das Kind dann doch mal schläft, versuchen Sie verzweifelt, allen anderen Ansprüchen und allen anderen Menschen in Ihrem Leben auch noch gerecht zu werden. Organisatorisch wäre es am besten, Sie schlafen immer dann, wenn das Kind auch schläft. Aber das ist ungefähr so realistisch wie das Cabrio, das Sie sich mindestens bis zur Midlife-Crisis abschminken können.

Eine ganze Weile können Sie den Schlafmangel kompensieren, aber irgendwann rächt er sich. Nicht umsonst gehört Schlafentzug zum Werkzeugkasten von Verhörspezialistinnen und -spezialisten und Folterfachangestellten: Wenn Sie mal lange genug darunter leiden, sind Ihre innere Klarheit und Ihre Resilienz irgendwann auf dem Level eines eingesperrten Streifenhörnchens auf Acid. Das Problem dabei ist nur, dass Sie selbst wahrscheinlich als Letzte oder als Letzter merken, wie verschlissen Sie eigentlich sind.

Für dieses Risiko möchte ich Sie sensibilisieren. Nicht aus dem Mitgefühl des Leidensgenossen heraus, sondern weil ich die Folgen aus zwei Perspektiven kenne: zum einen aus der des übermüdeten Vaters, der auch alles andere auf die Reihe kriegen muss. Zum anderen aus der des Kommunikationstrainers, der täglich mit den oberflächlichen Wunden und den tiefen Gräben konfrontiert ist, die misslingende Kommunikation reißt. Viel zu oft ist der Grund dafür, dass eine oder einer der Beteiligten überfordert ist. Sie müssen selbst in guter Verfassung sein, um gut auf andere eingehen und positiv auf die Beziehung einwirken zu können. Ganz besonders, wenn es sich bei Ihrer Gesprächspartnerin oder Ihrem Gesprächspartner um ein Kind handelt.

Um es ganz konkret zu sagen: Eltern dürfen egoistisch sein.

Manchmal, nicht ständig, und in Maßen, nicht maßlos. Aber egoistisch. Das, was Eltern sich zuerst verbieten, ist genau das, was sie manchmal einfach brauchen. Nicht, weil man dem phasenweise entwicklungsbedingten Egoismus von Kindern etwas entgegensetzen müsste. Sondern weil Ihnen sonst niemand hilft oder helfen könnte. Wenn Sie in den, sagen wir: 18 bis 30 Jahren nach der Geburt nicht auf sich selbst achten, dann bekommen Sie keinen Schlaf, kein Mitspracherecht bei Mahlzeiten und Freizeitgestaltung und schon gar kein Cabrio. Sie bekommen noch nicht mal das letzte Wort. Bis zur Pubertät aus Unwissenheit nicht: »Warum brauchen Erwachsene überhaupt Schlaf, wenn sie gar nicht mehr wachsen müssen?« Ab der Pubertät aus Prinzip nicht: »Ich bin zwölf – was mischst du dich eigentlich in mein Leben ein?« Nach dem Schulabschluss aus Überzeugung nicht: »Halt dich raus, alter Mann, das verstehst du nicht.«

Daher lautet mein erster Tipp für eine gelingende Eltern-Kind-Kommunikation: Lernen Sie, egoistisch zu sein. Nicht nur Ihrem Kind, sondern auch allen anderen Anspruchsträgerinnen und -trägern in Ihrer Umgebung gegenüber. Arrangieren Sie sich damit, dass man es als Mutter oder Vater nicht immer um jeden Preis allen recht machen oder jeder und jedem gefallen kann. Für viele Eltern ist das besonders beim ersten Mal und besonders am Anfang eine riesige Herausforderung, die zusätzlich Kraft kostet. »Ich kann mich darum jetzt nicht kümmern, es geht einfach nicht!« Das kommt vielen Menschen schwer über die Lippen, die sich plötzlich auf einen ganz neuen Lebensstil und einen ganz neuen Energiehaushalt einstellen müssen. Von der Paarbeziehung und der Kommunikation mit Ihrer Partnerin oder Ihrem Partner ganz zu schweigen, die von nun an auch unter ganz neuen Vorzeichen stehen.

Eine der wichtigsten Kompetenzen, die Sie lernen müssen. (Kapitel 6 liefert Ihnen Tipps, wie Sie zu Kindern und Erwachsenen gleichermaßen klar Nein sagen können, ohne verbrannte Erde zu hinterlassen.) Die Liebe, die Sie in sich tragen, ist bedingungs- und grenzenlos – Sie würden alles für Ihr Kind tun, bis zur Selbstaufgabe.

Das hat die Natur so vorgesehen. In unserer Kultur kann daraus aber auch schnell ein Nachteil werden. Heute steht nicht das Leben auf dem Spiel, sondern die gesunde Balance. Je besser Sie auf sich selbst achtgeben, desto besser können Sie auf den kleinen Menschen aufpassen, den Sie in die Welt gesetzt haben. Denn er oder sie ist davon abhängig, dass Sie in guter Verfassung sind. Wenn Sie von Anfang an auf sich achten, wird alles andere leichter. Ganz besonders die größte Herausforderung von allen: die Kommunikation.

Nerven schonen, Perfektion aufgeben

Einer der größten Stressfaktoren, die Eltern sich selbst antun können, ist der Anspruch auf Perfektion. Schon in der täglichen Elternroutine, ganz besonders aber langfristig betrachtet birgt der hausgemachte Perfektionsdrang ein großes Risiko, sich emotional selbst zu verletzen – und im selben Zuge unsere Kinder ebenfalls.

Der Erfolgsdruck, den wir Eltern heute verspüren, ist auch so schon hoch genug. Gegenüber früheren Generationen ist er deutlich gestiegen, wie eine repräsentative Forsa-Umfrage für die Zeitschrift *Eltern* ergab. Überraschenderweise ist daran nicht in erster Linie der viel zitierte Zeitmangel schuld, obwohl viel mehr Menschen als früher Beruf und Familie auf ganz neue Weise jonglieren müssen. Das größere Problem ist das Selbstverständnis heutiger Eltern. Im Vergleich zu den Vorgängergenerationen legen sie viel mehr Wert darauf, in allem gleichzeitig perfekt zu sein: im Beruf, als Partnerin oder Partner, als Eltern.[1]

Allgemein zeigten sich zwar die meisten Eltern überzeugt davon, dass heute die Latte höher hängt als früher: Rund 60 Prozent der befragten Mütter und Väter gaben an, dass ihrer Meinung nach die Erwartungen und Anforderungen an Eltern gegenüber denen vor 30 Jahren gestiegen seien. Nur 30 Prozent waren der Ansicht, dass es sich um andere Erwartungen handele, aber nicht um höhere. In einer Talkshow hat der Kabarettist Florian Schroeder die gesellschaftliche Erwartungshaltung, insbesondere an Mütter, auf den Punkt gebracht: »Was muss die Frau alles sein: Sie muss Topmodel, mager, schlank sein, aber sie muss auch Kinder wollen. Die muss sie im richtigen Moment wollen, also nicht mit 20, aber auch nicht mit 40. [...] Sie muss Karriere machen, und zwar selbstbewusst, aber nicht als Emanze [...], feministisch, organisiert und überhaupt gut drauf. Und während sie Karriere macht, muss sie gleichzeitig zu Hause bleiben. [...] Man darf ihr die Kinder, die sie gekriegt hat, nicht ansehen. Zu Hause muss sie außerdem Hure, Liebhaberin, beste Freundin, Mutter und alles auf einmal sein. Und den Stress, den sie hat, den darf man niemals spüren.«[2]

Gleichzeitig waren sich die meisten befragten Eltern bewusst, dass sie selbst sich den schlimmsten Druck auferlegten. Über die Hälfte (56 Prozent) der Männer und sogar fast drei Viertel (73 Prozent) der Frauen gaben an, sehr hohe Ansprüche und Anforderungen an sich selbst zu stellen. Das Spektrum reichte dabei von der Auswahl des Kinderwagens bis hin zur Wahl der Schule, die das Kind besuchen soll.[3]

Auch über die Folgen des hohen Erfolgsdrucks für die Selbsteinschätzung als Eltern gab die Studie Aufschluss: Ebenfalls drei Viertel der befragten Mütter räumten ein, dass sie mit sich als Mutter häufig oder wenigstens gelegentlich nicht zufrieden seien. Bei den Männern trafen etwa zwei Drittel die Aussage, dass sie ihrer Vaterrolle nicht gut genug gerecht würden.[4]

Sie finden das bedenklich? Warten Sie ab, es wird noch verrückter: In einer von der Zeitschrift *Eltern* parallel durchgeführten Studie wurden Kinder gefragt, was sie denn so von ihren Eltern hielten. Rund 90 Prozent von ihnen waren überzeugt, die besten Eltern der Welt zu haben. Gut ein Drittel (36 Prozent) hatte sogar durchschaut, dass ihre Eltern gestresst seien, »... weil sie immer alles perfekt machen wollen«.[5]

Die Quintessenz dieser Ergebnisse lässt sich in einem Satz festhalten: Den meisten Stress machen wir uns als Eltern selbst, und zwar meistens umsonst. Denn diejenigen, für die wir doch schließlich »alles tun«, wollen gar nicht, dass wir als Eltern besser oder gar perfekt werden.

Wenn wir ehrlich sind, können wir alle dieses Ergebnis aus dem Stand bestätigen: Unsere Kinder hätten uns lieber entspannter, gelassener und freundlicher als permanent angespannt und gestresst. Vor lauter Druck, dem wir uns als Vorbilder aussetzen, vergessen wir nämlich, welches Vorbild wir damit abgeben: Wir leben unseren Kindern Stress und Nervosität als Normalzustand vor. Da können wir uns noch so oft mit den gestiegenen Leistungsanforderungen der Gesellschaft herausreden: Die Entscheidung, uns einem hausgemachten Perfektionsanspruch zu unterwerfen, treffen wir selbst. Nicht die Gesellschaft, und schon gar nicht unsere Kinder.

Das kommt natürlich nicht von ungefähr: Die meisten Menschen bekommen Kinder heute in einer Lebensphase, in der unglaublich viel gleichzeitig passiert. Nicht selten geht das Kinderkriegen mit einer Art Nestbau einher, zum Beispiel, wenn wir ein Haus kaufen oder bauen. Gleichzeitig werden im Beruf die entscheidenden Hürden für die Wunschkarriere erklommen, damit die junge Familie (und das Haus) auch langfristig auf einem soliden Fundament stehen – beides für sich genommen schon Herausforderungen, die geeignet sind, Menschen in den Ausnahmezustand zu treiben. Abends muss natürlich allem Zeitdruck zum Trotz das ausgewogene Menü auf dem Tisch stehen und die Bude blitzblank sein. Und selbstverständlich schaffe ich die Fortbildung nebenbei im Homeoffice, Chef! Alles muss zum sorgfältig ausgetüftelten Lebensentwurf passen: perfekte Freundinnen und Freunde, perfektes Innendesign, perfekte Hobbys. Und natürlich muss der Rückbildungskurs dafür sorgen, dass man als Mutter nach zwei Monaten wieder reif für den Laufsteg und den Vollzeitjob ist – Heidi Klum lebt es vor, geht doch! Alles Luxusprobleme, versichert uns Oma aus sicherer Entfernung am Telefon: »Früher haben wir das doch auch alles geschafft und die Kartoffeln noch selbst vom

Acker geholt, mit dem Kind auf dem Rücken.« Genau: So schwierig kann das alles nicht sein, andere kriegen es doch auch hin.

Kriegen sie?

Mehr als auf alles andere im Elternalltag wirkt sich der selbst auferlegte Stress dort aus, wo er am meisten Schaden anrichten kann: in der Kommunikation. Doch genau die ist der wichtigste Hebel für gesunde Beziehungen. Bei näherer Betrachtung stellen Eltern mit Perfektionsanspruch sich also selbst ein Bein: Durch den zusätzlichen Druck werden sie schlechter in dem, was den größten Erfolg verspricht. Fast alle Menschen kommunizieren unachtsamer und machen mehr Fehler, wenn sie unter Druck stehen. Es ist ein Teufelskreis: Die Kommunikation steht so nur noch mehr unter Dampf, was wiederum den Stressfaktor weiter erhöht. Wenn wir uns gehetzt und überfordert fühlen, kochen die Emotionen schneller hoch – und Affektkommunikation ist selten klar und respektvoll. Dennoch neigen die meisten Menschen leider eher dazu, Abstriche bei der Kommunikation zu machen, als ihre Überforderung bei der Wurzel zu packen und den Stress zu reduzieren. Spätestens auf lange Sicht entpuppt sich das fast immer als Milchmädchenrechnung – wenn es um Kinder geht, ganz besonders.

Ein weiterer Grund, warum der Perfektionsanspruch in der Eltern-Kind-Kommunikation hinderlich ist, mag gerade den Perfektionisten unter uns sauer aufstoßen: Der Wirkung von Worten auf Kinder sind Grenzen gesetzt. Ich meine das nicht böse, ich möchte nicht zynisch sein, und ich will mich damit auch nicht selbst beruhigen. Naturgemäß bin ich als Kommunikationstrainer ein glühender Verfechter von Kommunikation als Universalstrategie für viele Lebensthemen. Doch gerade, weil ich mich beruflich wie privat mit dem Thema beschäftige, habe ich gelernt, Kommunikation und ihr Potenzial realistisch einzuschätzen. Leider kommt es nun mal vor, dass Kommunikation an ihre Grenzen stößt. Wenn dies in der Kommunikation mit Kindern geschieht, wiegt es besonders schwer, weil uns diese Dialoge so viel bedeutsamer erscheinen als andere.

Schon als Zivildienstleistender im Pflegeheim habe ich diese Erfahrung gemacht: Menschen können vieles überstehen und überwinden. Aber wenn die Beziehung zu ihren Kindern zerrüttet ist, kommen sie ganz oft damit überhaupt nicht klar. Nie werde ich vergessen, wie plötzlich an einem Weihnachtsabend vor vielen Jahren ein Bewohner ins Stationszimmer des Pflegeheims stürmte. An seine Geschichte erinnere ich mich besonders gut, denn sie war eine von gescheiterter Kommunikation. Sein Sohn und er waren so zerstritten, dass die Funkstille schon lange Zeit angedauert hatte – viel länger, als ich den Mann nun schon kannte. Doch an diesem Tag, nach all den Jahren des Schweigens, hatte sein Sohn sich plötzlich und unerwartet einen Schritt auf seinen Vater zubewegt und war ihn besuchen gekommen. Zum ersten Mal seit einer Ewigkeit hatten sie einander in die Augen gesehen und geredet. Nun stand der alte Mann vor uns, in Tränen aufgelöst, und konnte sein Glück kaum fassen.

Und dennoch können wir nicht mehr tun als unser Bestes. Letztendlich können wir nichts daran ändern: Auch das Reden mit Kindern hat Grenzen. Akzeptieren Sie diese Grenzen, und es wird Ihnen besser gehen.

Wir müssen als Eltern nicht perfekt sein. Wir müssen auch nicht auf alles eine Antwort haben. Und schon gar nicht müssen, nein, dürfen wir uns als Eltern selbst aufgeben. Kinder können manchmal auch davon profitieren, sich an den Fehlern der Eltern zu reiben und zu erproben. Das nicht perfekte Vorbild liefert ihnen eine Vergleichsfolie für ihre eigene Persönlichkeitsentwicklung. Unserer Eitelkeit als Eltern mag das nicht immer schmeicheln. Unseren Wert als Bezugspersonen aber schmälert es nicht. Persönlichkeiten wachsen an Unterschieden; starke Persönlichkeiten akzeptieren das.

Letztlich führt der Perfektionsanspruch sowohl bei Ihnen als auch bei Ihren Kindern nur zu Frust, Enttäuschung und Vorwürfen. Denken Sie einmal an die letzten drei Gespräche mit Ihrem Kind: Perfekte Dialoge mit Kindern sind eine Mission Impossible. Viele Gesprächsanlässe mit Kindern sind nicht lösbar, und so manche Argumentation ist irrational. Selbst wenn Sie alles richtig machen, können Sie in Gesprächen mit Ihren Kindern scheitern. Nicht einmal, nicht zweimal, sondern immer wieder mal. Binden Sie sich diese Momente des Scheiterns nicht als Klötze ans Bein, die Sie fortan mitschleifen müssen. Suchen Sie nicht auf Biegen und Brechen den Fehler immer nur bei sich. Wir alle geben uns Mühe, bestmöglich zu kommunizieren. Das zeigt allein schon die Tatsache, dass Sie dieses Buch in Händen halten. Wenn wir es manchmal trotzdem nicht schaffen, müssen wir diese Baustelle eben ausnahmsweise an eine höhere Macht delegieren. Hin und wieder bleibt uns einfach nichts anderes übrig.

Bei einem Elterngespräch in der Grundschule meines Sohnes berichtete mir eine Lehrerin, dass der Perfektionsanspruch der Eltern manchmal der Entwicklung ihrer Kinder im Weg steht. Sie erzählte mir von einem Fall, bei dem ein Kind das Arbeitsblatt für eine Hausaufgabe im Klassenzimmer hatte liegen lassen. Dank Vollvernetzung der Eltern untereinander war das Problem schnell gelöst: Eine andere Mutter fotografierte das Papier einfach ab und schickte es per WhatsApp rüber. Das Problem, so die Lehrerin, ist allerdings: Auf diese Weise kann man den Kindern gar nicht mehr beibringen, an ihre Sachen zu denken. Das vergessliche Kind bekommt nicht die Kritik, die ihm helfen würde, besser auf seine Sachen zu achten; die Entwicklungschance wird ihm einfach verweigert. An dieser Stelle, und an vielen anderen, wäre ein bisschen weniger Perfektion besser für den Lerneffekt, und ein bisschen mehr Gelassenheit wäre lehrreicher für das Kind – zumal die Lehrerinnen und Lehrer einem Grundschulkind ja nicht den Kopf abreißen, wenn es mal etwas vergisst.

Nicht nur kann zu viel Perfektionsdrang die Entwicklung hemmen, auch das Kind selbst mag sich irgendwann gestört fühlen. Es ist ein ungeschriebenes Gesetz in der Kommunikation: Perfektion trennt. Ein Mensch ohne Ecken und Kanten frustriert uns – da bleiben wir lieber auf Distanz. Ein scheinbar perfekter Redner erreicht seine Zuhörer nicht – wir können uns nicht mit ihm identifizieren. Gegen Eltern, die Perfektion von uns verlangen, rebellieren wir. Warum?

Weil wir ihre Imperfektionen kennen und lieben wollen, aber nicht dürfen. Menschen glauben Menschen und misstrauen Übermenschen. Perfektion hält auf Abstand, was Augenhöhe verbindet.

Warum Sie aufhören können, alles richtig zu machen

Aber haben wir als Eltern eigentlich das Recht, an uns selbst zu denken und der Perfektion zu entsagen? Dürfen wir uns mit weniger zufriedengeben, wenn wir für unsere Kinder doch nur das Beste wollen? Nicht nur das: Wir schulden es unseren Kindern, auf uns selbst aufzupassen! Gestresste, ausgebrannte, verletzte oder verzweifelte Eltern schaden potenziell nämlich nicht nur sich selbst, sondern auch ihren Kindern.

Bis wohin das Streben nach Verbesserung noch hilfreich ist und ab wann es in belastenden Perfektionismus umschlägt, ist natürlich eine sehr individuelle Frage. Doch diese Abwägung könnten wir mit ein bisschen Achtsamkeit für die eigenen Bedürfnisse meistens recht zielsicher treffen. Das größere Problem ist, dass wir uns diese Frage – so wie viele, die ans eigene Wohlbefinden geknüpft sind – in der Hektik unserer modernen Lebensstile gar nicht mehr stellen. Stattdessen betrachten wir sogar das Thema Selbstfürsorge im Rahmen des Großprojekts Glück als eine Art Kompetenzerwerb: Wenn wir nur die richtigen Hebel auf den richtigen Wert stellen, wird alles perfekt sein. Ein bisschen Yoga hier, ein bisschen Powerfood da werden es schon richten und die allgemeine Überforderung ausbalancieren. »Wir suchen das ideale Gleichgewicht zwischen Arbeit und Entspannung, Beziehung und Selbstverwirklichung, zwischen Kind und Karriere, Familie und Zweisamkeit«, schreibt die FAZ-Journalistin und Mutter Florentine Fritzen in einem Beitrag über ihre eigene Generation der »Alleswoller«. Es ist auch meine Generation. »Wir machen keine Abstriche – aus Furcht, dass genau dort, wo wir nicht 100 Prozent investieren, das Glück verborgen liegt, das wir dann verpassen.«[6]

Das perfekte Leben als Investment-Portfolio: ein so absurder Lebensentwurf, dass unsere Großeltern uns wohl dafür ausgelacht hätten. Genau das tun sie vermutlich, wenn wir mit ihren perfekten Urenkeln zur Tür raus sind. Weil wir aber so hartnäckig an dieser abstrakten, lebensfernen Idealvorstellung festhalten, fehlt uns das Gespür dafür, wann wir es mit dem Zeitmanagement, mit der Selbstoptimierung und mit dem Perfektionismus übertreiben. »Weil wir glauben, dass wir uns ganz schön viel zumuten können, fühlen wir auch wenig Verantwortung für unser eigenes Wohlergehen. Dabei zehrt unser Perfektionismus an Körper, Geist und Seele.«[7] Wann ist der Punkt erreicht, an dem wir merken, dass wir uns verspekuliert haben?

Denselben Eifer legen wir leider auch da an den Tag, wo stattdessen Empathie und Realismus gefragt wären: bei unserer »Elternkompetenz«. Auch sie betrachten wir als Katalog von Qualifikationen – Fähigkeiten, in denen man »gut« und »schlecht« sein kann. »Unser Kind soll nicht bloß geboren werden und eine möglichst schöne Kindheit haben, sondern es soll hübsch sein und klug und alle, aber auch wirklich alle Möglichkeiten bekommen.«[8] Wir gehen an die Herausforderung Elternschaft heran wie an eine professionelle Aufgabenstellung: Als würde die Funktionsweise von Kindern auf Nullen und Einsen basieren wie unsere Smartphones. Als würde ihre Entwicklung sich prognostizieren lassen wie die eines Aktienpakets.

So krass würden Sie das nicht sagen? Nein, würden Sie nicht. Denn natürlich sieht die Realität anders aus, und wir erleben jeden Tag, dass der Wunsch, perfekte Eltern zu sein, eine Illusion ist. Und wie reagieren wir auf dieses permanente Scheitern? Indem wir es vor uns selbst und anderen verleugnen. Sollen alle anderen Eltern doch ebenfalls weiterhin denken, dass sie perfekt sein müssten, perfekt sein könnten.

Bleiben wir ehrlich: Viele Ansprüche erheben wir doch gar nicht, weil sie an tiefe Überzeugungen geknüpft wären. Wir beißen uns daran fest, weil Instagram uns Storys darüber erzählt, dass andere etwas haben, etwas können, etwas behaupten. Schau, deren Kind läuft schon; schau, deren Kind hat einen Wettbewerb gewonnen; schau, deren Kind hat eine Eins. Die perfekt gestylte Vorzeigeversion der Freundin, die nach dreimonatiger Vorausplanung »mal eben zum Kaffee« rüberkommt, ist ebenfalls bemüht, diesen Mythos aufrechtzuerhalten. Und was tun wir? Wir gehen bei ihrem Bluff mit.

Wir vergleichen, wo wir lieben sollten. Unsere Kinder und auch uns selbst.

Damit setzen wir uns nicht nur als Erwachsene selbst und gegenseitig unter Druck, sondern schlimmer noch: auch unsere Kinder. Sie spüren am schmerzlichsten, wenn sie nicht in das perfekte Bild passen, in das wir sie pressen wollen. Sie leiden am meisten an unserem Perfektionsanspruch. Wir bilden uns ein, ihnen zu helfen, wenn wir uns quälen. Aber das tun wir nicht. Sie quälen sich mit uns. Denn sie lieben auch da, wo wir vergleichen. Bedingungslos.

Dieser Rat gilt für die Eltern-Kind-Kommunikation, um die es in diesem Buch geht, und an dieser Stelle ausnahmsweise auch für alle anderen Aspekte Ihrer Elternschaft, für die ich kein Experte bin: Geben Sie zuerst Ihren Perfektionsanspruch auf. Was unsere Kinder von uns brauchen, ist nicht Perfektion, sondern Präsenz. Kinder brauchen Eltern, die für sie da sind. Alles andere ist eine Frage des gemeinsamen Wachstums, und deshalb: ungeheuer individuell. Ihre Herangehensweise an Elternschaft und an Kommunikation funktioniert am besten, wenn sie zu Ihnen und Ihrer Familie passt. Perfektion dagegen passt zu niemandem.

Streben Sie stattdessen lieber nach Zufriedenheit. Das ist anspruchsvoll genug, denn es setzt ein hohes Maß an Gelassenheit, Geduld und Selbstreflexion voraus – nicht nur, aber vor allem in der Kommunikation. Doch wenn es auch nur hin und wieder gelingt, wird es damit allen Beteiligten besser gehen. Wenn Sie andere Familien in Ihrem Umfeld betrachten, wie wir es als Eltern ganz automatisch tun, wird Ihnen eines wahrscheinlich aufgefallen sein: Zufriedenere Eltern haben zufriedenere Kinder. Die vermeintlich perfekten Eltern hingegen …

Respekt ist in der Eltern-Kind-Beziehung keine Einbahnstraße

Kinder großzuziehen bedeutet, die Zukunft zu gestalten. Es bedeutet auch, in die eigene Vergangenheit zu reisen. Nichts beeinflusst unsere Kommunikation mit Kindern so sehr wie die Beziehung zu dem Kind, das wir einmal waren.

Alles, was Sie aus Ihrer eigenen Kindheit noch an unerfüllten Bedürfnissen, schmerzhaften Erinnerungen und verdrängten Traumata mit sich herumschleppen, wird sich in die Kommunikation mit Ihren Kindern einschleichen. Sehr oft geschieht das leider, ohne dass Sie es bemerken. Vermutlich werden Sie nicht jeden einzelnen inneren Konflikt ein für alle Mal auflösen können; das müssen Sie auch nicht, um eine gute Mutter oder ein guter Vater sein zu können. Doch es ist unschätzbar wichtig, dass Sie sich der Prägungen bewusst sind, die sich auf Ihre Gespräche mit Kindern auswirken. Nur dann können Sie echten Respekt für die Persönlichkeit mit ihren ganz eigenen Bedürfnissen und Themen aufbringen, die da unter Ihren Fittichen heranwächst. Schon die Kommunikation mit Kleinkindern muss auf Wertschätzung und Respekt gegenüber der Persönlichkeit des Kindes begründet sein, wenn eine gute Beziehung daraus erwachsen soll.[9]

Dem eigenen Kind Wertschätzung und Respekt zu zeigen funktioniert laut Expertinnen und Experten aber nur, wenn Erwachsene selbst Klarheit über ihr eigenes Bedürfnis nach Wertschätzung und Respekt haben. Diese Überlegung geht auf die Lehre der Gewaltfreien Kommunikation (GfK) nach Marshall B. Rosenberg zurück. Sie geht davon aus, dass jede Äußerung eines Menschen auf ein Gefühl schließen lässt, das mit einem Bedürfnis verknüpft ist. Wir sagen, was wir sagen, um uns ein Bedürfnis zu erfüllen – nicht um anderen zu schaden. Je nachdem, wie wir kommunizieren, können unsere Worte jedoch Schaden (Gewalt) anrichten, wenn die oder der andere sich dessen nicht bewusst ist und diese Perspektive nicht einnimmt. Wenn wir die Gefühle und Beobachtungen allerdings mitkommunizieren, die unser Verhalten beeinflussen, schenken wir der oder dem anderen

Klarheit darüber, wie es uns geht und was wir brauchen. Auf dieser Grundlage können wir auch unser Gegenüber mit seinen Gefühlen und Wünschen akzeptieren. Statt unreflektierten Gefühlsausbrüchen können wir dann in Form klarer Bitten benennen, was wir brauchen oder gerade nicht gebrauchen können. Das macht die Kommunikation klarer, empathischer und zielführender – unabhängig vom Alter. Die Gewaltfreie Kommunikation (GfK) ist nicht mein Kernthema als Trainer und auch keine durchlaufende theoretische Grundlage dieses Buches. Sie hat allerdings einige der Beispiele, Tipps und Methoden inspiriert.

Neben Methoden und Theoriemodellen der professionellen Kommunikation beruht alles, was Sie hier lesen, auf meinen eigenen Erkenntnissen und Erfahrungen als Kommunikationstrainer und vor allem natürlich: als Vater. Aus meiner lebenslangen Beschäftigung mit der Natur des Dialogs habe ich zum Beispiel eine Feststellung mitgenommen, die mein Leben und meine Art zu kommunizieren in hohem Maße geprägt hat: Respekt ist keine Einbahnstraße. Wenn wir dieses Bedürfnis selbst nicht als erfüllt empfinden, fällt es uns schwerer, anderen Menschen Respekt entgegenzubringen. Sogar unseren eigenen Kindern.

Dasselbe gilt auch umgekehrt: Die Voraussetzung dafür, dass Ihnen Ihre Kinder Respekt entgegenbringen, ist, dass Sie ihnen diesen Respekt vorleben. Das aber können Sie nur, wenn Sie sich selbst respektieren.

Leider ist das leichter gesagt als getan. Denn das Gefühl für die eigene Einzigartigkeit ist bei den meisten Erwachsenen schwach ausgeprägt. Es fällt ihnen deshalb auch schwerer, andere offen und wertfrei zu betrachten und zu behandeln, ohne sich dabei von Werturteilen leiten zu lassen. Wie wirkt sich das im Alltag aus? Sobald wir uns in einer (Gesprächs-)Situation wiederfinden, die mit den eigenen unerfüllten Bedürfnissen zu tun hat, kommen längst verdrängte Gefühle hoch – Gefühle wie Trauer, Wut, Verzweiflung, Neid oder Angst. Diese Gefühle, von denen wir uns vielleicht schon seit vielen

Jahren versuchen, fernzuhalten, sind schwer zu ertragen. Statt also unserem Kind zu helfen, sich diesen Gefühlen zu stellen, lenken wir ab und umschiffen das Problem. Das ist natürlich kontraproduktiv, denn die Gefühle werden immer wieder hochkommen.

Unser Nachwuchs lernt unbewusst von uns, wie er mit unangenehmen Gefühlen umgehen soll. Wenn wir ablenken, um uns selbst aus der unangenehmen Situation zu befreien, bringen wir unseren Kindern bei: »Das Gefühl, das du gerade hast, ist nicht wichtig!« Diese Botschaft schreibt sich ins limbische System ein und bleibt dort trotz aller Erfahrungen und Anpassungen im Laufe des Lebens präsent. Auch der Erwachsene reagiert noch, wie er es als Kind verinnerlicht hat: mit Wut, mit Kampf, mit Flucht oder mit Verdrängung der eigenen Gefühle.

Es ist leicht, sich vorzustellen, welche weitreichenden Folgen das hat. Wenn Sie selbst als Kind ständig zurechtgewiesen wurden, »Sei nicht laut!«, »So etwas macht man nicht!«, »So führt sich ein braves Kind nicht auf!«, dann werden Sie in ähnlichen Situationen auf Ihr eigenes Kind nicht offen und unvoreingenommen reagieren, sondern aus dieser Prägung heraus. So kann es sein, dass Sie sich plötzlich anhören wie Ihre eigenen Eltern, obwohl das ganz und gar nicht Ihr Plan war. Die Grenzen der Empathie, die dem Erwachsenen für sich selbst gesetzt sind, markieren auch die Grenzen der Empathie dem eigenen Kind gegenüber.[10]

Liebe ist eine Kunst, schrieb Erich Fromm in seinem bekanntesten Werk.[11] Respekt ist genauso universell wie die Liebe, und genauso eine Kunst: Respekt ist Liebe in Zivil. Wenn ich einen Menschen auf der Welt wirklich lieben kann, dann kann ich potenziell alle Menschen lieben – sogar mich selbst. Die Voraussetzung für gelingende Kommunikation mit Ihren Kindern ist zuallererst einmal die Akzeptanz Ihrer selbst. Sonst wird es Ihnen unmöglich sein, eine intensive, emotionale Beziehung zu führen. Wenn Sie innerlich nicht bereit sind, in einen echten, tiefen, aufrichtigen Dialog mit Ihren Kindern zu treten, nützen Ihnen alle Tipps und Methoden in diesem Buch nichts. Wenn Sie aber mental im richtigen Zustand sind und dann auch noch wissen, wie es geht – dann wird die Kindheit Ihrer Sprösslinge auch für Sie zur schönsten Zeit Ihres Lebens.

Die Grübelfalle

Kinder sind ein Quell der Freude. Zum Glück. Denn aus manchen der Veränderungen, die wir als Eltern plötzlich im eigenen Leben beobachten, könnte man auch das Gegenteil schließen. Die Augenringe reichen plötzlich bis zu den Knien, die Altersvorsorge weicht dem Nachwuchssponsoring, und in den geliebten vier Wänden sieht es plötzlich aus wie nach einem Erdbeben in Legoland.

Die wohl tiefgreifendste und nachhaltigste Veränderung im eigenen Denken und Erleben aber ist wohl die permanente Sorge von Eltern um ihre Kinder, auch genannt: Fürsorge. Sie beeinflusst alle anderen Argumente und Einflussfaktoren. Ganz egal, welche Entscheidung es zu treffen gilt. Oft dominiert sie alles andere. Eine Brille nach Geschmack kaufen? Nicht mit Kindern. Eine grenzenlos biegsame Titanfassung mit unzerbrechlichen Panzergläsern und Eins-a-Flugeigenschaften muss her. Romantischer Liebesurlaub am exotischen Traumstrand? Wohl eher Urlaub auf dem Bauernhof im Weserbergland mit Eselreiten. Am Wochenende einfach mal länger liegen bleiben? Wenn es mal nicht die Angst ist, den Schulbeginn, ein Fußballspiel oder einen Kindergeburtstag zu verpassen, die uns aus dem Bett treibt, dann übernehmen die Kinder das höchstpersönlich. Ständig befürchten wir, nicht gut genug auf unsere Schutzbefohlenen aufzupassen, nicht angemessen für sie da zu sein oder einen wichtigen Moment mit ihnen zu verpassen.

Kinder, das ist einfach nicht von der Hand zu weisen, sind eben auch ein Quell der Sorge. Anthropologisch betrachtet müssen sie es sein. Wie sollten wir sie sonst beschützen? Sorge folgt aus Liebe, und Liebe ist stärker als alles andere. Deshalb verdrängen die Gedanken ans Kind in ihrer Intensität alle anderen. Eltern sind notorische Sorger, Angsthasen, Grübler. Das Wort »Sorgerecht« kommt nicht von ungefähr …

Mit dem Alltag im 21. Jahrhundert ist die evolutionär gewollte Sorge leider nicht so richtig kompatibel. Denn gegrübelt und auf Sorgen herumgeritten wird in unserer friedens- und fortschrittsverwöhnten Gesellschaft auch so schon zu viel – besonders heute, wo uns viele Errungenschaften wieder in den Händen zu zerbröseln scheinen, weil wir nicht genug kriegen können. Besonders belastet Eltern natürlich folgende Frage: Was für eine Welt hinterlassen wir unseren Kindern, und was kann ich daran ändern? Klimawandel, Digitalisierung, Wandel der Arbeitswelt. Wie gesagt: Noch keine Generation musste in so kurzer Zeit so viel Veränderung verstehen, bewältigen und vermitteln. Kurz: Unsere Wirklichkeit hat sich zum Sorgenfall entwickelt. Doch all das verblasst im Vergleich zu der Verantwortung, in dieser komplexen und ungewissen Zeit Eltern zu sein.

Für eine Spezies, die evolutionär ein Stück weit darauf programmiert ist, sich zu sorgen, ist die allgemeine Überforderung ein echtes Problem: Unsere Welt ist einfach komplexer, als gut für uns ist. Eine Studie von Psychologinnen und Psychologen der Harvard University hat gezeigt, dass die meisten Menschen fast die Hälfte des Tages über Dinge nachdenken, die gar nichts mit dem zu tun haben, was sie gerade tun. Außerdem konnten die Forscher nachweisen, dass diese Diskrepanz zwischen Denken und Tun uns überhaupt nicht guttut: Es macht uns traurig und missmutig, wenn wir über irgendwelche Probleme grübeln, während wir eigentlich mit etwas anderem beschäftigt sind, das uns ausfüllen und erfüllen könnte und sollte.[12] Auch das ist nämlich nicht von der Hand zu weisen: Was wir tun, während wir uns Sorgen machen, tun wir nicht mit voller Aufmerksamkeit – und deshalb nicht so gut, wie wir könnten. Auch ohne Kinder ist exzessives Grübeln längst zu einem Gesellschaftsphänomen geworden.

Das Risiko, das sich daraus für alle ergibt, die heutzutage Eltern werden, liegt auf der Hand: Wenn notorische Grübler Eltern werden, ist es bis zur Selbstausbeutung nicht mehr weit. Dieser Gefahr müssen wir uns stellen, am besten noch vor der Elternschaft; spätestens aber, wenn der Alltag regelmäßig zur Grübelfalle wird. Dass Sie diesen Punkt erreicht haben, merken Sie daran, dass Sie gedanklich nicht mehr abschalten können, selbst in Ruhephasen keine Entspannung mehr finden und abends nicht einschlafen können. Sich dieser Warnsignale bewusst zu sein ist gerade für Eltern sehr wichtig. Heute hat sich nämlich bei vielen Menschen die evolutionär gewollte Analyse von Fehltritten und potenziellen Gefahren verselbstständigt. Laut dem Psychotherapeuten und Achtsamkeitsexperten Andreas Knuf haben wir kein rechtes Bewusstsein mehr dafür, wann wir es mit dem Grübeln übertreiben. Ebenso sind viele sich der Tatsache nicht bewusst, dass permanentes sorgenvolles Nachdenken überhaupt kontraproduktiv ist. So sehr haben wir uns an das Grübeln gewöhnt.[13]

Es gibt zwei zentrale Gründe, warum Eltern besonders zu exzessivem Grübeln neigen. Der erste ist das im Vergleich zu allen Normal-Überforderten noch höhere Pensum, das Eltern zu bewältigen haben – jedenfalls, wenn sie auch berufstätig sind, was heute auf die meisten Eltern zutrifft. Schon Singles und Kinderlose sind durch die permanente mediale Überreizung durch Smartphone und Co. laut Expertinnen und Experten heute geistig überaktiv.[14] Eltern müssen noch mehr in ihren Tag packen als andere, sind deshalb einem noch höheren Tempo ausgesetzt – und damit noch anfälliger für den kognitiven Overkill, der schon bei allen anderen die Synapsen glühen lässt. Digitale Reizthemen wie permanente Erreichbarkeit und Überkomplexität potenzieren sich bei uns.

Die Folge sind Probleme beim Priorisieren, Raubbau an den eigenen Energiereserven, in schlimmen Fällen auch zunehmende soziale Isolation – und eben permanentes Grübeln. Besonders tückisch ist nämlich, dass Sorgen sich sozusagen selbst potenzieren: Ein einziger grüblerischer Gedanke weckt oft viele weitere, bis diese negativen Überlegungen überhandnehmen. Die Yale-Professorin Susan Nolen-Hoeksema nannte das den »Hefeteig-Effekt« des Grübelns.[15] Auch er ist bei Eltern besonders ausgeprägt: Bei ihnen kommt immer noch das alles überlagernde schlechte Gewissen hinzu, nicht genug für das Kind – oder wahlweise die Partnerin oder den Partner, die Geschwister, die Freundinnen und Freunde, die Kolleginnen und Kollegen – da zu sein. Das Gefühl, nicht »zu genügen«, beschleicht Eltern viel öfter, als sie zugeben. Wenn andere diese Äußerungen noch bestärken – etwa Kolleginnen und Kollegen, die der jungen Mutter ihre Teilzeit neiden, oder der Partner, der sich mehr Zuwendung wünscht – kann Ihnen die Grübelfalle gerade die ruhigen Stunden, die Sie eigentlich so dringend brauchen, zur Hölle machen.

Nur eine Sorge fällt bei alldem zuverlässig hinten runter: die *Selbst-Fürsorge*. Ein Wort, auf dem wir als Eltern gar nicht genug herumkauen können.

Aus dieser Überlegung ergibt sich der zweite Grund, warum Eltern besonders von chronischer Grübelei betroffen sind: Stress ist ein Verstärker für die Neigung, sich Sorgen zu machen. Ein chronisch erhöhter Spiegel von Stresshormonen im Blut führt laut dem Mediziner Tobias Esch von der Universität Witten/Herdecke dazu, dass Menschen einen Tunnelblick entwickeln, sich an sorgenvollen Gedanken festkrallen, andere Menschen eher als Gegner einstufen und kognitiv überaktiv sind – dabei aber nicht produktiv.[16] Tatsächlich ist Grübelei also nicht einfach nur eine Frage von Gewohnheit und Haltung, sondern oft auch mit durch ein messbares, hormonelles Ungleichgewicht bedingt. Alle negativen Folgen des Grübelns werden durch chronischen Stress noch verstärkt und umgekehrt – ein Teufelskreis.

Wege aus dem Grübeltal

In dieser Erkenntnis liegt gleichzeitig aber auch der Ansatz für Auswege aus dem tiefen Tal des Grübelns, in das Eltern fallen können, wenn alles zu viel wird. Wenn Stress ein großer Verstärker von Sorgen ist, können stressreduzierende Maßnahmen Linderung schaffen. Genau das hat Thomas Esch in Studien auch belegen können: Klassische Achtsamkeitstechniken wie Meditation und Atemübungen tragen nachweislich dazu bei, den Spiegel des Stresshormons Kortisol im Blut zu senken. So helfen sie nicht nur gedanklich, sondern auch physisch dabei, dass Geist und Körper zur Ruhe kommen.[17]

Mit solchen punktuellen Maßnahmen allein, warnt der Mediziner, ist notorischen Grüblern allerdings noch längst nicht ausreichend geholfen. Was sie brauchen, ist ein generell gedrosseltes Tempo im Alltag. Das ist nichts weniger als eine Veränderung des Lebensstils, die grüblerische Eltern besonders nötig haben. Gerade für sie ist sie aber auch besonders schwierig in die Tat umzusetzen, denn Kinderbereitschaft ist 24 Stunden am Tag, sieben Tage die Woche. Doch dass es schwieriger ist, heißt nicht, dass es unmöglich wäre: Hier hat das Wichtige, nämlich ein gesundes und erfülltes Leben, eindeutig Vorrang vor dem Dringenden – jedenfalls in Bezug auf die Gesamtheit des Alltags, aus der Vogelperspektive betrachtet. Bleiben wir realistisch: Wenn unsere Kinder uns brauchen, brauchen sie uns. Die große Kunst der selbstfürsorglichen Elternschaft liegt darin, zu erkennen, zu nutzen und auch bewusst zu genießen, wenn sie uns gerade mal nicht brauchen.

Diese kostbaren Zeitfenster können und sollten Eltern dringend dafür nutzen, etwas für sich selbst zu tun, um das permanente Gefordert-Sein zu unterbrechen. Nicht hin und wieder mal oder nach dem Abi des Jüngsten, sondern regelmäßig und verlässlich, am besten jeden Tag. Der Mediziner rät dazu, sich möglichst viele stille Momente und Zeiten ohne Termine und Verpflichtungen zu gönnen. Gute Möglichkeiten sind zum Beispiel tägliche Yogaübungen und regelmäßige Spaziergänge. Letztlich hilft alles, was keine zusätzlichen Anforderungen an Sie stellt, sondern Sie dabei unterstützt, gedanklich auszubrechen und sich zu entspannen. Nur wer einigermaßen ausgeglichen ist, kann belastende Gedanken loslassen und sich der elterlichen Grübelfalle entziehen.[18]

Dieses gesunde Maß an Pflichtdistanz hilft nicht nur beim Stressabbau; es beugt auch der Gefahr vor, später einmal in ein tiefes emotionales Loch zu fallen, wenn die Kinder ihre Eltern nicht mehr ständig brauchen oder aus dem Haus sind. Dann stellen viele Eltern nämlich fest, dass sie mit all der Freizeit und gedanklichen Freiheit überfordert sind. Manche suchen sich dann neue Themen zum Grübeln, anstatt das Leben zu genießen.

Eine sehr große Hilfe können Eltern sich bei der Selbstfürsorge gegenseitig sein. Zum Beispiel können wir damit aufhören, jede Sorge mit Trost zu ersticken. Das mag sich erst einmal widersinnig oder sogar grausam anhören: Soll ich meine Partnerin oder meinen Partner etwa mit ihren oder seinen Sorgen allein lassen? Doch das ist gar nicht der springende Punkt. Wenn Menschen sich in Grübeleien versenken, ist das oft vor allem deshalb problematisch, weil sie sich dessen gar nicht bewusst sind. Wenn wir nun in guter Absicht auf diese Sorgen eingehen, indem wir sie zu trösten versuchen, verstärken wir die Grübelei damit womöglich noch – denn dadurch legitimieren wir sie ja.

Betrachten wir ein Beispiel. Vielleicht grübelt ein Elternteil über der Sorge: »Was, wenn unsere Tochter im Kindergarten nicht gut angenommen wird?«

Eine typische Trostreaktion darauf würde in etwa so klingen: »Sie ist doch ein aufgewecktes Kind. Es wird schon alles gut gehen.«

Gut gemeint ist in der Kommunikation leider nicht automatisch gut gemacht, und das ist einer dieser Fälle. Denn wie Forscher um den schwedischen Verhaltenstherapeuten Olle Wadström festgestellt haben, hat dieser Dialog (der so ähnlich auch im Kopf des Grüblers selbst stattfindet) eine ungünstige Eigendynamik: »›Sorgengedanken‹ und ›Trostgedanken‹ bedingen einander und schaukeln sich auf.«[19] Der Trost hilft also nicht etwa dabei, dem Grübeln beizukommen, ganz im Gegenteil: Er trägt dazu bei, es aufrechtzuerhalten.

Was können Sie stattdessen tun, um beim anderen dieses Grübelmuster zu durchbrechen? Sie können dem Partner den Spiegel vorhalten. Das Ziel ist, dass er erkennt, dass er gerade mehr an seinen Sorgenfalten arbeitet als an einem echten Problem. Dafür ist es zunächst notwendig, dass Sie die Sorgengedanken und die Trostgedanken gleichermaßen loslassen. Das gilt für die Gedanken in Ihrem eigenen Kopf, wenn Sie selbst grübeln – aber auch für Ihre Äußerungen im Gespräch mit einer sorgenvollen Partnerin oder einem grübelnden Partner. Das bedeutet natürlich, die Sorgen, vielleicht sogar Ängste erst einmal stehen zu lassen und auszuhalten. Doch das ist ein endlicher Zustand: Bleiben die Beschwichtigungen oder auch Bestärkungen aus, mit denen Eltern sich bei ihren geteilten Problemen oft gegenseitig hochschaukeln, lässt irgendwann auch die Angst nach. Oft dauert es nicht länger als ein paar Tage, bis diese Veränderung in Gang kommt. Dann fällt es nach und nach leichter fällt, die Gedankenschleifen loszulassen.[20] Statt also zu beschwichtigen oder zu bestärken, können Sie das Verhalten der Partnerin oder des Partners liebevoll kommentieren: »Na, Schatz, läuft die Grübelmaschine gerade auf Hochtouren?« Damit entlarven Sie die Gedankenspirale als das, was sie ist, nämlich überflüssig und kontraproduktiv – und steigen gleichzeitig aus ihr aus.

Wenn das Grübeln schon langsam absurde Züge annimmt – und seien wir ehrlich: Das kennen alle Eltern –, kann man auch einmal ganz gezielt den Teufel an die Wand malen. »Was könnte schlimmstenfalls passieren?« Diese Frage zwingt das Gehirn in eine Konkretion hinein, die unsere Grübeleien bei aller Ernsthaftigkeit manchmal entbehren. Meist stellt man nämlich fest, dass selbst das Worst-Case-Szenario nicht so wild wäre, wie die unterschwelligen Sorgen es uns vormachen – und vor allem, dass es auch dann noch Lösungsmöglichkeiten und Auswege gäbe. Im schlimmsten Fall lachen wir am Ende über uns selbst und darüber, wie wir uns manchmal selbst das Leben schwer machen.

Selbstfürsorge? Selbst für sorgen!

Warum es wichtig ist, dass wir als Eltern auf das eigene Wohlergehen achten, liegt eigentlich auf der Hand und gerät doch so leicht ins Hintertreffen: weil es sonst niemand tut. Kinder können ihre Eltern schwerlich bitten, besser auf sich zu achten – jedenfalls nicht, bis sie selbst erwachsen genug sind. Schwiegereltern, andere Familienangehörige und Außenstehende schlagen auch eher in die Pflichtkerbe, als uns zur Selbstfürsorge aufzufordern. Von den meisten Arbeitgeberinnen oder Arbeitgebern und Geschäftspartnerinnen oder Geschäftspartnern mal ganz zu schweigen. Auch gesellschaftlich ist der Druck groß, uns als »gute Eltern« zu erweisen. Es ist ein wenig so wie die Sache mit den 81 Millionen Bundestrainerinnen und Bundestrainern, zu denen die Deutschen bei Fußballturnieren sprichwörtlich mutieren. Der Unterschied ist nur, dass viele der Kritikerinnen und Kritiker von Eltern tatsächlich selbst Kinder haben. Gerade deshalb ist die Versuchung groß, zu urteilen und Ratschläge zu erteilen. Ob sie sich selbst jemals daran gehalten haben, lässt sich ja schwer überprüfen.

Kurz: Das Umfeld ist oft nur sehr bedingt hilfreich, wenn es um das Wohlergehen von Eltern geht. Selbstfürsorge? Da müssen wir, wie der Name schon sagt, selbst für sorgen.

Wie wichtig es ist, auf sich selbst achtzugeben, erfuhr ich als frischgebackener Vater am eigenen Leib. Nach der Geburt unseres Ältesten lagen hinter meiner leidgeplagten Frau aufopferungsvolle Monate, als sie es mir zum ersten Mal vorlebte. »Jetzt ist Schluss«, sagte sie, »ich muss mal raus.« So fuhr sie für drei Tage mit Freundinnen zum Wandern in die Berge. Zum ersten Mal war ich mit Leo allein. Es kam, wie es kommen musste. Er wurde krank, und zwar richtig: Plötzlich hatte er über 40 Grad Fieber.

Ich drehte schier durch. Natürlich befürchtete ich sofort das Schlimmste: Was, wenn ich ihn nicht retten kann? Wie soll ich damit leben? Wie soll ich meiner Frau in die Augen sehen?

In der Praxis des Kinderarztes, daran erinnere ich mich bis heute, musste man sich am Ende mehr um mich kümmern als um Leo, denn dessen Mittelohrentzündung war gut behandelbar. Ich aber verließ tagelang kaum noch das Haus, um nur ja kein Risiko einzugehen. Sogar mein Essen ließ ich mir liefern, weil ich unnötige Wege für riskant hielt.

Da merkte ich: Wenn es ums Kind geht, ist alles andere egal. Am Ende war die Erfahrung für uns alle eine große Bereicherung. Für meine Frau war der Ausflug eine Wohltat, weil sie endlich einmal aus der alleinigen Fixierung auf die Mutterrolle aussteigen konnte. Bis sie Leo vermisste, hatte es ohnehin nur Stunden gedauert. Mir zeigte die Erfahrung, dass ich als Vater handlungsfähig war, wenn es drauf ankam – so anstrengend die Lektion auch war. Beim Kind stärkt eine solche Erfahrung, wenn auch unterbewusst, die Beziehung zu der anderen Bezugsperson in seinem Leben. Es lernt, dass die Mutter auch mal weg sein kann und es sich trotzdem darauf verlassen kann, dass sie wiederkommt. Und meine Frau und ich als Paar konnten uns davon überzeugen, dass die Welt nicht sofort untergeht, wenn man sich mal um sich selbst kümmert.

Wenn jeder Blick und jeder Gedanke auf den Nachwuchs fixiert ist, fällt die Selbstfürsorge gar nicht so leicht. Je mehr wir unsere Kinder buchstäblich umsorgen, desto abhängiger machen wir sie, und umso tiefer manövrieren wir uns selbst in die Pflicht. Es ist eine Kunst für sich, den schmalen Grat zwischen Verantwortungsgefühl und Helikopter zu erwischen, so wie es für vieles im Leben mit Kindern keine eindeutigen Anhaltspunkte gibt. Gerade überfürsorgliche Eltern gehen mit sich selbst oft am wenigsten fürsorglich um.

Ein Gedanke kann ihnen vielleicht dabei helfen, besser auf sich achtzugeben: Sie können besser für Ihre Kinder da sein, wenn Sie selbst in Balance sind. Ängste, Sorgen und Unsicherheit der Erwachsenen färben auf die Kinder ab – so, wie wir in allen Dingen, das Leben betreffend, die ersten und wichtigsten Vorbilder für unsere Kinder sind. Wenn Sie nicht auf sich aufpassen, bringen Sie Ihren Kindern damit bei, dass man nicht auf sich achtgeben muss. Das nenne ich mal eine begründete Sorge.

Zusammenfassend sind es vor allem drei Maßnahmen, die Eltern helfen können, fürsorglicher mit sich selbst und miteinander umzugehen:

Drei Grundregeln der Selbstfürsorge im Dialog mit sich und der Partnerin oder dem Partner

1. *Trainieren Sie Achtsamkeit:* Beobachten Sie nicht immer nur Ihre Kinder, sondern auch Ihr eigenes (Gesprächs-)Verhalten und gegebenenfalls auch das Ihrer Partnerin oder Ihres Partners. Nur dann können Sie sich und einander bei Überfürsorglichkeit und anderen ungesunden Mustern ertappen. Machen Sie sich liebevoll und vorwurfsfrei darauf aufmerksam.
2. *Lernen Sie, loszulassen:* Brechen Sie aus dem Muster von Sorgen- und Trostgedanken aus. Sowohl im inneren Dialog als auch im Gespräch mit Ihrer Partnerin oder Ihrem Partner. Unangenehme Gefühle lassen erst nach, wenn Sie sie akzeptieren und zulassen. Sie können Ihr Kind nicht vor allem beschützen – also werden Sie mit der Sorge leben müssen.
3. *Nehmen Sie sich gezielt Zeit für sich selbst und füreinander:* Bauen Sie stille Momente, Meditation, Atemübungen, Yoga, Spaziergänge oder andere entspannende Tätigkeiten in Ihren Alltag ein, die gut für Körper und Geist sind. Nicht nur ab und zu, sondern regelmäßig und verlässlich. Sowohl für Allein-Zeit als auch für Paaraktivitäten sollte Raum im Familienleben sein.

Kapitel 2

Familienbande

Kooperatives Verhalten durch Gespräche fördern

Kinder: Ihr magischer Spiegel für Unklarheit

Jeder, der irgendwann einmal Kind war – statistisch betrachtet also die meisten von uns –, kennt Astrid Lindgren. Sie hat nicht nur einige der schönsten und beliebtesten Geschichten für Kinder und Junggebliebene erschaffen, sondern sich auch als Philosophin der Kindheit verdient gemacht: Figuren wie Pippi Langstrumpf, Michel aus Lönneberga und Karlsson vom Dach stehen sinnbildlich dafür, was Kindheit bedeutet. Gleichzeitig zeigen sie uns, wie wichtig es ist, dass auch wir Erwachsenen das nicht aus den Augen verlieren: Wie war das damals, ohne all das Wissen und all die Regeln?

Lange bevor Autorinnen und Autoren, Wissenschaftlerinnen und Wissenschaftler und sogar Politikerinnen und Politiker sich auf die Suche nach dem universellen Glücksrezept begaben, hatte Astrid Lindgren schon eines für uns parat: »Alle Menschen sollten ihre Kindheit von Anfang bis Ende mit sich tragen.«[21] Warum? Weil Kinder sich die Welt lustbetont erschließen. Sie haben Freude am Entdecken anderer Menschen, anderer Geschichten, anderer Welten. Für Astrid Lindgren selbst blieb das Glück ihrer eigenen Kindertage ihr ganzes Leben lang die größte Inspiration. Wohl deshalb kannte sie auch bei ihrem unglaublich erfolgreichen Kampf für Kinderrechte keine Angst vor hohen Tieren: Die Unerschrockenheit der Kinder macht manches möglich, was den meisten nicht mehr schulpflichtigen Menschen schlagartig nicht mehr opportun erscheint, wenn sie doch eigentlich unabhängig sein sollen.

Eines der hervorstechendsten Merkmale von Astrid Lindgrens Figuren ist ihre Klarheit. Sie ist eine der größten Stärken aller Kinder. Eine Pippi Langstrumpf weiß ganz genau, was sie will und wie sie es bekommt, was sich ihrer Meinung nach gehört und wie man Erwachsenen ihre Flausen austreibt. In diesem Sinne ist jedes Kind schon mal in die Rolle einer Pippi Langstrumpf geschlüpft und hat seine Eltern damit sprachlos gemacht. Kindliche Klarheit ist gnadenlos. Das gilt nicht nur für die Klarheit des Willens, von der ich Ihnen gewiss kein Lied singen muss. Es gilt genauso für die Klarheit der Sprache, die Kinder uns gleichzeitig vorleben und abverlangen: Einen besseren Spiegel für Unklarheit gibt es nicht.

Es ist ein Fehler und ein Verlust, wenn wir diesen Spiegel nicht ernst nehmen, der uns als Eltern einfach geschenkt wird. Wir leben in einer stark beschleunigten Zeit der permanenten Veränderung. Positiv fallen immer wieder die Menschen auf, die diese Veränderungen spüren und hinterfragen. Dabei sind Kinder großartige Sparringspartnerinnen und -partner, denn sie schärfen unser Bewusstsein für Unklarheiten in der eigenen Kommunikation ungemein. Mit Kindern reden heißt also nicht nur zu Kindern durchdringen lernen. Es heißt auch, eine bessere Gesprächspartnerin oder ein besserer Gesprächspartner für alle anderen Menschen zu werden.

Kinder zeigen uns sofort, wenn wir unklar sind. Die Kommunikation mit ihnen stellt deshalb besondere Ansprüche an Klarheit. Wir müssen so einige unklare Sprechgewohnheiten ändern, wenn wir uns ihnen verständlich machen wollen. Um sie darüber hinaus auch noch zur Kooperation zu bewegen, damit so etwas wie ein funktionierender Familienalltag überhaupt möglich ist, müssen wir in vielen Fällen noch einmal ganz neu lernen, wie man klar kommuniziert. Denn vieles haben wir seit der eigenen Kindheit verlernt. Ich musste das auch – obwohl ich ziemlich sicher bin, dass auch ich irgendwann einmal Kind war …

Die Gummibärchen-Falle – Oder: Zustimmen unter Schmerzen

Bevor wir uns ein Modell für kooperatives Verhalten anschauen, das auf nahezu alle Lebenslagen (nicht nur) mit Kindern anwendbar ist, beginnen wir mit etwas, das uns leichtfällt: dem Kind zuzustimmen.

Sie haben richtig gelesen: Auch das Ja-Sagen kann wider Erwarten seine Tücken haben. Nicht umsonst steige ich mit diesem Thema in das weite Feld des kooperativen Verhaltens und in den Werkzeugkasten der klaren Kommunikation mit Kindern ein. Denn die Momente, in denen ich einem meiner Söhne unachtsam zustimme, erinnern mich immer wieder daran, dass ich es mit einem rhetorisch übermächtigen Gesprächspartner zu tun habe. Wenn wir wollen, dass Kinder kooperieren, können wir nicht einfach den Mund aufmachen und irgendwas sagen – nicht einmal Ja. Und doch ertappe ich mich immer wieder dabei und muss mich ermahnen: »Verdammt, René! Denk nach, bevor du redest!«

Beispiel Gummibärchen – diese zuckerig-bunte Verhandlungsmasse aus der Hölle, die unseren Kindern die Zähne und uns die Nerven ruiniert.

»Papa, darf ich mir nur fünf Gummibärchen nehmen?«

Dieser Satz enthält nun wirklich mehr Warnsignale, als ein Kommunikationstrainer brauchen sollte, um alarmiert zu sein. Aber nein, ich falle immer wieder darauf herein. »Ist in Ordnung, nimm sie dir aus der Tüte.«

Zu schnell, zu einfach. Statt nach der Tüte zu greifen, wendet Johann sich mir zu und fixiert mich mit seinem besten Pokerface. »Sieben«, legt er mit fester Stimme nach.

Nicht zu fassen, denke ich bei mir. Schon wieder habe ich ihn dazu gebracht, nachzuverhandeln.

Wenn Kinder etwas wollen, das wir ihnen nicht gern geben können oder möchten (also gefühlte 70 bis 80 Male am Tag), dürfen wir ihnen nicht einfach zustimmen. Denn was sie nicht haben dürfen, begehren sie umso mehr und nutzen jede Gelegenheit, danach zu greifen. Sie tun das zum Teil vielleicht aus Gier und zum Teil auch, weil sie Grenzen austesten wollen. Wenn Sie ihnen einfach zustimmen, ist der Effekt derselbe, als wenn Sie bei der Verhandlung mit dem Autohändler zu einfach bekommen, was Sie wollen:

»Ich nehme das Auto nur, wenn Sie mir zwölf Prozent Nachlass auf den Listenpreis geben.«

»Okay, einverstanden. Unterschreiben Sie hier.«

Wie fühlen Sie sich da? Schlecht fühlen Sie sich. Das war zu leicht, und deshalb denken Sie, da wäre mehr drin gewesen. Genauso geht es Johann, wenn ich seinem Gummibärchen-Ersuchen zu einfach stattgebe.

In solchen Situationen ist es wichtig, dem Kind verstehen zu helfen: Dieses Ja ist keine Selbstverständlichkeit. Der beste Weg, das zu tun, ist, indem Sie »unter Schmerzen« zustimmen. Mit einem gequälten Ja geben Sie ihm das Gefühl, dass es schon das Maximum rausgeholt hat: »Fünf Stück, das ist aber ganz schön viel. Mein lieber Mann. Na gut, ich drücke mal ein Auge zu. Nimm dir fünf. Aber kein Stück mehr!« So haben Sie die besten Chancen, sich die nächste Verhandlungsrunde zu ersparen.

Verhandeln ist eben immer Psychologie – auch und gerade mit Kindern.

Botschaften, die ankommen: Das KESS-Modell

Manchmal fühle ich mich als Vater unsichtbar. Das mag je nach Situation ganz reizvoll klingen; wer hätte im Restaurant oder im Zugabteil nicht gern schon mal auf Pause gedrückt, wenn das Kind gerade vor aller Augen so richtig auf die Pauke haut? Aber das ist nicht die Art von Unsichtbarkeit, die ich meine. Hin und wieder kommt es vor, dass ich meinen Söhnen eine Ansage mache – und es ist, als hätte ich gar nicht gesprochen. Die beiden tun nicht nur nicht, was ich möchte; sie reagieren erst gar nicht. Die Informationen scheinen einfach nicht anzukommen.

Je nach eigener Gemütslage ist man dann schnell mit dem Vorurteil zur Stelle, das wäre Absicht: Der hört doch mal wieder nur, was er hören will! Tatsächlich liegt der Fehler oft aber gar nicht beim Kind, sondern bei mir, weil ich meine Botschaft nicht klar formuliert habe. Dafür kann es die verschiedensten Gründe geben: Manchmal versteht das Kind Bahnhof, weil wir mit ihm reden wie mit einem Erwachsenen. Manchmal ergibt die Aussage einfach keinen Sinn für den Kleinen, weil meine Frau drei Minuten vorher eine andere getroffen hat. Sehr oft liegt es auch einfach daran, dass die Form der Botschaft zu dem abgelenkten, aufgeregten, müden oder gereizten Kind nicht durchdringt, weil ich es zu kompliziert mache oder das Pferd vom falschen Ende aufzäume.

Um die Wahrscheinlichkeit zu erhöhen, dass Sie mit Ihren Ansagen zu Ihren Kindern durchdringen, empfehle ich Ihnen das KESS-Modell – ein Akronym und Konzept, von dem ich zum ersten Mal bei Friedemann Schulz von Thun gehört habe. Es wirkt übrigens auch gegenüber Erwachsenen Wunder. Auch wir sind nämlich oft abgelenkt, aufgeregt, müde oder gereizt … Betrachten Sie die folgenden vier Bausteine also ruhig auch als Kommunikationshilfe mit Ihrer Partnerin oder Ihrem Partner und anderen Menschen, zu denen Sie gerade keinen Draht finden.

Die vier Buchstaben des Akronyms KESS stehen für: **K**urz, **E**infach, **S**timulierend und **S**trukturiert. Für jeden dieser Buchstaben gibt es simple Strategien, sodass man über die Umsetzung auch in stressigen Situationen nicht lange nachdenken muss. Das KESS-Modell kann Ihnen immer dann helfen, wenn Sie darauf angewiesen sind, schnell und unkompliziert zu Menschen durchzudringen.

Kurz: Viel hilft eben nicht viel

Viele Botschaften scheitern an innerer Opposition bei der Empfängerin oder beim Empfänger – also dadurch, dass sich beim Gegenüber Widerstände aufbauen. Der US-Psychologe Kevin Hogan hat festgestellt: Viele dieser Widerstände fordern wir selbst heraus, indem wir zu viel sagen. Das mag erst einmal kontraintuitiv klingen: Wenn ich nur genug erkläre und genügend Argumente bringe, dann muss das doch irgendwie ankommen! Tatsächlich ist aber oft das Gegenteil der Fall: Weniger ist mehr.

Wenn Ihre Kinder in den Widerstand gehen – und das tun sie nun mal häufig –, liegt das in den meisten Fällen am sogenannten Oppositionsritual. Das ist ein unbewusster Automatismus. Er sorgt nicht nur in der Kommunikation mit Kindern für Missverständnisse und ist auch keineswegs auf Kinder beschränkt. Meine Beobachtung ist im Gegenteil sogar, dass wir Erwachsenen diesen Fehler verstärkt unseren Kindern gegenüber machen. Wir glauben, dass wir die absehbare Gegenwehr gegen das Zubettgehen oder gegen das Zähneputzen abwenden können, wenn wir den kleinen Querulanten mit einem Berg an Argumenten zuschütten. Und dann wundern wir uns immer wieder, wenn tatsächlich das Gegenteil passiert: Je mehr wir sagen, desto mehr Widerstände bauen sich auf.

Es gibt verschiedene Szenarien, wie die innere Opposition bei der oder dem anderen zustande kommt; Absicht ist das nämlich in den wenigsten Fällen. Eine Möglichkeit ist, dass die Empfängerin oder der Empfänger der Botschaft schon im Anti-Modus war. Mit jedem unnötigen Wort, das die oder der andere sagt, fühlt Erstere oder Ersterer sich weiter in ihrer oder seiner defensiven Haltung bestätigt – weil er statt den Argumenten eher dem eigenen Kopfkino zuhört. Kinder, die ständig in ihrer eigenen Welt unterwegs sind, neigen dazu noch viel mehr als Erwachsene – und halten mit allem dagegen, was sie haben.

Ein anderes Szenario, wie es zur rituellen Opposition kommen kann, entsteht aus Überforderung: Mein Kind schaltet einfach ab, weil es die ganzen Informationen und Argumente gar nicht aufnehmen kann, mit denen ich es beschalle. Manchmal vergessen wir einfach, dass es in Alltagssituationen oft nicht um irgendein Prinzip geht. Es geht vielmehr darum, dass das Kind versteht und kooperiert. Es soll mit den Argumenten ja nicht promovieren. Wir wollen einfach nur eine Hängebrücke über die Kluft bauen, die in diesem Moment zwischen der elterlichen und der kindlichen Vorstellung davon klafft, wie die nächsten fünf Minuten des Tages ablaufen sollen. Bei einer Hängebrücke tritt man nicht auf die morschen Stufen, sondern nur auf die, die so aussehen, als ob sie standhalten. Ähnlich ist es mit den Argumenten. Lassen Sie die morschen lieber einfach weg.

Neulich ließ mein Sohn morgens schätzungsweise zum zehnten Mal sein Pausenbrot auf dem Küchentisch liegen, als er sich auf den Weg zur Tür machte. Damit er in Zukunft endlich mal von selbst daran denkt, spulte ich eine ganze Litanei ab: »Leo, du hast schon wieder dein Pausenbrot liegen lassen. Denk bitte daran, es einzupacken. Du brauchst dein Pausenbrot, sonst hast du Hunger. Wenn du Hunger hast, kannst du nicht richtig denken. Wenn du nicht richtig denken kannst, kannst du auch nicht richtig lernen …« Und so weiter, und so fort. Wie viel wird von so einem Vortrag wohl bei Grundschülern ankommen – morgens um 7:30 Uhr? Eben.

Die richtige Ansage hätte in diesem Fall drei Worte gehabt: »Leo, dein Pausenbrot.«

Wenn Sie wollen, dass Ihr Kind kooperiert: Helfen Sie ihm, nicht in Opposition zu gehen. Der beste Weg, das zu erreichen, ist, so wenig wie möglich zu sagen, um Widerstände so effektiv wie möglich zu umschiffen. Halten Sie Ihre Äußerungen kurz! Ganz besonders für Ansagen an Kinder, die absehbar auf Widerstand stoßen werden, gilt: nur so viel Begründung, wie unbedingt nötig; nur so wenige Worte wie irgend möglich. Jedes überflüssige Adjektiv und jedes halb gare Argument kann zusätzlichen Widerstand anstacheln. Je kürzer, desto höher die Wahrscheinlichkeit, dass Ihr Kind mitspielt, wenn Sie darauf angewiesen sind.

(Mehr darüber, wie Sie das Überargumentieren verhindern, lesen Sie übrigens auch im Abschnitt *Weniger ist klarer* weiter unten in diesem Kapitel.)

Einfach: Das Sprachniveau des Kindes berücksichtigen

Eine grundlegende Voraussetzung dafür, dass Botschaften durchdringen, ist natürlich, dass sie verstanden werden. Das klingt so logisch, und doch verstoßen viele sehr oft gegen diese einfache Regel. Erwachsene haben einen größeren aktiven Wortschatz als Kinder. Und so verwenden wir manchmal Worte, die unsere Kinder noch gar nicht kennen – einfach, weil wir in dem Moment nicht darüber nachdenken.

Wann immer uns dieser Fehler unterläuft, geschieht verlässlich das Unausweichliche: Das Kind fragt nach. Was soll es denn auch sonst tun? Gerade neulich passierte mir das wieder mit Johann. Ich hatte ihn gebeten, den Strauß Osterglocken für Oma mit ins Auto zu nehmen. Unglücklicherweise wusste Johann nur noch gar nicht, was das eigentlich ist. »Papa, was heißt denn Osterglocke?« So läuft das zuverlässig immer dann, wenn die Zeit gerade sowieso drängt. Und schon geht es nicht mehr darum, dass das Kind mal eben die Blumen in die Hand nehmen und sich Richtung Auto bewegen soll, damit wir endlich losfahren können. Stattdessen dreht sich das Gespräch plötzlich um die Anatomie der Gattung Amaryllisgewächse und die Entstehung botanischer Namen im Großen und Ganzen. Normalerweise machen mir solche Gespräche riesigen Spaß – mit Kindern auf Worten herumzukauen ist auch für Erwachsene immer wieder eine echte Bereicherung. Um diese Diskussionen zu überstehen, empfehle ich übrigens grundsätzlich die Anschaffung eines etymologischen Wörterbuchs. Aber in manchen Situationen ist so eine Debatte das Letzte, was man braucht. Zum Beispiel, wenn die Großeltern mit dem Sonntagsessen warten. Ein ungeschickt gewähltes Wort bremst die ganze Familie aus.

Noch komplizierter kann so ein Szenario werden, wenn das Kind schon etwas älter ist. Leo sieht sich mit elf – wie es typisch für dieses Alter ist – praktisch schon auf Augenhöhe mit seinen Eltern. Da ist man sich natürlich längst zu cool, um nachzufragen, wenn man mal ein Wort nicht versteht. Doch in seinem Kopf rattert es nichtsdestotrotz. Alles, was ich dann noch sage, geht also erst recht unter.

Das bezieht sich übrigens nicht nur auf die Wortwahl, sondern auch auf den Gehalt der Aussage. Manchmal machen wir es unseren

Kindern unnötig schwer, uns zu verstehen, weil wir gleich mehrere Baustellen in eine Ansage packen. »Leo, hör jetzt endlich mal auf, zu telefonieren!«, kann alle möglichen Reaktionen hervorrufen und zu einer längeren Diskussion führen. Gerade unpopuläre Appelle wie »Aufhören!« haben zuverlässig diesen Effekt anstatt den gewünschten. Wenn ich meinem Sohn dagegen einfach nur die relevante Information gebe, mache ich es ihm einfacher, mir zu folgen, ohne dass er sich dabei einen Zacken aus der Krone bricht: »Leo, in drei Minuten muss ich den Elektriker anrufen.«

Wenn Sie erreichen wollen, dass Kinder (schnell) kooperieren: Drücken Sie sich so einfach wie möglich aus. Bauen Sie nur die notwendigen Informationen in Ihre Aussage ein.

Stimulierend: Wie bildhafte Sprache und Humor Kinder zum Zuhören und Mitmachen animieren

Was schon für ältere Gesprächspartnerinnen und Gesprächspartner gilt, ist bei den jüngeren geradezu Gesetz: Wenn Sie wollen, dass Ihre Kinder Ihnen zuhören – sprechen Sie so, dass sie Ihnen gern zuhören.

Es hat mich Jahre meines Lebens gekostet, eine der wichtigsten Grundregeln im Umgang mit Kindern zu verstehen: Die Kooperationsbereitschaft steigt direkt proportional mit dem Spaß, der für das Kind drin ist. Eigentlich könnten wir das wissen – schließlich waren wir alle mal Kind. Doch wenn wir gestresst und genervt sind und einfach nur wollen, dass das Kind bei einem alltäglichen Vorgang mitspielt, ist der Spaßfaktor oft die letzte Strategie, an die wir denken. Wir wollen es doch einfach nur erledigen! Gerade bei langweiligen Alltagsproblemen haben Kinder aber am allerwenigsten Lust, widerstandslos mitzuspielen. In solchen Momenten kann ein stimulierender Impuls, der das Kind irgendwie zum Mitmachen animiert, allen Beteiligten den Tag retten. Für solche Impulse gibt es theoretisch unendliche Möglichkeiten. Die folgenden beiden, nämlich die bildhafte Sprache und der Humor, sind besonders effektiv und flexibel anwendbar.

Der erste Tipp für stimulierende Aussagen sind Metaphern und Analogien, also sprachliche Bilder und bildhafte Vergleiche, die auf Bilderwelten beruhen. Sogar Erwachsene sprechen auf bildhafte Sprache sehr gut an. Bei Kindern, die ohnehin viel Zeit in ihrer Fantasie verbringen und jeden noch so alltäglichen Vorgang damit aufladen, lohnt sie sich umso mehr. Nutzen Sie diesen Kanal, der ständig offen ist. Schlagen Sie Brücken in Räume, in denen Ihre Kinder sich sowieso aufhalten. Machen Sie es wie die digitalen Mobilitätsdienstleister: Holen Sie Ihre Kinder da ab, wo sie stehen!

Zweifellos kennen Sie die Bilderwelten, in denen Ihre Kinder sich bewegen, in- und auswendig: vom Vorlesen, vom Filmabend, aus den Lieblingsmärchen oder aus den wilden Fantasien, die Ihre Kinder höchstpersönlich an den Haaren herbeiziehen. Bei diesen Welten sind Sie als Eltern automatisch immer up to date, obwohl sie sich im Laufe der Zeit verändern. Bei meinen Söhnen waren das mal *Die Oktonauten*, dann *Die Wilden Kerle*, dann *Die drei Fragezeichen*, zwischendurch mal *Die Olchis*. Der eine steht mehr auf die Welt von *Harry Potter*, während der andere sich mehr für *Die Tribute von Panem* interessiert – und so weiter.

In diese Welten einzutauchen lohnt sich für Sie doppelt: Zum einen freuen Kinder sich unbändig darüber, wenn sie mit ihren Eltern über diese Themen fantasieren und scherzen können. Zum anderen können Sie Botschaften einfacher und effektiver transportieren, wenn Sie ihnen mithilfe Ihres Wissens über die Bilderwelten eine metaphorische Brücke bauen.

Was bei meinen beiden Söhnen hervorragend funktioniert, sind Superheldinnen und Superhelden, denn die finden beide einfach großartig. Wenn ich sie zum Beispiel animieren will, den Tisch abzuräumen, habe ich wesentlich bessere Chancen, wenn ich ein Spiel daraus mache: »Was meint ihr, wie würde Flash wohl den Tisch abräumen?« Beim zweiten Mal habe ich dann sogar daran gedacht, darauf hinzuweisen, dass das Geschirr heil bleiben sollte …

Grenzenlose Überzeugungskraft ist regelmäßig auch gefragt, wenn es darum geht, Kinder aus dem Bett zu kriegen. Wie beim Geschirrabräumen mit Flash bieten Bilderwelten oft einen spielerischen Zugang zu Themen und Tätigkeiten, die sonst aus Kindersicht nach Ernst des Lebens müffeln. Dazu gehört auch das morgendliche Aufstehen. Vor allem am Wochenende kann das zu heftigen Widerständen führen, wenn wir noch nicht einmal damit drohen können, dass die Eltern jetzt das Haus verlassen. »Raus aus den Federn und ab in die Dusche!« – da hätte ich eine Zeit lang genauso gut den Duschkopf zum Mitmachen animieren können. Unzählige Male bin ich an der Willenskraft meiner beiden Faultiere gescheitert, bis ich es einmal spielerisch ausprobierte.

Den Durchbruch brachte das Spiel mit einem Bild, das vor allem Johann gerade sehr spannend fand: die Post. »Wenn meine Kinder nicht ins Bad gehen wollen, dann muss ich sie wohl per Post dahin schicken«, sagte ich laut zu mir selbst. Schon kam Bewegung in die bleierne Fracht unter der Bettdecke, und ich hörte ein Kichern. Also ging ich ans Werk: Fein säuberlich wurde das Kind auf ein geeignetes Packmaß zusammengefaltet. Als Packpapier musste die Bettdecke herhalten. Zum Schluss eine virtuelle Briefmarke auf den Allerwertesten, und schon kam der Postmann, um die Fracht abzuholen und ins Bad zu transportieren. Dort wartete, wer hätte es gedacht, schon freudig der Papa auf sein Paket. Das ließ sich zu meinem Erstaunen ohne Gegenwehr aus sämtlichen Lagen Verpackung wickeln und kichernd in die Dusche befördern. Was vor fünf Minuten noch zu Gezeter und körperlichem Widerstand geführt hatte, war zu einem Spiel geworden, das Johann in der nächsten Zeit sogar einforderte. Welches Kind kann schon einem Spiel widerstehen?

Immer mal wieder höre ich den Einwand: Es kostet mich zu viel Zeit und Kraft, mir so etwas auszudenken. Dem will ich auch gar nicht widersprechen: Klar sind wir nicht immer und schon gar nicht immer spontan im richtigen Zustand, um auf solche Ideen zu kommen. Gleichzeitig können Sie sich aber vor Augen führen, wie viel Zeit und Kraft Sie verlieren, wenn Sie in solchen Situationen jedes Mal um die

Kooperation des Kindes kämpfen müssen. Ich spare letzten Endes viel Energie ein, wenn ich mir so etwas überlege oder mir Anregungen hole, als wenn ich bei jedem Widerstand drohe, schimpfe, streite. Wenn Ihnen gerade mal die Fantasie fehlt, gibt es zum Beispiel Bücher, die eine ganze Reihe von solchen spielerischen Hilfestellungen enthalten. Ich lasse mich gern und oft davon inspirieren – verbunden mit dem guten Gefühl, dass es sich um pädagogisch erprobte Mittel handelt. Eine tolle Quelle ist zum Beispiel das Buch *Die Eltern-Trickkiste* von Ute Glaser.[22]

Von welcher Bilderwelt Sie sich auch inspirieren lassen und an welche Quelle Sie sich auch halten, die Methode ist im Prinzip immer dieselbe. Denn was Ihnen auf die Schnelle erst einmal schwierig und anstrengend erscheinen mag, ist in hohem Maße Übungssache. Man kann Metaphern und Analogien durchaus erzwingen und sein Sprachrepertoire damit drastisch erweitern. Das geht auch in ganz alltäglichen Zusammenhängen viel öfter und viel einfacher, als die meisten Menschen glauben, bevor sie es einmal ausprobiert haben. Ich sage Ihnen dasselbe, was ich Menschen sage, die beruflich vor anderen sprechen: Redner werden nicht geboren, Redner werden gemacht. Sie müssen noch nicht einmal Rede-Ambitionen haben, um Ihr Repertoire zu erweitern und anschaulicher zu sprechen. Es ist kein Hexenwerk, so zu klingen, dass Ihre Kinder die Ohren spitzen!

Worauf es dabei ankommt, illustriert *Die Geschichte vom Bleistift* des berühmten brasilianischen Autors und UN-Friedensbotschafters Paulo Coelho. Diese sehr kurze und einfache, gleichzeitig allerdings sehr wirkungsvolle Geschichte beruht auf einer Analogie. Zusätzlich spannend ist sie deshalb, weil sie sich um einen Gegenstand dreht, den jeder zur Hand hat und den man immer wieder als Utensil einsetzen kann. Solche sogenannten gegenständlichen Metaphern sind oft noch einmal wirkungsvoller als rein virtuelle Bilder.

Die Geschichte dreht sich um Folgendes: Ein Junge sieht, wie seine Großmutter einen Brief schreibt, und fragt sie, ob es darin um ihn gehe. Lächelnd erwidert die alte Dame: »Es stimmt, ich schreibe über dich. Aber wichtiger als die Worte ist der Bleistift, den ich benutze.« Es wäre schön, erklärt sie weiter, wenn ihr Enkel einmal so werde wie dieser Bleistift. Das Kind versteht nicht, was seine Großmutter damit sagen will. Schließlich handele es sich doch nur um einen Bleistift wie jeden anderen, wendet der Junge ein. Das komme darauf an, wie man es betrachtet, antwortet die alte Frau und erzählt diese Analogie: »Der Bleistift hat fünf Eigenschaften, und wenn du es schaffst, sie dir zu eigen zu machen, wirst du zu einem Menschen, der in Frieden auf der Welt lebt.«[23]

Diese fünf Eigenschaften eines Bleistifts zählt die Großmutter ihrem Enkel auf und überträgt sie dabei auf ihn:

- Auch wenn der Einzelne große Dinge tun kann, gibt es immer eine Hand, die ihn nach seinem Willen lenkt (gemeint ist Gott);
- damit der Stift immer wieder gut funktioniert, muss er zwischendurch angespitzt werden, das heißt: Hin und wieder Leid zu ertragen macht uns zu besseren Menschen;
- der Bleistift hat einen Radiergummi – sich zu korrigieren ist wichtig, damit man auf dem richtigen Weg bleibt;
- nicht die äußere Holzschicht ist das Entscheidende am Bleistift, sondern die Mine in seinem Inneren, so wie auch wir Menschen vor allem darauf achten sollten, was in unserem Inneren vorgeht;
- der Bleistift hinterlässt immer eine Spur, wenn er das Papier berührt, und das tun auch wir mit allem, was wir im Leben tun. Deshalb sollten wir immer sehr bewusst vorgehen.

Die Analogie vom Bleistift funktioniert deshalb so gut, weil alle fünf Eigenschaften des Bleistifts sich sehr klar und direkt in wünschenswerte Eigenschaften eines Menschen übertragen lassen. Das ist wichtig für einen wirkungsvollen bildhaften Vergleich besonders bei Kindern: Er muss auf einem niedrigen Abstraktionsgrad bleiben, also einfach verständlich sein und der näheren Betrachtung standhalten.

Damit der Brückenschlag gelingt, können Sie sich ein Beispiel an der Großmutter aus Paulo Coelhos Geschichte nehmen. Sie müssen nur drei einfachen Schritten folgen, wenn Sie die Kommunikation mit Ihren Kindern durch bildhafte Vergleiche aufpeppen wollen:

Analogien erzwingen:
Drei Schritte zum bildhaften Vergleich

1. Metapher in der Welt des Kindes finden
2. Signifikante Merkmale der Metapher festlegen
3. Merkmale aufs Gesprächsthema übertragen

Diese einfache Vorgehensweise kann die Kommunikation mit Ihren Kindern wirklich bereichern. In einer bildhaften Ausdrucksweise steckt ungeheures Potenzial, um Kinder zu erreichen und zu überzeugen. Dies gilt besonders für Themen, mit denen sie aus irgendeinem Grund Berührungsängste haben.

Hinzu kommt, dass Sie Ihren Kindern auf diese Weise mit Ihrer Kommunikation den Respekt erweisen können, der uns anderweitig zwischen all den Ablenkungen und To-dos des Alltags so oft abhandenkommt, wo die Kleinen mit unseren Smartphones, Medien und anderen Absenderinnen und Absendern konkurrieren und diese Konkurrenz, die keine sein sollte, einfach viel zu oft verlieren. Wenn Sie in ihre Bilderwelten eintauchen, machen Sie einen Riesenschritt in die Lebenswelt Ihres Kindes hinein. Sie zeigen ihm damit: Ich sehe dich, und deine Welt interessiert mich. Leo hört gar nicht mehr auf zu reden, wenn ich ihn das spüren lasse. Nicht nur die Kommunikation wird so besser funktionieren, Sie vertiefen auch die Eltern-Kind-Beziehung. Für Ihr Kind fühlt sich das großartig an, und Sie werden eine ganz neue Ebene der Verständigung erleben.

Schauen wir uns an einem weiteren Beispiel aus meinem eigenen Eltern-Alltag noch einmal systematisch an, wie dieses Erzwingen von Analogien in der Realität funktionieren kann. Leo praktiziert seit einiger Zeit die koreanische Kampfkunst Taekwondo. Diese Sportart ist mehr als körperliche Betätigung und die Philosophie dahinter mehr als eine Liste von Spielregeln. Der Umgang miteinander beim Training und das Verhalten in der Taekwondo-Schule, dem sogenannten »Dojang«, ist durch klare Grundsätze, die Dojang-Etikette, geregelt. Viele davon zielen auf allgemein wünschenswerte Verhaltensweisen, mit denen Kinder in jeder Lebenslage punkten können. Nur zu gerne würden wir sie auch zu Hause durchsetzen …

Genau dabei können erzwungene Analogien helfen. Von den konkreten Regeln ausgehend lassen sich problemlos Brücken in den Alltag schlagen. Weil Leo sich für Taekwondo begeistert und Freude daran hat, tiefer in diese Welt einzutauchen, kann ich ihn mit entsprechenden Analogien viel effektiver erreichen. Statt einfach nur nervige Erwachsenen-Regeln herzubeten, spreche ich nämlich plötzlich mit dem Rückenwind des Taekwondo-Meisters über etwas, für das ich sofort Leos Aufmerksamkeit bekomme. Genau das ist die Idee der bildhaften Sprache: Kontexte herstellen, in die sich das Kind freiwillig hineindenkt, weil es Freude daran hat.

Hier sind einige Dojang-Grundsätze, von denen sich wunderbar Analogien auf den Alltag ableiten lassen:

Analogien als Brückenschlag in die Alltagswelt: Beispiel Taekwondo

Themenbereich	Dojang	Alltag
Hygiene	Du sollst den Dojang in einem sauberen Zustand hinterlassen.	Unser Haus ist wie ein Dojang: Hier kommen wir zusammen, halten uns gemeinsam darin auf und wollen uns alle wohlfühlen. Deshalb sollten wir auch alle hinter uns aufräumen und auf Sauberkeit achten wie im Dojang.
Verhalten	Du erweist deinem Trainer den gebührenden Respekt.	Wie dein Taekwondo-Trainer verdienen auch andere Menschen, von denen du etwas lernen kannst, deinen Respekt. Sie haben ihr Leben lang geübt und Erfahrungen gesammelt und nutzen ihre Zeit dafür, ihr Wissen an dich weiterzugeben.
Vorbildfunktion	Niedriger Graduierten dienst du als Vorbild.	Wie die Kameraden mit niedrigerem Gürtel beim Taekwondo schaut auch dein Bruder zu dir auf und orientiert sich an dir. Verhalte dich in seiner Anwesenheit so, wie du dir wünschst, dass er sich dir gegenüber verhält.
Genuss	Unnötiges Reden stört das Training.	Wenn man sich voll auf etwas konzentriert, kann man es besser machen. Wenn man sich ablenken lässt oder plappert, wird man nachlässig und braucht außerdem nur noch länger dafür.
Gefahren	Du verhältst dich jederzeit so, dass du dich und deine Mitschülerinnen und Mitschüler nicht verletzt.	So wie im Dojang geht man auch auf dem Schulhof oder anderswo kein unnötiges Risiko ein, nur um sich in den Mittelpunkt zu stellen oder anzugeben.

Sanktionen	Alle Sanktionen liegen im Ermessen des Trainers und sind nicht zu diskutieren.	Wie der Trainer ziehen Mama und Papa auch nur Konsequenzen, wenn du dich nicht an die Regeln hältst, die wir besprochen haben – dann aber wirklich und ohne Diskussion.
Tradition	Taekwondo beginnt nicht erst auf der Matte, sondern ist Teil deines Lebens.	Genauso, wie du dich beim Taekwondo an die Regeln und Gebräuche hältst, soll man auch Respekt vor den Gewohnheiten und Sitten anderer Kulturen und den Grenzen anderer Menschen haben. Dojang-Etikette gibt es in allen Umgebungen und in allen Lebensbereichen.

Genauso können Sie natürlich mit jedem anderen Thema umgehen, für das sich Ihr Kind interessiert: Jede Sportart hat Grundprinzipien und Spielregeln. Jedes Musikinstrument hat bestimmte Eigenarten, von denen sich etwas ableiten lässt. In jeder Comic- oder Animationsserie gibt es Charaktere, die bestimmte Rollen ausfüllen, die es so oder ähnlich auch im wirklichen Leben gibt. Eine Figur wie Meister Wu aus der Lego-Welt Ninjago zum Beispiel wirft mit Weisheiten nur so um sich. Johann ist ein großer Fan von Ninjago, was mir schon viele Gelegenheiten geboten hat, eine Brücke zu schlagen. Und so weiter und so fort: Was auch immer Ihrem Kind Spaß macht, kann in irgendeiner Weise für erzwungene Analogien herhalten, wenn Sie den beschriebenen Schritten folgen.

Noch ein kleiner Bonus-Tipp zur bildhaften Sprache, der im Austausch mit Ihren fantasievollen Kindern einen großen Unterschied machen kann: Bildhafte Sprache ist eine Kommunikationstechnik, bei der Mut belohnt wird. Suchen Sie also ruhig gezielt nach überraschenden Bildern. Werden Sie selbst mal wieder zum Kind: Tauchen Sie tief ein in die Welt der Metaphern und toben Sie sich aus. Je weiter das sprachliche Bild vom Ursprungsthema entfernt ist, desto wirkungsvoller ist die Analogie. Originelle, komische oder manchmal sogar absurde Bilder bleiben besonders gut im Gedächtnis haften. Der angenehme Nebeneffekt ist, dass ich bei solchen Gelegenheiten schon Tränen mit meinen Kindern gelacht habe über die verrückten Ideen, auf die wir gemeinsam gekommen sind. Kommunikation so intensiv zu erleben erlaubt uns die Tagesplanung viel zu selten. Nutzen Sie jede Gelegenheit!

Humor ist eine weitere Methode für stimulierende Botschaften, die eigentlich immer funktioniert. Es gibt wohl keine andere rhetorische Strategie, die Kinder so zuverlässig in eine kooperative Stimmung versetzt. Über das Lachen können Kinder fast alles vergessen – sogar, wie sehr sie gewisse Alltagspflichten hassen. Natürlich gelingt auch mir das nicht immer, denn für Humor muss man auch selbst guter Stimmung sein. Doch wenn es mir glückt, bin ich jedes Mal erstaunt, wie sehr ein Lachen ein ganzes Gespräch drehen kann.

Vor Kurzem wollte sich mein jüngerer Sohn Johann zum Beispiel partout nicht die Haare von mir waschen lassen. Das macht die Mama nämlich offensichtlich deutlich besser als ich (auch wenn ich noch nicht herausgefunden habe, wie genau). Jedenfalls gab es ein Riesengezeter: Unter Aufbringung all seiner Willens- und Stimmkraft schrie Johann nach Mama. Weil aber meine Frau mit etwas anderem beschäftigt war, hatten wir abgesprochen, dass ich ihr die Aufgabe an diesem Abend abnehmen würde. Deshalb konnte und wollte ich nicht nachgeben, ganz gleich, wie groß das Geschrei auch wurde. Eine Strategie musste her.

Da kam mir eine Idee: Wenn Johann unbedingt Mama wollte, dann sollte er Mama bekommen! Ich ging ins Schlafzimmer und kam kurz darauf zurück – und zwar mit Mamas Brille auf der Nase. Damit hatte der Knirps nicht gerechnet: Er schaute mich an wie eine Erscheinung, und sein Bruder nicht minder. Bevor er den Anblick auch nur verdauen konnte, sonderte ich noch zwei klassische Mama-Sprüche ab, mit denen sonst nur meine Frau daherkommt. Das reichte, denn innerhalb weniger Sekunden erkannten meine Kinder: Moment mal, hier steckt ein Spiel für uns drin. Nach ein, zwei Testfragen an die »Mama« hatten sie sich eingestimmt, dann hatte ich die Feuerprobe bestanden: Ohne weitere Gegenwehr, mit vielen Witzen und unter lautem Gelächter konnte ich Johann plötzlich die Haare waschen, solange ich nur in der Rolle blieb.

Oft, wenn die Überzeugungsarbeit mal wieder schwierig wird, habe ich leider nicht die Übersicht, Zeit oder Kraft, so zu reagieren. Ihnen wird es vielleicht nicht anders gehen. Doch ich rate Ihnen, wann immer Sie es hinkriegen: Nehmen Sie Widerstände mit Humor und bauen Sie mit dem Lachen eine Brücke. Damit klappt es nicht nur schneller. Es wird auch Ihnen anschließend besser damit gehen, als wenn Sie Ihr Kind mit Drohungen oder dergleichen zur Kooperation zwingen.

Strukturiert: Immer schön der Reihe nach

Der überwiegende Teil der Kommunikation mit Kindern – wie auch der Kommunikation allgemein – läuft auf zwei Arten von Gesprächsanlässen hinaus: Entweder wollen wir informieren, oder wir wollen überzeugen. Wenn das Gespräch nicht erfolgreich ist, liegt hier eine mögliche Ursache.

Erstens machen wir uns vorab oft nicht klar, um welche Art von Gesprächsanlass es sich handelt: Will ich mein Kind über etwas in Kenntnis setzen, oder will ich es von etwas überzeugen – zum Beispiel etwas zu tun, zu lassen oder zu ändern? Der Unterschied zwischen den beiden Anlässen ist leicht zu erkennen: Wenn Sie in diesem Gespräch keinen Widerstand von Ihrem Kind erwarten, handelt es sich um informierende Kommunikation. Wenn Sie schon von vornherein mit Widerständen rechnen, wollen Sie Ihr Kind überzeugen. Zweitens ist den wenigsten bewusst, wie sich diese Unterscheidung auf die Form der Kommunikation auswirkt – oder dass sie es überhaupt tun sollte.

Das Vorgehen unterscheidet sich zwischen den beiden Anlässen in der Struktur Ihrer Äußerung, genauer gesagt: in der Reihenfolge dessen, was Sie sagen. Beim Informieren nennen wir zuerst die Schlussfolgerung oder das Ziel, und danach folgt die Begründung oder Erläuterung. Wollen wir jemanden überzeugen, ist es genau umgekehrt: Wir nennen erst die Gründe oder Argumente, und dann folgt die Schlussfolgerung oder die Forderung, die sich daraus ergibt.

Warum ist die Reihenfolge wichtig? Beim Informieren geht es um Effizienz: Je schneller und klarer die oder der andere die zentrale Information erfasst, desto besser. Die Gründe oder nähere Details sind meist nicht von entscheidender Wichtigkeit, weshalb sie warten können. Außerdem versteht man diese untergeordneten Informationen oft erst, wenn man die zentrale Botschaft bereits erhalten hat. Dieses Prinzip leitet zum Beispiel die Nachrichtenvermittlung im Journalismus, und genau dort können Sie es gut beobachten: In den Fernseh-News bekommen Sie immer zuerst die Schlagzeile, und der erste Satz des Sprechers enthält bereits die wichtigsten Fakten: »Gestern ist ein Taifun der Windstärke 10 über die Ostküste Indonesiens hinweggefegt.« Danach folgen – weiterhin priorisiert nach Wichtigkeit – Details, die das Geschehen erklären oder detaillierter darstellen. Der Sprecher wird vortragen, durch welche Großwetterlage der Taifun entstand, welche Schäden er angerichtet hat, inwiefern deutsche Touristen von den Zerstörungen betroffen sind und welche Hilfe die Bundesregierung angeboten hat. Danach sind Sie im Bilde über das Geschehen in Indonesien. Widerstände musste der Nachrichtensprecher dafür bei Ihnen nicht überwinden Er gibt deshalb einfach die Fakten in für die Zuschauer effizienter Reihenfolge wieder.

Wenn Sie Ihr Kind über einfache Tatsachen informieren, ist die sinnvolle Reihenfolge genauso: erst die wichtige Information, dann die Details oder die Begründung. Ein Beispiel: »Wir essen heute erst um 19 Uhr zu Abend, weil Mama später von der Arbeit kommt.«

Beim Überzeugen geht es dagegen nicht um effiziente Faktenvermittlung, sondern darum, ein bestimmtes Ziel zu erreichen. Am wichtigsten ist es dabei, mögliche Widerstände zu überwinden oder zu umgehen, die dem Ziel im Weg stehen könnten. Damit ist auch erklärt, warum diese Unterscheidung gerade in der Kommunikation mit Kindern so bedeutsam ist: Vom Zähneputzen übers Gemüseessen bis zum Schulbesuch haben Kinder erst einmal gegen vieles Widerstände, was wir Erwachsenen von ihnen verlangen. Überzeugungskraft ist daher eine Schlüsselkompetenz in der Eltern-Kind-Kommunikation, die ich gar nicht hoch genug einstufen kann. Und ihr grundlegendster Mechanismus ist die richtige Reihenfolge in der Struktur unserer Aussagen.

Weil wir Widerstände erwarten, ist diese Reihenfolge beim Überzeugen genau umgekehrt wie beim Informieren: Erst nennen wir die Gründe oder Argumente, die auf das Ziel des Gesprächs hinführen. Letzteres ist meistens eine Forderung ans Kind: Es soll sein Verhalten ändern oder etwas tun. Wenn wir diese Forderung zuerst auf den Tisch knallen, schießen die Widerstände sofort hoch, und die Gründe und Argumente kommen gar nicht mehr an. Ihr Kind sieht wohl noch, dass sich Ihre Lippen bewegen, aber es hört nicht mehr zu. Innerlich ist es nämlich längst mit seinen Widerständen beschäftigt und legt sich schon die Erwiderung zurecht. Möglicherweise bekommen Sie die schon serviert, bevor Sie überhaupt dazu kommen, einen Grund für Ihre Forderung zu nennen. Wenn das Kind dagegen erst die Gründe wahrnimmt und versteht, fällt es ihm leichter, die Forderung zu akzeptieren.

Extrem hilfreich ist das zum Beispiel, wenn ich meinem Sohn Leo aus irgendeinem Grund die Verwendung des Tablets untersagen muss. Wir haben eine Verabredung, dass er vor dem Abendessen »Medienzeit« bekommt, während der er eine halbe Stunde lang mit der Playstation oder mit dem Tablet spielen darf. Wenn das aber ausnahmsweise einmal erst später oder gar nicht geht, weil zum Beispiel am Freitagabend seine Großeltern zu Besuch kommen, muss ich Überzeugungsarbeit leisten. Jedenfalls empfiehlt sich das, wenn ich beim Familienabendessen ein kooperatives Kind am Tisch sitzen haben möchte. Ein Beispiel für die richtige Reihenfolge in diesem Zusammenhang wäre: »Leo, heute Abend kommen Oma und Opa zum Abendessen. Da funktioniert das mit dem Spielen nicht. Deshalb bekommst du deine Medienzeit gleich morgen nach dem Frühstück.«

Kinder wollen auf Augenhöhe überzeugt und abgeholt werden. Dann sind sie viel eher bereit, zu tun, was von ihnen verlangt wird. Unbegründete Forderungen dagegen erscheinen ihnen unfair. In vielen Fällen verstehen sie einfach noch gar nicht, welchen Sinn ein bestimmtes Verhalten machen soll: Warum sollten sie Gemüse essen, wenn es doch so viel Süßes auf der Welt gibt? Warum wird der Hauptgang vor dem Dessert gegessen? Und warum eigentlich ist es nötig, dabei am Tisch sitzen zu bleiben? Die Forderung nervt, und darum ergibt sie aus Sicht des Kindes keinen Sinn. Kennt es aber die Gründe, kann es der Forderung besser folgen und wird eher kooperieren. Genau deshalb ist die richtige Reihenfolge eines der wichtigsten Werkzeuge, wenn wir Kinder von kooperativen Verhaltensweisen überzeugen wollen.

Richtige Reihenfolge je nach Gesprächsanlass

1. Informieren: Schlussfolgerung/Gesprächsziel ⟶ Begründung/Erläuterung
2. Überzeugen: Begründung/Argumente ⟶ Forderung/Gesprächsziel

Weniger ist klarer: Bloß nicht überargumentieren

Ein ganz typisches Muster unklarer Kommunikation, das wir uns im Laufe des erwachsenen (Berufs- und Beziehungs-)Lebens antrainieren, ist zum Beispiel das Überargumentieren. Aus irgendeinem Grund glauben wir, dass wir immer glaubwürdiger und immer überzeugender werden, je mehr Worte wir machen. Tragischerweise erreichen wir damit meistens genau das Gegenteil: Je mehr wir sagen, desto weniger überzeugend wirken wir. Der Grund ist, dass jedes weitere Argument, jede ergänzte Begründung, jede zusätzliche Erklärungsschleife von der Wirkung aller anderen Argumente, Begründungen und Erklärungsschleifen etwas nimmt. Je mehr Sie sagen, um den Pflock auch wirklich tief in den Boden zu rammen – desto kürzer wird der Pflock leider auch.

Erwachsene sind meist höflich genug, Sie nicht darauf hinzuweisen. Kinder dagegen kennen keine Gnade: Sie erkennen sofort jedes überflüssige Wort, als könnten sie die Schwäche Ihrer Argumentation riechen. Ganz ähnlich wie Profi-Verhandler oder Anwälte der Gegenseite stürzen sie sich darauf wie kleine Rhetorikvampire, die Ihnen noch das letzte absurde Argument aussaugen, wenn Sie nicht aufpassen: jede Argumentationslücke ein Trampolin, jedes Wort eine Steilvorlage.

Wünscht sich mein Sohn Leo zum Beispiel abends noch eine Geschichte, habe ich von vornherein schlechte Karten, sollte ich verrückt genug sein, mich auf eine Verhandlung mit ihm einzulassen. Rhetorik-Expertise hin oder her: Argumentativ habe ich gegen Leo oft keine Chance. Für ihn ist jedes Argument, sogar ein zwingendes, eine Einladung, weiterzudiskutieren: »Warum eigentlich, Papa?« Wie scheinbar alle Kinder von Natur aus weiß Leo genau: Es gibt keine Antwort, die man nicht mit einem weiteren »Warum?« vertiefen könnte …

Jedes Mal, wenn mir das passiert, lässt mein Sohn mich spüren: Ich war mal wieder nicht klar genug. Das Überargumentieren ist ein ganz häufiger Fehler, den wir als Eltern machen – und nicht nur als Eltern. Wenn wir jemanden zu überzeugen versuchen oder wenn wir verhandeln, unterläuft er uns ebenfalls. Je mehr Argumente wir in die Schale werfen, desto mehr verdünnen wir damit die Argumente, die schon drin sind. Hinzu kommt, dass niemand unendlich viele gleich starke Argumente auf Lager hat. In der Regel werden die Argumente immer schwächer, je länger wir weiterreden. Und wir wundern uns dann, dass unsere Gesprächspartnerin oder unser Gesprächspartner – in diesem Fall unser Kind – erstens immer weiter diskutiert und sich zweitens komischerweise dafür unsere schwachen Argumente herauspickt: »Warum darf ich heute nicht noch eine Geschichte hören? Warum dauert das zu lange? Warum muss ich jetzt schlafen? Warum musst du jetzt noch nicht schlafen? Warum müssen Kinder früher ins Bett als Erwachsene?«

Mit Kindern reden heißt Klarheit lernen: Sie haken gnadenlos nach, wenn wir ihnen eine Vorlage liefern. Überzeugender werden wir nicht durch mehr Argumente, sondern durch ein klares. Solange die fragliche Entscheidung nicht im Ermessensspielraum des Kindes liegt, erfüllt die Begründung ausschließlich den Zweck, dass das Kind Ihre Vorgabe nachvollziehen kann. Wenn es nichts zu verhandeln gibt, gibt es über diese Erklärung hinaus auch nichts weiter zu argumentieren. (Vgl. dazu auch den Abschnitt *Durchsetzen oder Verhandeln?* in diesem Kapitel.)

Konsequent sein, statt zu drohen

Im Nachhinein muss ich manchmal selbst über den Blödsinn schmunzeln, den ich meinen Kindern schon erzählt habe. »Du ziehst dich jetzt sofort an, sonst gehst du heute nicht in den Kindergarten.« Du meine Güte, mein Sohn ist doch nicht dämlich! Der weiß ganz genau, dass seine Eltern zur Arbeit müssen und ihn auf gar keinen Fall allein zu Hause lassen können.

Kinder merken in aller Regel, wenn ihnen gedroht wird. Aus diesem Grund und weil Eltern sich mit dieser Strategie sehr schnell ein Eigentor schießen, ist Konsequenz in der Kommunikation mit Kindern extrem wichtig. Leider vergessen wir das im Stress gern einmal, weil wir glauben, mit einer dahingeworfenen Drohung ließe sich eine schnelle Lösung herbeiführen, wenn das Kind mal wieder nicht so will, wie es soll. Doch selbst, wenn das mit Glück vielleicht mal ein paarmal klappt, folgt schnell genug ein böses Erwachen: Wer leere Drohungen allzu freizügig einsetzt, um Kooperation zu erzwingen, wird damit schnell an Grenzen stoßen. Längerfristig betreiben Sie mit dieser Gewohnheit gewordenen Notlösung nämlich Raubbau an Ihrer eigenen Autorität. Wenn das Kind erst einmal verstanden hat, dass angedrohte Konsequenzen nicht in die Tat umgesetzt werden, steht Ihre Glaubwürdigkeit auf dem Spiel. Das ist nicht nur eine Enttäuschung für das Kind, sondern auch eine ganz schlechte Voraussetzung für eine verbindliche Kommunikation in der Zukunft.

Konsistenz zwischen Worten und Taten ist die oberste Regel der Konsequenz. Wenn wir durchziehen, was wir ankündigen, schenken wir unseren Kindern Klarheit darüber, was sie zu erwarten haben. In dieser Klarheit steckt Frieden – für das Kind und auch für uns Eltern.

Nachdem ich das Gebot der Konsequenz nun feierlich verlesen habe, darf ich mich als reuiger Sünder outen: Wie so viele andere habe auch ich diese Lektion auf die harte Tour gelernt. Bevor mir klar wurde, dass meine Kinder meine Signale wie Poker-Profis lesen, habe ich mir viele Male eingebildet, mich durchmogeln zu können. Was denken wir uns für abstruse Drohszenarien aus, um unseren Kindern das gewünschte Verhalten abzuringen! Ohne rot zu werden bieten wir ihnen Konsequenzen an, die wir im Leben nicht durchziehen könnten, wenn es darauf ankäme.

Wie viele Kinder hatte Leo schnell begriffen, in welchen Momenten es auf seine Kooperation ankam. Papa ist unter der Woche oft weg, und Mama muss auch zur Arbeit. Dieses Wissen verlieh ihm große Macht: Anscheinend war seine Mutter morgens, wenn alles klappen und schnell gehen musste, oft auf ihn angewiesen. Daraus ließ sich doch etwas machen! Also nahm er sich immer öfter sehr viel Zeit beim Anziehen und trieb meine Frau damit zur Weißglut: Jeden Morgen kostete es sie mehr Zeit und Nerven, ihn zur Mitarbeit zu bewegen.

Ein paar Tage lang lebte Leo wohl in dem Glauben, dass sich dieses kleine Spiel beliebig aufrechterhalten ließ. Doch da hatte er die Rechnung ohne meine Frau, die Lehrerin, gemacht. Die zog aus dem berechenbaren Verhalten (und gewiss auch aus meinen jämmerlich gescheiterten leeren Drohungen) schnell ihre Schlüsse. Als sich abzeichnete, dass Leo aus seinem morgendlichen Protest eine Gewohnheit machen und seine Macht auskosten wollte, ging sie eines Morgens in die Vollen: »Wenn du dich nicht rechtzeitig anziehst, gehst du im Schlafanzug in den Kindergarten.«

An dieser Stelle machte mein Sohn einen entscheidenden Fehler: Er hielt das für eine leere Drohung. Als er immer noch nicht angezogen war, als es höchste Zeit war, das Haus zu verlassen, machte meine Frau kurzen Prozess: Sie setzte den keifenden, geifernden, strampelnden Leo tatsächlich im Schlafanzug ins Auto und fuhr los. Unterwegs war das Gezeter natürlich groß, aber sie ließ sich nicht beirren. Ohne mit der Wimper zu zucken, setzte sie unseren lauthals protestierenden Sohn im Schlafanzug im Kindergarten ab. Den hatte inzwischen natürlich das kalte Grausen gepackt bei der Vorstellung, gleich im Schlafanzug vor seinen Freundinnen und Freunden zu stehen und sich erklären zu müssen. Und was würde erst seine Kindergärtnerin sagen?

Was Leo nicht wusste, war, dass seine Mutter vorausgeplant hatte: Im Kofferraum lag seine Kleidung in einer Tüte bereit. Natürlich konnte sich Leo noch schnell im Kindergarten umziehen und musste vor seiner Gruppe nicht sein Gesicht verlieren. Doch eines lernte er an diesem Morgen ein für alle Mal: Was Mama ankündigt, zieht Mama durch. Wann immer meine Frau die Ankündigung künftig wiederholte, glaubte ihr Leo auf der Stelle – und zog sich ruckzuck um.

Ich muss gestehen: Für diese Konsequenz bewundere ich meine Frau. Dass ich das geschafft hätte, glaube ich nicht. So etwas kriegen sicher die wenigsten Eltern aus dem Stand und ohne lehrreiche Erfahrung hin. Denn umgekehrt neigen wir Eltern leider dazu, die Konsequenz unserer Kinder zu unterschätzen. Für das Maß an Konsequenz, das meine Frau in dieser Episode aufgebracht hat, ist einiges an Überwindung und vor allem auch Übersicht gefragt. In den Wirren einer jungen Elternschaft ist beides oft einfach noch nicht aufzubringen. Ärgern Sie sich nicht, wenn Sie es mal wieder nicht hinkriegen: Wir alle tun täglich, was wir können. Eltern-Kind-Kommunikation ist, wie jede andere Kunst, ein lebenslanger Lernprozess. Momente ultimativer Konsequenz sind dabei so etwas wie Sternstunden: Nicht nur müssen wir lange darauf warten und im richtigen Moment bereit sein, die Gestirne und das Wetter müssen auch noch mitspielen.

Ein Eigentor schießen wir uns mit leeren Drohungen übrigens nicht erst dann, wenn die Kinder das Spielchen irgendwann durchschauen. Von Anfang an stiften wir damit Verwirrung. Indem wir mit Konsequenzen drohen, die wir nicht einhalten, schleusen wir Unklarheit in die Kommunikation ein. Woher soll das Kind bei anderen Gelegenheiten wissen, welche Konsequenzen wirklich ernst zu nehmen sind und welche nicht?

So groß die Versuchung auch sein mag: Eine leere Drohung ist nie ein probates Mittel in der Kommunikation. Zwar gibt es seltene Ausnahmesituationen, in denen der Einsatz von Macht nötig werden oder sogar sinnvoll sein kann. Das kann zum Beispiel passieren, wenn wir in einer kritischen Situation einmal die Kooperation des Kindes erzwingen müssen, um Schaden abzuwenden. Doch das sollte immer das letzte Mittel sein. Und gerade dann sollte es sich keinesfalls um eine leere Drohung handeln, damit beim nächsten Mal nicht noch mehr Druck erforderlich ist.

Nur die Erkenntnis, dass angedrohte Konsequenzen auch tatsächlich in die Tat umgesetzt werden, hat einen nachhaltigen Effekt. Deshalb ist meine größte Angst, dass meine Kinder irgendwann durch einen saublöden Zufall herausbekommen, dass nichts, aber auch gar nichts passiert, wenn ich bis drei gezählt habe …

Klarheit geben wir unseren Kindern nur durch Konsistenz zwischen unseren Worten und unseren Taten. Drohen Sie also nur dann Konsequenzen an, wenn Sie wirklich bereit sind, sie in die Tat umzusetzen. Und wenn es dann wirklich erforderlich wird: Ziehen Sie es durch, genau wie angekündigt.

Vor dieser Konsistenz haben Kinder Achtung. Nicht zuletzt aus diesem Grund empfand ich als Kind großen Respekt vor meinem

Vater: Wenn er mich mal bestrafte, dann geschah das immer in absoluter Übereinstimmung mit seinen Ankündigungen. Er erklärte mir stets, warum er es tat, und er zog die Konsequenzen immer wie angekündigt durch. Bis heute finde ich, dass ihm das eine große Würde verlieh – sogar in der Bestrafung. Unsicherheit und Unklarheit hingegen spüren Kinder sofort. Genau wie Erwachsene empfinden sie beides als wenig würdevoll.

Aussagen treffen statt Fragen stellen

Ein weiteres Muster unklarer Kommunikation sorgt oft für Verständigungsschwierigkeiten, die wir uns erst einmal nicht erklären können: Oft stellen wir Fragen, wenn wir eigentlich Aussagen treffen sollten. Das Tückische daran ist, dass wir mit solchen unechten Fragen oft sogar unkooperatives Verhalten erzeugen, obwohl wir genau das Gegenteil beabsichtigen. Genau genommen liegt es dann nicht am Kind, sondern an uns selbst.

Wenn ich meinen Sohn frage: »Leo, hast du vielleicht Lust, dein Zimmer aufzuräumen?«, brechen Sie wahrscheinlich schon in Gelächter aus. Denn Sie können sich vorstellen, wie seine Antwort lauten wird. In der Pädagogik und in der Entwicklungspsychologie wird dazu geraten, Kinder innerhalb eines klar umgrenzten Entscheidungsrahmens tatsächlich mitentscheiden oder sogar allein bestimmen zu lassen. Doch kommuniziere ich außerhalb des Entscheidungsrahmens meines Kindes Fragen anstelle von Aussagen, schwäche ich meine Position als Erziehungsberechtigter und als Respektsperson. So demonstriere ich dem Kind: Wer hier die Entscheidungen trifft, ist nicht klar geregelt. Ich möchte zwar, dass du entscheidest – doch ich erwarte auch, dass du die Entscheidung triffst, die ich gern hätte. Das ist nicht fair. Das merkt das Kind natürlich – und wird uns den Gefallen in den meisten Fällen nicht tun.

Mein Sohn auch nicht, denn Kinder nehmen Worte wörtlich. Er

hat mit diesem Spielchen nichts am Hut und gibt mir auf meine deplatzierte Frage eine ehrliche Antwort: »Nö.«

Das habe ich meiner eigenen Ansprechhaltung zuzuschreiben. Denn ich habe mich manipulierend verhalten. Ich möchte ja nicht Leos Meinung wissen; ich möchte, dass er sein Zimmer aufräumt. Mit meiner Frage sorge ich bei ihm nicht für Klarheit, sondern für Verwirrung: Darf ich jetzt selbst entscheiden oder nicht? Und wenn ja, warum ist Papa dann mit meiner Entscheidung unzufrieden?

Es gibt zwei Möglichkeiten, wie sich dieses elterliche Muster falscher Fragen – auf Dauer gesehen – auswirken kann. Die erste Möglichkeit ist, dass ich mein Kind durch die Verwirrung verunsichere. Und wenn wir unsere Kinder durch unklare Kommunikation verunsichern, tragen wir dazu bei, dass sie nicht das Selbstbewusstsein ausbilden können, das wir für sie vorgesehen haben. Wenn wir ihnen falsche Fragen stellen und dann trotzdem gegen sie entscheiden, leben wir ihnen von klein auf vor, dass sie nicht in der Lage sind, die richtigen Entscheidungen zu treffen. Und dann wundern wir uns später, wie es wohl kommt, dass sie unsicher und unselbstständig sind.

Die zweite mögliche Folge ist, dass es zukünftig unendliche Diskussionen »über des Kaisers Bart« geben wird, wie mein Vater sagen würde.

Bleiben Sie fair: Stellen Sie Ihren Kindern keine Fragen, wenn die Entscheidung schon feststeht!

Deshalb ist es so wichtig, dass ein klarer Entscheidungsrahmen gesetzt und rhetorisch konsequent eingehalten wird. »Klar und eindeutig Verantwortung für Entscheidungen zu übernehmen, unabhängig davon, wie das Kind sich dazu verhält, signalisiert dem Kind Stärke und Souveränität der Eltern. Das führt letztlich auch zu Respekt und innerer Zustimmung (auch bei laut geäußertem Protest).«[24] Für Entscheidungen außerhalb des Entscheidungsrahmens der Kinder brauchen Eltern kein Einverständnis von den Kindern einzuholen, geschweige denn, sie mit Begründungen abzuholen. Und deshalb müssen, nein: dürfen sie auch keine Frage stellen, wo keine Frage zu klären ist. Wir übertragen den Kindern damit unabsichtlich einen Entscheidungsrahmen, den wir ihnen in Wahrheit gar nicht zubilligen. Und nicht nur das: Wir manipulieren sie auf diese Weise in eine Konsistenz-Falle hinein, wie es sonst nur eher harte als faire Talkshow-Moderatoren mit ihren Gästen tun.

Sagen wir, ich komme abends nach Hause und frage Leo: »Hast du dir schon die Zähne geputzt?« Dabei weiß ich nach einem Blick ins Bad längst, dass die Zahnbürste seit zwölf Stunden kein Wasser gesehen hat. Er kann sich die Zähne also nicht geputzt haben. Und trotzdem frage ich ihn. Er ist in diesem Moment in seinem Zimmer und in irgendeinem kindlichen Flow – vielleicht baut er etwas, malt oder ist in ein Hörbuch vertieft. Natürlich sagt er, wie es wohl die meisten Kinder auf der Welt tun würden: »Ja, habe ich!« Also lasse ich ihn ins Bad kommen und konfrontiere ihn mit der trockenen Zahnbürste.

Was tue ich da? Ich mache meinen eigenen Sohn ganz bewusst und gezielt zum Lügner. Welchen pädagogischen Zweck ich dabei auch immer vor Augen haben mag, ich erreiche nur eines: Ich mache ihn traurig. Welcher Fünfjährige will schon vor seinem Vater als Lügner dastehen? Mein Sohn ist nach dieser Aktion geknickt, und das ist ganz allein mein Verdienst.

Klarer wäre in dieser Situation statt der heuchlerischen Frage die Ansage: »Leo, du hast dir noch nicht die Zähne geputzt. Komm bitte ins Bad, Zähne putzen.« Keine unechten Fragen, keine Argumente, kein Raum für Unklarheit oder schlechte Gefühle: Diese Aussage erfüllt vollkommen manipulationsfrei ihren Zweck.

Übrigens formulieren wir sehr oft mit unseren Worten gar keine Frage, lassen es aber trotzdem so klingen. Eigentlich haben wir schon in der Grundschule gelernt: Bei einem Aussagesatz wird die Stimme am Satzende gesenkt, bei einer Frage geht sie nach oben. Achten Sie in Ihrem Umfeld mal darauf: Das Heben der Stimme am Satzende hat sich zu einer regelrechten Volkskrankheit entwickelt. Wir tun es ständig, obwohl wir es eigentlich besser wissen sollten. Mich selbst nehme ich da nicht aus. Manchmal passiert es mir einfach nur deshalb, weil ich im Kopf schon beim nächsten Gedanken bin. Oder wir tun es ab und an aus falsch verstandener Höflichkeit. Und manchmal ziehen wir die Stimme nur hoch, weil wir unsicher sind, welche Ansprechhaltung in diesem Moment richtig sein könnte. »Ich esse gerne Schokolade?« klingt ganz anders als »Ich esse gerne Schokolade«. Wirkungsästhetisch ist das problematisch. Durch die falsche Sprechweise machen wir unsere eigenen Aussagen irrelevant.

Hundebesitzer können davon ein Lied singen: Phonetisch, also lautsprachlich betrachtet, stellen wir oft gegenüber dem besten Freund des Menschen unabsichtlich infrage, was wir eigentlich als Aufforderung kommunizieren wollen. Sage ich zu einem Hund: »Kommst du mal her?«, »Machst du mal Platz?« und hebe dabei fragend die Stimme, dann kommt ein durchschnittlicher Hund nicht her, und er macht auch nicht Platz. Stattdessen wedelt er fröhlich mit dem Schwanz, weil ich so lustig rede. Er denkt, ich wolle spielen. Hunde beantworten keine Fragen, Hunde hören auf Aussagen, und die erkennen sie an der Sprechweise.

Bevor Sie mir jetzt vorwerfen, dass Sie mit Ihren Kindern wie mit einem Hund reden sollen: Das ist ein Fehler, den wir jeder Spezies und jeder Altersgruppe gegenüber machen. Überzeugungskraft hat viel mit Stimmführung zu tun, und die Verwechslung von Aussagen und Fragen ist ein Klassiker unter den irreführenden Sprechweisen. Klarheit entsteht unter anderem durch die Konsistenz von verbalen und non-verbalen Elementen. Und Klarheit ist etwas, das kleine und große Menschen, kleine und große Hunde und aller Wahrscheinlichkeit nach auch außerirdische Lebensformen jedweden Alters schätzen. Das dürfte auch der Grund sein, warum in den meisten Science-Fiction-Filmen direkt auf die Aliens geschossen wird: Da wissen sie gleich, woran sie sind.

Kooperation oder Durchsetzen?

Kooperation, das wurde schon mehrfach betont, ist im Umgang mit Kindern das oberste Kommunikationsziel. Nicht nur funktioniert sie besser, das Kind lernt dadurch auch mehr, wird selbstständiger und fühlt sich mehr gesehen. Wann immer es möglich ist, versuche ich bei meinen Kindern um Verständnis zu werben und empathisch zu bleiben – auch, wenn ich ein bestimmtes Verhalten fördern will. Dann gibt es aber auch Situationen, in denen man sich als Eltern einfach durchsetzen will oder auch muss. Da kann es auch mal passieren, dass das Kind etwas tun muss, das es gerade nicht will oder das kontraintuitiv ist. Wenn wir mit Kommunikation auf das Verhalten von Kindern Einfluss nehmen, geschieht das also immer innerhalb einer von zwei Kategorien: Kooperation oder Durchsetzen. Unterscheiden wir bewusst zwischen diesen beiden sehr unterschiedlichen Gesprächsanlässen, ist die Wahl der Mittel eigentlich eine glasklare Angelegenheit – eigentlich. In der alltäglichen Umsetzung ist es leider oft nicht so einfach, wie es klingt.

Wenn wir uns selbst das Leben schwer machen, dann nicht selten deshalb, weil wir es gut meinen. Immerhin ist es leicht, zu glauben, dass wir dem Kind etwas Gutes tun, wenn wir ihm ein Mitspracherecht einräumen. Viele engagierte Eltern haben Spaß daran und auch recht damit, ihre Kinder früh ans Argumentieren und Diskutieren heranzuführen. Tatsächlich schult es die rhetorischen Fähigkeiten und das kritische Denken. Die Kinder lernen dabei, ihre Interessen zu vertreten, und können sich später besser durchsetzen. Deshalb steht die »Argumentationspädagogik«[25] bei vielen Eltern hoch im Kurs.

Betreffen die Diskussionen jedoch Sachverhalte oder Entscheidungen, die die Kompetenzen des Kindes übersteigen, kann das Diskutieren sich leider auch sehr schädlich auswirken. Aus einem Gespräch, bei dem die Eltern dem Kind auf der Beziehungsebene Gleichheit vorgaukeln, wird schnell eine ausufernde Debatte. Für die Eltern ist das nervenaufreibend, für das Kind überfordernd. Leicht kann so eine Diskussion eskalieren, um dann doch in einem Machtwort der Eltern zu enden. Oder es geschieht das Gegenteil: Weil Kinder eher die Regeln der Debattierkunst außer Acht lassen (oder sie noch nicht kennen), als dass sie freiwillig klein beigeben, resignieren Eltern irgendwann. Oft endet es damit, dass sie den Kindern mehr erlauben, als ihnen lieb ist. So verschwimmt bei den Kindern ihre Wahrnehmung der familiären Rollenverteilung. Das ist dann nicht etwa der Sieg eines besonders cleveren Kindes, wie die debattierfreudigen Eltern sich vielleicht gern einreden, sondern eine Vernachlässigung der Elternrolle. Kinder wollen ihre Eltern grundsätzlich ernst nehmen. Sie brauchen Orientierung, und sie wollen, dass ihre Eltern ihre Vorbildrolle erfüllen.

Machen Sie es sich in Zukunft zur Angewohnheit, vor jeder Klärung eine Entscheidung zu treffen, in welchem Kommunikationsmodus Sie sich in diesem Moment an das Kind richten: Sind Sie dabei in der Kategorie Kooperation oder in der Kategorie Durchsetzen unterwegs? Diese Klarheit hilft Ihnen, die richtige Ansprechhaltung und die richtigen Worte zu wählen.

Gerade kürzlich hätte ich wieder einmal gut daran getan, mich selbst an diesen Rat zu halten. Ich hatte für mich und meine Söhne Kinokarten für *Dr. Dolittle* gekauft. Diesen Film hatten wir zwar schon gesehen, doch ich hielt das für einen Selbstläufer: So einen coolen Film in 3D auf der großen Leinwand zu sehen, das konnte doch nur ein perfekter Männerabend werden. Der Plan war gemacht, und ich erwartete, dass meine Kinder sich freuen würden.

Und so machte ich einen Fehler. Obwohl ich die Tickets schon in der Tasche hatte, tat ich so, als ob ich die beiden bei der längst getroffenen Entscheidung großzügig einbeziehen wollte: »Sagt mal, habt ihr Lust, euch Dr. Dolittle noch mal im Kino anzuschauen?« Erwartungsvoll schaute ich von Leo zu Johann und von Johann zu Leo und rechnete mit nichts weniger als Begeisterung.

Da hatte ich mich gründlich verrechnet; von Euphorie konnte keine

Rede sein. Wie sich herausstellte, mochte Leo den Film rückblickend gar nicht so arg. »Ich weiß doch schon, wer der Bösewicht ist und wie es ausgeht!«, wendete auch Johann ein, und zwar zu Recht. Spannung ist schließlich eine legitime Anspruchshaltung bei einem Kinobesuch …

Glauben Sie es jemandem, der sich selbst verschuldet den Mund fusselig argumentieren musste: Stellen Sie Entscheidungen nicht zur Debatte, wenn der Drops schon gelutscht ist. Das ist einfach nicht fair. Denn was können Kinder aus einem Diskurs lernen, den sie nicht gewinnen können, weil sie ihn nicht gewinnen dürfen? Stellen Sie sich doch mal vor, Ihre Frau würde die Socken schon kaufen, bevor Sie sie fragt, was Sie gern zu Weihnachten hätten … Wenn Sie eine Diskussion mit Ihren Kindern führen, dann ergebnisoffen. Alles andere ist Heuchelei.

Wie aber wirkt sich die bewusste Entscheidung zwischen Kooperation und Durchsetzen im Gespräch konkret darauf aus, wie Sie mit Ihrem Kind reden? Hier kommen wir noch einmal auf die verschiedenen Funktionen von Fragen und Aussagen zurück, denn darin liegt der zentrale Unterschied in der Ansprache. Wenn es sich um eine getroffene Entscheidung handelt, wird nicht diskutiert und deshalb auch nicht gefragt. Sie treffen Aussagen, nach denen sich das Kind auch richten muss. In der Kategorie Kooperation dagegen ist der Austausch von Argumenten und gegenseitigen Fragen möglich und erwünscht.

Betrachten wir den Unterschied an einem konkreten Beispiel: Wenn Ihr Kind aus der Grundschule nach Hause kommt, möchte es vielleicht lieber gleich spielen als die Hausaufgaben zu machen. Fangen Sie nun an, zu diskutieren, entspinnt sich vielleicht eine Debatte nach diesem Muster:

»Meinst du nicht, dass du erst mal deine Hausaufgaben machen solltest?«

»Nein, das kann ich auch später noch machen!«

»Und was ist, wenn du später müde bist und dich nicht mehr richtig konzentrieren kannst?«

»Ich bin überhaupt nicht müde, also kann ich die Hausaufgaben auch nach dem Spielen machen.«

»Die Hausaufgaben sind wichtiger als Spielen. Was hältst du davon, dich einfach an den Schreibtisch zu setzen und anzufangen?«

Kein Wunder, wenn das Kind jetzt bockig reagiert – immerhin haben Sie den Zeitpunkt für die Erledigung der Hausaufgaben zur Diskussion freigegeben. Und Sie haben suggeriert, dass Sie selbst nicht so sicher sind, was zuerst dran ist. Ihr Kind nimmt das wahr, denn »Kinder sind auf der Beziehungsebene sehr hellhörig«.[26]

Die meisten dieser unnötigen Diskussionen infolge von unkooperativem Verhalten lassen sich ganz einfach verhindern: Statt mit dem Kind darüber zu argumentieren, warum es sich so verhält und was es sich dabei denkt, können Sie das unkooperative Verhalten einfach freundlich kommentieren und eine eindeutige Aufforderung folgen lassen:

»Toll, dass du noch nicht müde bist – dann können wir später noch schön spielen! Jetzt machst du erst mal deine Hausaufgaben.«

Der Vorteil ist, dass das Kind sofort versteht, was gefordert wird, weil die Aussage eindeutig ist. Gleichzeitig können Sie freundlich bleiben und müssen nicht schimpfen. Es kommt gar nicht erst zu einer Diskussion, bei der das Kind sein Einverständnis mit der Entscheidung verweigern könnte. Wann immer das Ergebnis von vornherein feststeht: Führen Sie Ihr Kind nicht in die Irre, indem Sie ihm suggerieren, es dürfte mitreden. Geben Sie ihm einfach klar zu verstehen, welches Verhalten erwünscht ist.

Und was tun, wenn unsere Kinder uns mal eine Entscheidung übel nehmen, die wir für sie treffen, oder keine Lust auf das haben, worum wir sie bitten? Tatsächlich höre ich diesen Einwand in meinen Seminaren häufiger, wenn ich dazu rate, in nicht verhandelbaren Situationen auf Diskussionen zu verzichten: »Aber dann gibt es ja Streit!«

Stimmt – manchmal gibt es dann Streit. Es wäre auch schlimm, wenn nicht. Kooperatives Verhalten anzustreben, heißt nicht, um jeden Preis Konflikte zu vermeiden. Ganz im Gegenteil: Die gehören zu diesem übergeordneten Sozialisationsprozess ganz einfach dazu. Entwicklungspsychologisch gesehen, sind wir unseren Kindern ein gewisses Maß an Streit schuldig. Sie lernen, zuzuhören, andere Meinungen zu verstehen und zu akzeptieren, sich abzugrenzen und durchzusetzen. Familiäre Harmonie ist ein hohes Gut – aber nicht um den Preis einer aufrichtigen Kommunikation. Wichtiger als Harmonie ist Vertrauen. Und Vertrauen ist eine Konsequenz von Offenheit. Jedem Streit aus dem Weg zu gehen wäre Verrat.

Wenn Kinder anderer Meinung sind, ist das nicht etwa ein Störfall in der Eltern-Kind-Kommunikation, sondern normal. Damit will ich natürlich nicht sagen, dass so ein Streit immer schön wäre und ich jede Auseinandersetzung mit meinen Kindern genießen würde. Manchmal müssen wir Eltern uns von Kindern Sachen anhören, bei denen wir aus unserer kommunikativ weichgespülten Erwachsenenperspektive heraus gewaltig mit den Ohren schlackern. Natürlich können die Worte von Kindern wehtun. So erwachsen kann ich als Vater gar nicht sein, dass ich meinen eigenen Kindern gegenüber schmerzbefreit wäre. Nach einem hitzigen Streit ist schon mal der Abend gelaufen. Und damit bin ich, sind auch Sie natürlich nicht allein: Herrscht in Gesprächen mit anderen Eltern mal für drei Minuten wirklich Ehrlichkeit, zeigt sich, dass wir alle uns ab und an fiese Sätze von unseren Kindern anhören müssen.

Da müssen wir einfach durch: »Kinder haben ein Recht darauf, nicht einverstanden zu sein und sich über elterliche Entscheidungen zu ärgern.«[27] Solange wir uns darüber aufregen, wenn unsere Kinder nicht unserer Meinung sind, befinden wir uns noch im Machtkampf. Machtkämpfe, ob zwischen Eltern und Kindern oder zwischen Erwachsenen, sind einer klaren Verständigung immer abträglich – genauso wie einer klaren Rollenverteilung in der Beziehung.

Kooperatives Verhalten entsteht nicht dadurch, dass Eltern und

Kinder immer einer Meinung sind. Kooperatives Verhalten entsteht, wenn Kinder ihren Eltern als Vorbildern vertrauen.

Klar loben: Zwischen Person und Verhalten trennen

»Man füttert ein Kind mit Milch und Lob«, schrieb der englische Schriftsteller Charles Lamb bereits im 19. Jahrhundert, als das Konzept Familie noch auf ganz anderen Säulen ruhte als heute.[28] In der Tat tun wir Eltern nichts lieber, als unsere Kinder zu loben. Kein Wunder: Gefühlt ist schließlich jede ihrer Errungenschaften auch irgendwie unser eigener kleiner Triumph. Irgendwas muss schließlich richtig gelaufen sein, wenn der Nachwuchs sich gut anstellt. Deshalb fällt das Lob auch gern mal etwas ausladend aus: »Mensch – toll, spitze, superklasse, wie du ein Loch buddeln kannst!« Da schauen wir schon mal darüber hinweg, dass das Loch ausgerechnet im Garten der Nachbarn gegraben wurde. Möglicherweise erwarten wir – hinter dem Rücken des Kindes gestikulierend und zwinkernd – auch noch von der Nachbarin oder dem Nachbarn, dass sie oder er den Enthusiasmus über die landschaftsbauliche Maßnahme teilt. Was ist schon ein englischer Rasen gegen die Erfahrung von Selbstwirksamkeit?

Dass dem Lob eine große Bedeutung bei der Persönlichkeitsentwicklung zukommt, haben wir – vor allem in den westlichen Gesellschaften – längst verstanden. So stellt die britische Psychologin Terri Apter fest, dass Kinder bei praktisch jeder Interaktion mit den Eltern mit einer meist unbewussten Wertung – entweder lobend oder kritisierend – konfrontiert sind. Das kann ein Lächeln oder ein skeptischer Blick sein, ein Zu- oder Abwenden, ein Nicken oder Augenrollen. Dieser permanente Bewertungsmodus, so Apter weiter, nimmt großen Einfluss darauf, wie ein Kind als Erwachsener mental aufgestellt sein wird.[29]

Obwohl wir um die Bedeutung des Lobes wissen, gibt es Psychologinnen und Psychologen zufolge in der Umsetzung dennoch reichlich Stolperfallen. Zusammengefasst lässt sich sagen: Wir loben nicht differenziert genug. Einfach nur feste draufloszuloben macht ein Kind nämlich noch lange nicht zu einem starken, selbstbewussten Erwachsenen. Wann und vor allem wie wir loben, macht einen großen Unterschied bei der Wirkung, die es auf unsere Kinder hat.

Da wäre zunächst die Frage nach dem Wann. Wie wir gerade festgestellt haben, wollen viele von uns ihre Kinder am liebsten ständig loben. Doch es ist tatsächlich möglich, zu viel zu loben. Werden Kinder in der Schule zum Beispiel schon für geringe Leistungen oder sehr einfache Aufgaben über den grünen Klee gelobt, ist das für das Selbstbild sogar eher schlecht. Zu diesem Ergebnis kam die Psychologie schon bei Versuchen in den 1970er-Jahren. Das übertriebene Lob für nichts kann ein Kind nämlich auf die Idee bringen, dass der Erwachsene es für dumm hält. Immer feste draufloszuloben ist also vor allem bei Kindern, die schon ganz gut mitdenken können, keineswegs immer hilfreich. Sie können sich durchaus veräppelt vorkommen.[30]

Wann ist Lob angebracht? In der Psychologie herrscht inzwischen ein breiter Konsens darüber, bei welchen Gelegenheiten wir die Art von Lob aussprechen, die unsere Kinder wirklich stärkt: Selbstbewusste Kinder werden für ihre Anstrengungen gelobt, die unsicheren für ihre Talente.[31]

Das bedeutet nichts anderes, als dass wir beim Loben zwischen Person und Verhalten trennen sollten. Kinder profitieren nicht von anlasslosem, unreflektiertem Lob dafür, wer sie als Menschen aus Sicht ihrer Eltern mit all ihren naturgegebenen Talenten und Vorzügen sind. Kinder lernen aus einem Lob für etwas, das sie tatsächlich aus freiem Willen getan haben. Loben Sie Ihr Kind also vor allem für Leistungen, auf die es tatsächlich Einfluss hat. Nur so unterstützen Sie tatsächlich seine Selbstwirksamkeit.

In diesem Zusammenhang ist das Wann genauso wichtig wie das Wie. Damit wird die Trennung zwischen Person und Verhalten in eine Botschaft übersetzt. »Mensch – toll, spitze, superklasse!« ist kein klares Lob. Bekommen Kinder immer nur unreflektierte Jubelschreie zu hören, und womöglich noch völlig unangebracht, werden sie irgendwann ein Lob nicht mehr ernst nehmen. Dann hören sie auf, uns zu glauben, wenn wir sie wirklich feiern wollen. Sie fühlen sich nämlich verschaukelt. Und das wäre ein riesiger Verlust für ebenjene Erfahrung von Selbstwirksamkeit, die Kinder in ihrer Entwicklung dringend brauchen. Auch später als Erwachsene haben sie dann womöglich noch Schwierigkeiten damit, Lob und Komplimente anzunehmen und richtig einzuordnen. Das kann ein schweres Hemmnis für funktionierende Beziehungen und ein gesundes Selbstbewusstsein darstellen.

Aber was macht ein Lob aus, das beim Kind wirklich ankommt? Das zu wissen ist zum einen wichtig, damit der Nachwuchs sich richtig darüber freuen kann. Zum anderen sorgt es dafür, dass das Lob auch die gewünschte Wirkung hat, nämlich dem Kind seine Leistungen und Errungenschaften vor Augen zu führen. Damit will ich nicht sagen, dass das Loben für Eltern ein Mittel zum Zweck sein sollte: Ein Lob ist für Kinder genauso wie für Erwachsene eine wohltuende Bestätigung, die gut fürs Selbstbewusstsein ist. Aber auf einer psychologischen Ebene erfüllt das Loben außerdem auch eine Funktion bei der Entwicklung des Kindes, denn es kann wichtige Schlüsse daraus ziehen.

Die Psychologie ist sich heute weitgehend einig darüber, dass prozessorientiertes Feedback am wertvollsten ist.[32] Das gilt übrigens nicht nur, aber ganz besonders für Kinder. Diese Art von Rückmeldung signalisiert ihnen nämlich, dass sie ungeachtet ihrer Voraussetzungen viel erreichen können, wenn sie sich anstrengen, und dass Leistung sich tatsächlich lohnt. Wie beschrieben, haben wir eine Tendenz, unsere Kinder dafür zu loben, dass sie existieren. Das ist nur verständlich, schließlich sind wir stolz auf sie. Allerdings neigen wir deshalb auch dazu, Talente oder Vorlieben hervorzuheben, für die die Kinder gar nichts getan haben: »Du bist ja ein großartiger Maler!« oder »Aus dir wird bestimmt ein Bundesliga-Fußballer, mit deinen flinken Füßen!« oder, besonders fragwürdig: »Was für ein Glück, dass wir so ein schlaues Kind bekommen haben!« Als müssten schlaue, kreative oder fitte Kinder nichts für ihre Leistungen tun …

Nun spricht natürlich nichts dagegen, dass wir uns über Talente freuen und das zum Ausdruck bringen. Aus psychologischer Sicht tun wir Kindern allerdings keinen Gefallen damit, sie überzubetonen. Werden sie ständig für ihr Talent, nicht aber für ihre tatsächlichen, messbaren Leistungen gepriesen, setzt sie das unter Druck, so, als wäre keine Leistung gut genug. Besonders verheerend kann sich das auswirken, wenn das Kind trotz seiner Stärke in einem Bereich doch mal einen Misserfolg zu verkraften hat. Da ihm eingeredet worden ist, dass seine Fähigkeiten fix seien und es nichts daran ändern kann, schmeißt es nun womöglich frustriert das Handtuch, weil es glaubt: »Dann war ich wohl doch nicht so talentiert, wie alle dachten.« Und das nur wegen eines einzigen schlechten Tests oder eines einzigen schlechten Tags … [33]

Begabungen oder Stärken rhetorisch überzubetonen setzt darüber hinaus die falschen Anreize. Das Kind kann das Gefühl bekommen, dass keine greifbare Errungenschaft (wie eine gute Note oder eine Medaille) der Anstrengung wert wäre. Schließlich behaupten die Erwachsenen ja, sie wäre sowieso nur dem Talent zu verdanken.

Dem niederländischen Psychologen Eddie Brummelman zufolge kann übermäßig personen- oder talentbezogenes Lob sogar genau die Probleme verstärken, die es eigentlich verhindern soll. Wie er feststellte, loben Eltern ihre Kinder ausgerechnet dann personenbezogen, wenn sie wenig Selbstvertrauen haben. Damit vermitteln sie ihnen erst recht, dass ihre Leistungen nicht in ihrer Hand liegen und sie gegen Misserfolge machtlos sind. »Wenn Kinder sich für wertlos halten, scheint es intuitiv die richtige Strategie zu sein, sie für das zu loben, was sie sind«, stellten Brummelman und Kollegen fest. Die Versuche zeigten, dass tatsächlich diese Art des Lobes ihre Selbstzweifel eher noch verstärkte.[34]

Wenn wir Kinder auf die falsche Weise loben, erhöhen wir damit sogar die Gefahr von Verletzungen. Wie die Forscher feststellten, hatte das personenbezogene Lob »Du bist super!« einen paradoxen Effekt auf Schulkinder: Sie taten sich danach wesentlich schwerer damit, Niederlagen zu verkraften, weil sie sich für ihre schlechte Leistung schämten. Dagegen hatte die verhaltensbezogene Formulierung »Das hast du super gemacht!« nicht diesen negativen Effekt.

Wenn Kinder also keine Lust mehr haben, sich für etwas anzustrengen, oder wenn sie ein eigentlich geliebtes Hobby plötzlich fallen lassen, lohnt es sich, einmal genau hinzuschauen: Möglicherweise haben wir mit unserer eigenen Kommunikation dazu beigetragen, *obwohl* wir doch immer fleißig gelobt haben. Da haben wir dann sozusagen als Motivationstrainer versagt …

Lob, das Kinder stark macht, hat also einige klar definierte Eigenschaften. Klares Lob:

- findet nur aus konkretem Grund statt, nicht anlasslos und unreflektiert;
- ist immer begründet, enthält neben der positiven Bewertung also immer auch die Beobachtung;
- bezieht sich auf das Verhalten oder die Leistung, nicht auf die Person oder ein Talent;
- sollte eine verlässliche Konstante im Alltag sein, nicht unberechenbar und sporadisch;
- verfolgt keine manipulativen Zwecke, von denen der Lobende mehr profitiert als der Gelobte.

Loben und Lieben ist nicht dasselbe

Weil wir alle es bisweilen vergessen und damit Ihnen so etwas nicht mehr – oder idealerweise gar nicht erst – passiert, weise ich auf eine Unterscheidung hin, die im Umgang mit unseren Kindern leicht verschwimmen kann: Liebe und Anerkennung sind nicht dasselbe. In der Kommunikation macht diese Abgrenzung einen sehr großen Unterschied, denn sie führt zu ganz unterschiedlichen Ansprechhaltungen: Die eine ist bedingungslos, die andere ist bedingt.

Unsere Liebe ist nicht an Konditionen gebunden. Was immer unsere Kinder auch anstellen: Wir lieben sie dafür, damit und trotzdem. Das sollten sie wissen, das sollten sie spüren, das sollten wir ihnen oft genug zeigen. Kinder, die sich der bedingungslosen Liebe ihrer Eltern sicher sind, gehen selbstbewusster durchs Leben. Denn sie sind sich ihres unumstößlichen Wertes als Menschen bewusst. Sie werden als Erwachsene zufriedener und durchsetzungsfähiger sein, weil sie nicht permanent die Bestätigung anderer benötigen, um für sich und ihre Ziele einzustehen.

Anerkennung – deren Ausdruck das Lob oder auch Kompliment ist – hat eine ganz andere Wirkung auf unsere Kinder. Sie zeigt ihnen, dass wir etwas gutheißen, uns über etwas freuen oder sie sogar für etwas bewundern, das sie getan haben. Das bedeutet: Anerkennung bezieht sich im Gegensatz zur Liebe nicht auf die Person, sondern auf das Verhalten. Wir lieben unsere Kinder, weil sie unsere Kinder sind; wir loben unsere Kinder für etwas, das sie getan haben.

Diese oftmals schwammige Unterscheidung zwischen beiden Konzepten führt regelmäßig dazu, dass wir die entsprechenden Gesprächsanlässe nicht sauber trennen und zuordnen. So kommt es immer wieder zu unklarer Kommunikation, und zwar ausgerechnet in sehr wichtigen und oft höchst sensiblen Momenten. Es liegt auf der Hand, dass alle Kinder Liebe brauchen. Weniger intuitiv ist es, dass auch Kinder, die sich geliebt fühlen, Lob brauchen. Liebe auszudrücken ist eben nicht gleichbedeutend damit, Lob auszudrücken. Beides ist notwendig, denn beides erfüllt unterschiedliche Bedürfnisse. Liebe gibt unseren Kindern Sicherheit, Lob gibt ihnen Orientierung.

Damit ein Lob Ihrem Kind Orientierung schenken kann, muss es allerdings ein Kriterium erfüllen, das im Alltag oft unter den Tisch fällt. Und genau dieses Kriterium macht den Unterschied zu Ausdrücken der Liebe: Ein Lob muss *konkret* sein, denn im Gegensatz zur Liebe hat es immer einen Bezug zum Anlass. Nur ein konkretes Lob kann Kindern helfen, durch den Dschungel der Entwicklung und Handlungsoptionen zu navigieren. Aber wie geht das: konkret loben?

Der Hebel liegt in einer weiteren Unterscheidung, die in sehr vielen Gesprächen den Ausschlag gibt. Um bei Kindern für Klarheit zu sorgen, ist es wichtig, dass wir zwischen Gefühl und Verhalten trennen. Das heißt, dass Sie sich nicht nur zu dem Gefühl äußern, das Ihr Kind gerade bei Ihnen auslöst. Sondern dass Sie zusätzlich stets das beobachtete Verhalten kommunizieren, das dieses Gefühl ausgelöst hat. Erst dadurch tritt das Lob klar zutage: Das Kind kann zuordnen, wofür genau es gelobt wird.

Will ich meinen älteren Sohn zum Beispiel dafür loben, dass er uns oft mit seinem jüngeren Bruder hilft, wenn wir viel um die Ohren haben, kann ich natürlich so etwas sagen wie: »Du warst toll dieses Wochenende, Leo!« Aber so richtig viel kann er damit nicht anfangen. So unspezifisch formuliert, sagt ihm das nicht viel mehr, als dass er brav war und nach den Regeln gespielt hat. Seine eigenständige Leistung wird dabei nicht gewürdigt. Zu einem klaren Signal der Anerkennung wird das Lob für ihn erst dadurch, dass ich mich auf sein konkretes Verhalten beziehe. Also begründe ich das Lob mit der Beobachtung, die ihm zugrunde liegt: »Dass du Johann beim Minecraft spielen hilfst, wenn er nicht weiterweiß, ist wirklich großzügig von dir. Und dass du ihn hast mitspielen lassen, als deine Freundinnen und Freunde da waren, hat uns in dem Moment sehr geholfen. Darüber freue ich mich sehr.«

Ihnen mag es selbstverständlich erscheinen, aber Kinder brauchen diese Brücke, um zu verstehen, wie sich etwas auswirkt, das sie getan haben. Ohne diesen Zusammenhang führen sie die Gefühle anderer und besonders die ihrer Eltern sehr schnell und grundsätzlich auf sich als Person zurück. Sie halten sich als Mensch für richtig oder falsch, wenn sie bei anderen positive oder negative Gefühle auslösen. So bleibt der Erkenntniseffekt des Lobes aus. Nur wenn das Lob konkret genug ist, wird es sich auf das zukünftige Verhalten des Kindes auswirken.

Es stimmt also, dass Lob unseren Kindern guttut. Vor allen Dingen tut es ihnen so richtig gut, wenn es im richtigen Moment und mit den richtigen Worten ausgesprochen wird. Wer sein Kind liebt, der lobt es – und lernt, klar zwischen beidem zu trennen.

Klar kritisieren: Verständnis und Konsequenz sind kein Widerspruch

Lässt sich die Haltung der Klarheit auch auf das Gegenteil des Lobens übertragen, nämlich auf das Kritisieren? Unbedingt! Tatsächlich ist der Mechanismus mehr oder weniger derselbe, und die Herangehensweise auch: Indem Sie Empathie zeigen, können Sie den Widerstand reduzieren, auf den Sie mit Kritik an Ihrem Kind normalerweise stoßen würden.

Die Trennung zwischen Gefühl und Verhalten ist auch bei der Kritik entscheidend, damit Ihre Botschaft ankommt. Sie sorgt dafür, dass Kinder sich nicht einfach schlecht fühlen, sondern hilfreiche Schlüsse aus unserer Kritik ziehen können. Nur geht es in diesem Fall nicht um Ihr eigenes Gefühl, das mit der Beobachtung begründet wird. Vielmehr geht es um das Gefühl des Kindes, das zu seinem kritikwürdigen Verhalten geführt hat.

Zum Beispiel können und sollten wir als liebende Eltern akzeptieren, dass Kinder eben auch mal wütend werden. Manchmal können wir ihren Frust vielleicht nicht nachvollziehen, doch in ihrer Welt kann er sehr real sein. Wenn ich meinem Sohn zum Beispiel durch ungünstige Umstände dreimal hintereinander den Gang zum Skaterplatz streiche, kann es schon mal passieren, dass er vor Wut ausfallend wird.

Dieses Gefühl der Wut ist also verständlich: Schließlich nehme ich ihm etwas, worauf er sich den ganzen Tag gefreut hat, vielleicht sogar die ganze Woche. Was aus meiner Erwachsenensicht wichtiger ist als Skaten, erschließt sich ihm vermutlich nicht.

Das heißt allerdings nicht, dass ich alles dulden müsste, was er mir nun aus seiner Wut heraus um die Ohren haut. Verletzt er mich mit seinen Worten oder macht etwas kaputt, muss ich sein Verhalten korrigieren. Dabei ist es wichtig, mich auf das kritikwürdige Verhalten zu beziehen, nicht auf seine verständliche Wut:

»Jetzt bist du stinksauer, weil du nicht zum Skaterplatz gehen darfst, das verstehe ich. Aber dass du die Tür so zuknallst und mich anschreist, das ist nicht in Ordnung.« So merkt er: Gefühle zu haben ist okay, andere anzubrüllen ist nicht okay.

Brülle ich dagegen zurück: »Was fällt dir eigentlich ein, dich wegen so einer Lappalie hier so aufzuführen!«, so werfe ich ihm damit vor, wütend zu sein. Dadurch lernt er, seine Gefühle zu unterdrücken, anstatt sein Verhalten zu korrigieren. Und das wäre fatal.

Ebenfalls ganz falsche Signale sendet ein Muster, das nicht nur Eltern gegenüber ihren Kindern kultivieren, sondern auch Vorgesetzte im Gespräch mit ihren Mitarbeitenden: Das Lob-Kritik-Lob-Sandwich ist eine der am weitesten verbreiteten Unarten in unserer Feedback-Kultur. Das liegt daran, dass sogar Kommunikationsexpertinnen und -experten immer wieder dazu raten, schwer zu kauende Kritik zwischen zwei wabbelige Scheiben Lob zu stecken, damit sie besser rutscht. Die Wahrscheinlichkeit ist also groß, dass Sie selbst schon einmal dieses merkwürdige Gefühl in der Magengrube verspürt haben, das durch diese Mixtur entsteht: Die Gesprächsanlässe Lob und Kritik mögen Parallelen in der Gesprächsführung haben, doch inhaltlich mischen sie sich ungefähr so gut wie Wasser und Öl.

Diese Nebelbombe der Eltern-Kind-Kommunikation klingt in der Kinderzimmer-Realität ungefähr so: »Ich finde es ganz toll, dass du so gern malst. Aber findest du nicht, dass dein Baum ein bisschen zu unecht aussieht? Ich habe noch nie einen blauen Baum gesehen. Wenn du den noch mal grün und schön gezackt zeichnest, wird dein Bild bestimmt noch besser. Bei deinem Bild letzte Woche hast du das super gemacht.« Wie soll das Kind daraus schlau werden? Mal ganz davon abgesehen, dass in der Realität von Kindern blaue Bäume das Normalste auf der Welt sind … Kreativität ist grundsätzlich kein guter Anlass für Kritik. Wir sollten uns über sie freuen, anstatt sie einzuschränken. Der inzwischen leider verstorbene Bildungsexperte Sir Ken Robinson erzählte in einem seiner Vorträge das Beispiel eines Mädchens, das in der Schule ein Bild von Gott zeichnete. Der Lehrer fragte: »Wie willst du das anstellen? Niemand weiß doch, wie Gott aussieht!« Gelassen entgegnete das Mädchen: »Warten Sie zwei Minuten, dann wissen Sie es.«

Wenn Ihnen das Lob-Kritik-Lob-Sandwich mit dem blauen Baum bekannt vorkommt, liegt das vielleicht daran, dass Sie es in einem Mitarbeitergespräch oder bei einer Manöverkritik schon mal so ähnlich gehört haben: »Wie Sie uns bei der Konferenz letzten Monat präsentiert haben, war einfach großartig, Frau Schmidt. Deshalb verstehe ich auch gar nicht, dass Sie bei den Teammeetings immer so wenige Impulse für Ihren Bereich setzen. Für jemanden mit Ihren Fähigkeiten dürfte es doch kein Problem sein, sich mehr einzubringen.«

Nach einem solchen Feedback sind wir schon als Erwachsene verwirrt. Wie soll erst ein Kind damit umgehen? An dieser weitverbreiteten Praxis habe ich vor allem zwei Dinge auszusetzen. Zum einen wird hier Lob instrumentalisiert, um Kritik zu üben. Das finde ich extrem schade, denn Lob ist für das Kind und auch für uns als Lobende etwas Wundervolles. Seine wichtigen Effekte auf die Entwicklung von Kindern und auch die Freude, die es bringt, sollten nicht verwässert werden. Genau das geschieht aber, wenn wir es mit Motiven aufladen, die alles andere als erfreulich sind. Zum anderen ist kein Zuckerbrot nötig, wenn Kritik wie beschrieben konstruktiv und nicht mit der Peitsche vorgebracht wird.

Hinzu kommt, dass der Lernforschung zufolge die Sandwich-Kritik bei manchen Kindern gar nicht funktioniert. Denn sie verfügen über die bedingt beneidenswerte Fähigkeit, sich aus den Äußerungen anderer nur die positiven Aspekte herauszupicken und den Rest einfach zu überhören. Bei diesen Kindern würde das Lob-Kritik-Lob-Sandwich sein Ziel nicht nur verfehlen, sondern sogar das Gegenteil bewirken: Das Kind würde sich in dem kritisierten Verhalten bestätigt fühlen.

In den meisten Fällen wird der Effekt derselbe sein wie immer, wenn Lob oder Kritik falsch platziert oder falsch transportiert werden: Statt dem Kind Orientierung zu geben, macht dieses Muster es noch abhängiger von einer positiven Bewertung von außen. Das Feedback verfehlt also völlig sein Ziel: Es sorgt nicht für Handlungsfähigkeit, sondern für eine Diskrepanz auf der Beziehungsebene. Was schon für einen Erwachsenen im Mitarbeitergespräch schwierig genug ist, können wir einem Kind erst recht nicht zutrauen und nicht zumuten: dass es diese Masche durchschaut und die richtigen Schlüsse zieht.

Lob und Kritik gehören zu den häufigsten Gesprächsanlässen zwischen Eltern und Kindern. Mit drei einfachen Maßnahmen können Sie also einen erheblichen Teil der Gespräche in den Griff bekommen, die uns im Alltag gern mal entgleiten:

Tipp: Drei Grundregeln für Lob und Kritik

- Unterscheiden Sie zwischen Liebe und Anerkennung und senden Sie für beides unterschiedliche Botschaften.
- Trennen Sie gedanklich zwischen Gefühl und Verhalten, bevor Sie sich äußern.
- Kommunizieren Sie konkrete Beobachtungen, statt grundsätzlich zu werden.

Kapitel 3

Zeitgefühl

Verständigung durch Timing erleichtern

Zwei Voraussetzungen für gelingende Gespräche

Viele Gespräche mit unseren Kindern scheitern nicht an den Gründen, die wir uns hinterher zusammenreimen. Besonders, wenn Ihre Kinder noch klein sind oder Sie sich gut an diese Zeit erinnern, kennen Sie das: Sie haben Ihre letzten Kraftreserven des Tages aufgewendet, um sich mit aller Ernsthaftigkeit und all Ihrer Liebe angemessen auf eine schwierige Diskussion einzulassen, die sich beim Abendessen oder beim Schlafengehen entspinnt. Und doch scheitert die Unterhaltung, der Konflikt bleibt ungelöst, und Sie müssen Ihr trauriges oder wütendes Kind zum Schlafen auf sein Zimmer schicken. Ich habe heute keine Gutenachtgeschichte für dich!

Am schlimmsten an solchen Situationen ist nicht einmal der Streit an sich. Konflikte zwischen Eltern und Kindern gehören zum Erwachsenwerden dazu. Das Schlimmste an diesem verdorbenen Abend ist, dass Sie hinterher keine Ahnung haben, was eigentlich schiefgelaufen ist. Sie haben doch ganz klar auf die gemeinsam aufgestellten Regeln Bezug genommen, alle Argumente kindgerecht verpackt und sich nur konsequent verhalten. Und trotzdem war es, als ob sie gegen eine Wand redeten.

Streichen Sie das »als ob«: Genau da hat höchstwahrscheinlich das Problem gelegen. Manchmal sind weder die Inhalte noch die Art der Argumentation und noch nicht einmal die konkreten Formulierungen der Grund für ein gescheitertes Gespräch. Wenn wir uns misslungene Kommunikation nicht erklären können, war das Gespräch ganz oft einfach von vornherein zum Scheitern verurteilt. Nicht, weil Sie oder das Kind irgendetwas falsch gemacht hätten – sondern weil das Gespräch einfach zum falschen Zeitpunkt geführt wurde.

»Timing ist alles« – diese Weisheit stimmt so natürlich nicht.

Denn könnte Timing *alles* regeln, würden wir nicht nur nach der Stoppuhr leben, sondern auch danach reden. Aber wie bei so vielen Volksweisheiten steckt ein Körnchen Wahrheit darin: *Ohne* das richtige Timing klappt in der Kommunikation oft tatsächlich nichts. Das gilt ganz besonders für die Kommunikation mit Kindern. Denn bei ihnen können fünf Minuten den Unterschied zwischen himmelhochjauchzend und zu Tode betrübt ausmachen.

Damit Gespräche mit Kindern gelingen, müssen aus meiner Sicht vor allem zwei Bedingungen erfüllt sein. Sie machen übrigens bei jeder Art von Kommunikation einen entscheidenden Unterschied. Oft treffen wir die Entscheidung, wann es an der Zeit für ein Gespräch ist, ohne diese beiden Punkte auch nur in Erwägung zu ziehen. Dabei sind sie bei der Frage nach dem richtigen Timing ausschlaggebend. Sie betreffen beide sehr unterschiedliche Aspekte von Kommunikation, hängen aber mit der Haltung zusammen, mit der wir ein Gespräch beginnen.

Positive Grundstimmung

Die erste Voraussetzung betrifft die Stimmung, in der wir das Gespräch führen. Damit die Klärung zwischen Eltern und Kindern gelingt, ist – wie bei jedem anderen Gespräch auch – eine gewisse mentale Gesprächsbereitschaft, also Aufnahmefähigkeit und Offenheit erforderlich. Der Psychologe Jens Corssen hat dafür den so treffenden wie wohlklingenden Begriff der »positiven Gestimmtheit« geprägt. Ihr entgegen steht die innere Stimme, die sich automatisch zuschaltet und uns Situationen und leider auch Menschen negativ bewerten lässt: der blöde Stau, der anstrengende Chef, die geschwätzige Nachbarin.[35] Eine solche schlechte Grundstimmung können wir natürlich ändern, indem wir diesen Automatismus kontrollieren und lernen, unsere Bewertung der Situation gezielt zu verändern. Doch dieser Prozess dauert einen Moment. Oft gelingt uns diese Neubewertung der Situation erst nach einiger Übung.

Genau an diesem Punkt stellt der Alltag uns oft eine Falle. Denn wann führen wir die meisten klärenden und ganz besonders die meisten Konfliktgespräche? Aus dem akuten Anlass heraus – und damit in einer genervten und oft auch eher unkooperativen Stimmung. Statt erst mal durchzuatmen, den Eindruck sich setzen zu lassen und uns eine Strategie zu überlegen, führen wir ausgerechnet die schwierigsten Gespräche oft hoch emotionalisiert und in Momenten größter Anspannung. Wir sind in diesen Augenblicken in eine Art hormonellen Nebel gehüllt, der einer Lösungsfindung alles andere als dienlich ist: In einer solchen Stimmung wollen wir nicht in erster Linie klären, sondern kämpfen und den anderen in die Pfanne hauen. Genauso verlaufen dann meistens auch die Gespräche.

Bestimmt kennen Sie den Begriff »blind vor Wut«? Er beschreibt genau dieses Phänomen. Befinden wir uns im hormonellen Nebel, gehen andere Botschaften in der Wahrnehmung möglicherweise unter oder werden nicht mit der nötigen Priorität verarbeitet. Selbst wenn in dem Gespräch, das auf einen Wutreiz folgt, positive Signale gesendet werden, kommen sie vielleicht nicht an. Denn Sie sind noch auf das negative Signal fixiert, das Sie zuvor aufgebracht hat.

Dass wir Probleme am liebsten gleich ansprechen, ist völlig nachvollziehbar. Mitten in der Situation ist der Klärungsbedarf am größten – und die Emotion leider auch. Wir alle wissen, dass diese Anlässe natürlich immer genau dann aufploppen, wenn wir sie am wenigsten gebrauchen können und den Kopf sowieso schon voll haben: Das unaufgeräumte Zimmer entdecken wir, wenn wir gestresst aus dem Büro kommen. Die Diskussion über das Verhalten bei Tisch entbrennt, nachdem wir auf müden Beinen stehend auch noch Abendessen kochen mussten. Die Frage nach dem Computerspiel platzt mitten in das anstrengende Telefonat mit der Schwiegermutter hinein – und so weiter und so fort.

Außerdem sprudelt es meistens nicht wirklich spontan aus uns heraus. Vielmehr bringt oft der aktuelle Tropfen nur ein Fass zum Überlaufen, das schon längst hätte geleert werden müssen. Viele Probleme sprechen wir nicht aufgrund eines einmaligen Vorfalls an, sondern weil die zugrunde liegende Verhaltensweise uns schon länger nervt. Klüger wäre es natürlich, das Gespräch lange vor der Eruption des Vulkans zu suchen, aber wir sind eben alle nur Menschen: Das schaffen wir nach einem langen Tag oft einfach nicht mehr. Und so sammeln sich die Anlässe an und stauen sich auf.

Der deutsch-iranische Neurologe, Psychiater und Psychotherapeut Nossrat Peseschkian hat für dieses Phänomen die wundervolle Metapher des »Mikrotraumen-Rabatthefts« gefunden. Der Begriff geht zurück auf die Unterscheidung zwischen sogenannten Makrotraumen und Mikrotraumen. Makrotraumen sind die großen einschneidenden Momente negativer, aber auch positiver Natur, nach denen das Leben nicht mehr dasselbe ist. Der Tod eines geliebten Menschen, eine schwere Krankheit oder auch ein monatelanges Kontaktverbot während einer Pandemie gehören genauso dazu wie die eigene Hochzeit, ein großer Lottogewinn oder die Geburt des ersten Kindes. Die Geburt weiterer Kinder gehört aus meiner Sicht übrigens genauso dazu. Wer immer mir damals erzählt hat, die Zahl der Kinder mache für den Aufwand keinen Unterschied, war offenbar Zwangsoptimist.

Mikrotraumen dagegen sind die kleinen Verletzungen des Alltags, über die wir oft hinweggehen: das T-Shirt auf dem Fußboden. Das Licht im Bad, das nicht ausgeschaltet wurde. Die offene Zahnpastatube. Die Socke auf links. Das entwendete Ladekabel, das sich im Kinderzimmer wiederfindet. Auch diese scheinbaren Kleinigkeiten hinterlassen Spuren in unserem Denken und Fühlen, die sich ansammeln und aufsummieren wie die Marken in einem Rabattheft. Irgendwann ist das Heft voll – und dann ist der Tag der Abrechnung gekommen. Dass wir dann bis an die Zähne bewaffnet in die Auseinandersetzung ziehen wollen, ist vollkommen menschlich – nur eben auch denkbar schädlich für das Ergebnis des Gesprächs, das wir in diesem Zustand führen. Denn die Art und Weise, wie wir mit einem vollen Rabattheft ins Gespräch gehen und das Problem ansprechen, gibt der oder dem anderen gelinde gesagt Rätsel auf: Was ist denn mit dem los? Für Kinder, denen der Stresspegel des Erwachsenenlebens zum Glück noch fremd ist, gilt das umso mehr: Die verstehen die Welt nicht mehr, wenn Papa plötzlich der Kragen platzt.

Stabiler Kontakt

Die zweite Voraussetzung betrifft eine jener Unarten aus der Erwachsenenwelt, bei denen wir uns ein Beispiel an unseren Kindern nehmen können. Besonders die Kleinsten bis zum Alter von etwa fünf Jahren sind an Überzeugungskraft kaum zu überbieten. Ein erfolgreiches Gespräch setzt voraus, dass ein direkter und stabiler Kontakt zwischen den Sprechenden etabliert wurde. Damit meine ich keine fünf Balken am Smartphone, sondern einen physisch nachweisbaren Kontakt, der dem Kind zeigt: Papa oder Mama ist präsent und hört mir auch wirklich zu.

Aufgefallen ist mir das zuerst morgens im Bad mit meinen Söhnen, denn das Folgende hat sich unabhängig voneinander mit beiden in ähnlicher Form zugetragen. Ich rasierte mich gerade, während Johann nach dem Aufwachen noch beim Hochfahren war. Oft gehen ihm in diesem Moment zum Beispiel noch seine Träume durch den Kopf, wenn er sich daran erinnert. Also hob er an, mir eine Geschichte zu erzählen. Und, das werden Sie als Eltern zweifellos bestätigen können: Kinder sind wesentlich besser darin, sich Aufmerksamkeit zu verschaffen, als wir Erwachsenen. Sie fangen nicht einfach an, zu reden, sie suchen erst mal den Kontakt.

»Papa?«, stieg Leo in das Ritual ein, das ich seither unzählige Male erlebt habe.

»Hm?«, antwortete ich und rasierte mich in aller Ruhe weiter – schließlich konnte er mir die Geschichte ja auch erzählen, während ich in den Spiegel blickte.

Das sah Leo allerdings ganz anders. »Papa!«, wiederholte er einige Sekunden später, und dann: »Papa, guck!« – begleitet von einem Ziehen an meinem Ärmel. Da begriff ich endlich, worauf er wartete. Und siehe da: Kaum wandte ich mich ihm zu und stellte damit Blickkontakt her, fing er auch schon an, zu erzählen.

Abends auf dem Sofa wendete Johann als Variation auf diese Strategie manchmal sogar eine noch direktere Methode an: Wenn er mir etwas erzählen wollte, nahm er meinen Kopf in beide Hände und drehte mein Gesicht zu sich hin – etablierte den Blickkontakt also kurzerhand selbst.

Der Körpersprache-Experte Stefan Verra nennt dieses Vorgehen das Prinzip der »Nase-Nabel-Regel«. Sie gilt ganz genauso unter Erwachsenen: Wenn Sie bei Ihrem Gegenüber etwas erreichen wollen, wird Ihnen das nur gelingen, indem Sie erst einmal Nase und Nabel auf ihn richten. Als Kinder wussten wir das offenbar. Doch dann haben wir es verlernt, genauso wie viele andere rhetorische Wirkverstärker. Nach zwei Jahrzehnten Rhetoriktrainings und zwei Kindern bin ich inzwischen der Meinung, dass wir unseren Kindern die Überzeugungskraft eher abgewöhnen, als sie ihnen beizubringen.

Den Kontakt zu etablieren, bevor wir sprechen, ist eigentlich wirklich nicht so schwierig: Wir müssen uns der oder dem anderen nur körperlich zuwenden und ihr oder ihm in die Augen schauen. Und wenn wir ehrlich sind, wissen wir auch, dass wir dem anderen unsere Aufmerksamkeit widmen sollten, wenn wir mit ihm reden – denn genau dieses positive Signal der Bereitschaft und Offenheit senden wir mit einer zugewandten Haltung. Und doch tun wir genau das im Alltag sehr oft eben nicht. Wir rufen unseren Kindern im Vorbeigehen über die Schulter zu, dass sie das Spielzeug wegräumen sollen, das auf dem Fußboden liegt. Und dann wundern wir uns, wenn sie es nicht hören. Das meine ich genauso, wie es hier steht: Sie hören es nicht, und es ist nicht ihre Schuld. Was aber machen wir, wenn das Spielzeug später immer noch mitten auf dem Wohnzimmer-Fußboden liegt? Wir kleben eine weitere Marke in unser Rabattheft.

Positive Grundstimmung und stabiler Kontakt: Sind diese beiden Voraussetzungen nicht erfüllt, sinkt die Wahrscheinlichkeit erheblich, dass es in diesem Gespräch zu einer Einigung oder Lösung kommt. Fragen Sie sich deshalb vor jeder wichtigen Diskussion:

- Bin ich in einer positiven, konstruktiven Grundstimmung, die mir eine Lösungsfindung ermöglicht – oder bin ich gerade mit der Gesamtsituation unzufrieden und will meine Ruhe haben?
- Bin ich in diesem Moment in der Lage, mich meinem Kind physisch und mental voll zuzuwenden, also: Kann ich ihm die Aufmerksamkeit und die nötige Zeit schenken, die das Gespräch braucht?

Wenn Sie eine dieser Fragen mit Nein beantworten, verschieben Sie das Gespräch. Sie werden sehen: Allein mit dieser einen Timing-Regel können Sie die Erfolgsquote Ihrer Eltern-Kind-Kommunikation erheblich steigern. Womit ich natürlich nicht sagen will, dass es deshalb keine Rolle mehr spielt, was Sie im Gespräch sagen werden …

Das Kreuz mit dem Müssen

»Müssen« ist eines jener Worte, die uns sogar als Erwachsenen noch den letzten Nerv rauben können. Dass das Wort so unbeliebt ist, liegt nicht etwa daran, dass es in unserem Wortschatz keine Berechtigung hätte – auch wenn das immer mal wieder behauptet wird. Es gibt Situationen, da müssen wir sehr wohl etwas tun, sagen oder akzeptieren.

Alle Eltern wissen: So ganz ohne das eine oder andere Muss bekommt man ein Kind nicht groß. Die Unart besteht eher darin, dass wir das Wort – wie das ähnlich unbeliebte »aber« – inflationär oder auch falsch verwenden. Das hat zwar wenig mit dem tatsächlichen, physischen Timing von Kommunikation zu tun, aber sehr viel mit dem »gefühlten Timing«. Es gibt Worte, die Kommunikation auflockern – und es gibt Worte, die Druck aufbauen. »Müssen« gehört zu Letzteren. Und das ist auch der Grund, warum Kinder allergisch darauf reagieren: Wenn sie »müssen« hören, ist meistens Schluss mit lustig. Es ist wie ein Signal, dass der Ernst des Lebens das Gebäude betreten hat. Schnell verstecken!

Für die Reaktionen, die wir mit dem Wort »müssen« manchmal auslösen, sorgen wir selbst. Denn ausgerechnet im Umgang mit Kindern neigen wir ganz besonders dazu, es mit der Verwendung von »müssen« zu übertreiben. Warum nur? Weil es Druck abbaut, oder vielmehr: ableitet, nämlich auf das Kind. Bei ihm baut es Druck auf, und zwar ganz gewaltig. Wir wollen ihm damit signalisieren, dass es jetzt wirklich keine Alternative dazu gibt, dass es alle seine Widerstände über den Haufen wirft und etwas Bestimmtes tut, also: mitspielt. Und wie so viele kleine und große Verzweiflungstaten in der Kommunikation erreicht das unbeliebte Wörtchen »muss« damit oft genau das Gegenteil. Das passiert übrigens umso häufiger, je öfter wir es verwenden: »Müssen« ist eines dieser Wörter, die sich mit Gebrauch abnutzen.

Ganz besonders schnell geht das – und hier kommt das »gefühlte Timing« ganz konkret ins Spiel – wenn wir eine Muss-Salve abfeuern, also gleich mehrere »müssen« hintereinander. Was bei Erwachsenen oft zwar großen Unmut erzeugt, je nach Beziehung oder Hierarchieebene aber zähneknirschend hingenommen wird, kann bei Kindern schnell zu einer von zwei Abwehrreaktionen führen. Entweder führt die Salve zu heftiger emotionaler Gegenwehr – oder sie prallt einfach ab, indem das Kind sie ignoriert. Kinder können das im Gegensatz zu uns noch sehr gut: sich einfach einigeln und der Dinge harren, die da kommen. Sie können ja schwerlich gefeuert werden – warum also nicht auf Durchzug schalten?

Wie die meisten Kinder kann mein Sohn Leo das richtig gut. Wenn ich – am besten ordentlich gehetzt und mit Gewittermiene – in sein Zimmer stürme und eine Muss-Salve abfeuere, könnte ich eigentlich schon vorher wissen, wie er wohl reagieren wird. Und doch passiert uns das ab und zu, weil wir selbst gerade alles Mögliche müssen. Das klingt dann ungefähr so: »Du musst jetzt die Englisch-Hausaufgabe machen. Dann musst du dein Zimmer aufräumen, und danach musst du mit mir deinen Bruder abholen kommen. Und vergiss nicht, dass du dich nachher auch noch duschen musst, bevor wir essen gehen!«

Kein Wunder, wenn Leo da durchdreht – selbst als Erwachsener wird man nervös, wenn man das liest. Dabei ist so ein Zeitplan ja nichts Ungewöhnliches. Wir machen es unseren Kindern und uns selbst nur unnötig schwer, wenn wir mit solchen sprachlichen Verdichtungen mental Stress abbauen.

An dieser Stelle können wir eine sehr wichtige Funktion von Eltern-Kind-Kommunikation festhalten: Gelingende Kommunikation mit unseren Kindern zeichnet sich dadurch aus, dass sie Druck und Stress abbaut, anstatt ihn aufzubauen. Damit kann sie nicht weniger, als die Lebensqualität aller Beteiligten zu erhöhen. Und das Mittel zu diesem Zweck ist oft ganz einfach nur ein Quäntchen mehr Sprachgefühl.

Wie bei vielen hausgemachten Verständigungsproblemen reicht auch beim »Müssen« schon eine kleine sprachliche Änderung, um die Wirkung einer Aussage komplett zu entzerren. Oft können wir das Wort einfach weglassen. In den Fällen, wo das nicht geht, ist es fast immer leicht durch ein anderes zu ersetzen. Wenn Sie statt »müssen« sagen »gilt es …« oder »ist es unbedingt wichtig, zu …«, bauen Sie damit bei Weitem nicht denselben Druck auf. »Jetzt gilt es, deine Englisch-Hausaufgabe zu machen«, wirkt ganz anders als die Alternative mit dem Reizwort »musst«. »Bevor wir essen gehen, ist es unbedingt wichtig, dass du duschst«, hat ebenfalls einen ganz anderen Klang. Diese Formulierungen zeigen Prioritäten an, ohne zu verdichten. Vor allem sind sie keine sprachlichen Allergene, weil sie nicht so überstrapaziert sind wie das M-Wort. Deshalb regen sich beim Kind auch nicht dieselben Widerstände, und es wird mit geringerer Wahrscheinlichkeit dichtmachen.

In den meisten Fällen, wenn wir das Wort »müssen« im Alltag zum Einsatz bringen, wollen wir damit Widerstände überwinden, die wir erwarten. Der Effekt ist zumindest bei Kindern aber viel häufiger der umgekehrte: Mit »du musst« bauen wir erst so richtig Widerstände auf. Dass Kinder vieles müssen und wir dabei jedes Mal die Boten sind, können selbst wir als Eltern nur bedingt ändern. Aber wir haben Einfluss darauf, wie wir die Botschaft überbringen. Den können wir nutzen, um der ganzen Familie unnötigen Stress zu ersparen.

Die Dosis macht das Gift: Umgang mit Smartphone, Internet und Games

Ein Thema, bei dem es nicht nur in der Kommunikation darüber, sondern auch bei den Lösungsansätzen in höchstem Maße um Timing und Dosierung geht, ist der Umgang mit Unterhaltungsmedien und Geräten – also mit allem, was mit Internet, Computerspielen und vor allem dem Smartphone zu tun hat. Und wenn wir ganz ehrlich sind, liegt das ganz und gar nicht nur an unseren Kindern, sondern im selben Maße an uns selbst. Wir betrachten und nennen das Internet, den Computer oder das Smartphone oft als die Quelle allen Übels, wenn bei unseren Kindern irgendetwas schiefgeht. Doch in Wirklichkeit liegt das viel größere Problem darin, dass wir selbst unsicher im Umgang mit der wachsenden Vernetzung des Alltags sind. Machen wir uns nichts vor: Unsere eigene Überforderung macht uns zu schlechten Vorbildern.

Kein Wunder also, dass das Thema in aller Eltern Munde ist. Aus meiner eigenen Erfahrung mit zwei heranwachsenden Söhnen, aber auch aus meinem Umfeld weiß ich, dass kaum ein anderes Thema Eltern so stark umtreibt. Was habe ich nicht schon für Geschichten aus meinem Bekanntenkreis gehört. Und damit meine ich noch nicht einmal nur die ganz großen Risiken, die Eltern unter allen Umständen auf dem Schirm haben müssen: Cybermobbing, insbesondere über Social Media, ist für unsere Kinder inzwischen ein Teil der Alltagsrealität. Auch kriminelle Bedrohungen durch Stalking, Cybergrooming und Betrugsmaschen im Internet gehören zur Eltern-Grundbildung heute dazu – genauso wie die alles andere als unrealistische Bedrohung durch Internet- oder Spielsucht, insbesondere bei Teenagerinnen und Teenagern.

Besonders eine Geschichte aus meinem Bekanntenkreis hat mir gezeigt, wie wichtig offene Kommunikation zwischen Eltern und Kindern bei diesem unumgänglichen Dauerthema ist. Wie die Mutter eines Teenagers berichtete, gab ihr Sohn seinen Eltern sowie Lehrerinnen und Lehrern zunehmend Rätsel auf. Sie kamen einfach nicht dahinter, was mit dem Jungen los war. Ständig war er müde und abgeschlagen und konnte sich immer schlechter konzentrieren, bis er in der Schule nicht mehr zurechtkam. Die besorgte Mutter zog alles Mögliche in Erwägung: von einer Schilddrüsenunterfunktion bis hin zum Pfeifferschen Drüsenfieber. Bis sich irgendwann herausstellte, dass der Junge wochenlang jede Nacht heimlich aufgestanden war, nachdem seine Eltern im Bett waren, und die Nächte am Computer durchgezockt hatte.

Zugegeben, ein heftiger Fall, wenn auch keineswegs ein exotischer. Doch diesseits solcher Horrorszenarien, vor denen es allen Eltern graut, liegt die unendliche Grauzone des »Normalen«. Denn sosehr wir es uns auch manchmal wünschen: Wir können unseren Kindern weder das Internet noch das Zocken verbieten. Ganz ohne Smartphone geht es ab einem bestimmten Alter auch nicht mehr wirklich gut.

Dies anzuerkennen und einen Umgang mit dem Thema zu finden, ist ein fortlaufender Prozess. Erschwert wird er dadurch, dass jede und jeder dabei an einem anderen Punkt ansetzt. Wenn Sie selbst noch relativ jung oder technologieaffin sind, haben Sie eine andere Sicht und einen ganz anderen Erfahrungshorizont als jemand, der ohne all das aufgewachsen ist oder sich nicht besonders für Unterhaltungsmedien interessiert. Auch meine Frau und ich haben auf diesem Spielfeld schon manches miteinander aushandeln müssen, bevor wir unseren Kindern gegenüber konsistent auftreten konnten. Mir zum Beispiel kommt es manchmal so vor, als ob meine Frau auf diesem Gebiet manches zu eng sieht. Das hängt mit unserer unterschiedlichen Sozialisierung zusammen: Als Jugendlicher habe ich selbst viel gezockt, war sogar auf LAN-Partys unterwegs – und habe nicht den

Eindruck, dass es mir ernsthaft geschadet hätte. Meine Frau dagegen konnte mit Computerspielen nie etwas anfangen und findet meinen Umgang mit diesen Themen manchmal zu lapidar. So gibt es in diesem Feld manches, das wir unterschiedlich sehen. Oft habe ich den Eindruck, dass diese Reibung nützlich ist – denn was wir selbst durch Reden für uns klären, können wir vor den Kindern dann auch besser erklären und vertreten.

Bevor Sie mit Ihren Kindern reden: Reden Sie miteinander und mit anderen Erwachsenen. Da wir bei diesem komplexen, sich ständig wandelnden Thema selbst mit vielen Unklarheiten zu kämpfen haben, ist es wichtig, dass wir miteinander sprechen – nicht nur über Regeln, sondern auch über unsere Sorgen und Nöte als Eltern. Denn die sind legitim und berechtigt. Gleichzeitig sollten wir sie vor allem zunächst untereinander klären, bevor wir ins Gespräch mit unseren Kindern gehen. Denen wir unsere Sorgen zwar keineswegs verheimlichen müssen. Doch sollte der Austausch mit ihnen über Internet, Smartphone und Gaming auf keinen Fall allein von Ängsten, Gefahren und Verboten geprägt sein. Damit würden wir uns nur distanzieren und wenig glaubwürdig erscheinen. Denn in ihrer Welt sind all diese Dinge hauptsächlich positiv belegt.

Ob Sie die große Anziehungskraft von Smartphone und Co. auf Ihre Kinder persönlich nachvollziehen können oder nicht: Sie werden nicht umhinkommen, sich ernsthaft mit dem Thema zu beschäftigen. Denn es hat einen großen Einfluss darauf, wie Ihre Kinder aufwachsen. Heute ist es in fast jeder Alltagssituation notwendig, eine Balance zwischen Vorteilen und Vorsicht, zwischen Bereicherung und Bedrohung zu finden. Ohne klare Regeln geht es dabei genauso wenig wie ohne Flexibilität, weil sich die Möglichkeiten und Anwendungsbereiche ständig verschieben, und die Vorstellung davon, was »normal« ist, gleich mit. Nicht nur ist es wichtig, einen Weg zu finden, mit unseren Kindern über diese Themen zu reden. Auch das Reden selbst findet zunehmend auf digitalem Weg statt. Die Kommunikation mit unseren Kindern verändert sich durch das Digitale und mit dem Digitalen. Und obwohl wir selbst dabei oft ahnungsloser sind als unsere Kinder, müssen wir da irgendwie durch: so klar, konsequent und dabei konstruktiv-flexibel, wie es uns eben möglich ist.

Als Eltern müssen wir lernen, was Lehrerinnen und Lehrer sowie die Deutsche Bahn vor uns lernen mussten: Mit Verboten allein ist dem Smartphone nicht beizukommen. Ohne Konsequenz geht es allerdings auch nicht. Womit wir wieder bei unserem eigenen Umgang mit Smartphone, Internet und digitaler Kommunikation wären.

Der Kampf unserer Kinder um Aufmerksamkeit

Hand aufs Herz: Ich bin meinen Kindern selbst viel zu oft ein miserables Vorbild im Umgang mit dem Smartphone gewesen. Vor allem zwei Situationen, die ich mit meinen Söhnen durchlebt habe, erteilten mir bei diesem Thema Lektionen in Sachen Demut.

Die erste Situation trug sich schon vor längerer Zeit zu, bei einem Ausflug mit Leo in den Europapark Rust. Eigentlich wollte ich an dem Wochenende digital abstinent sein, jedenfalls tagsüber. Das Smartphone hatte ich nur für den Fall dabei, dass mein Sohn verloren ginge. Doch dann checkte ich beim Frühstück meine E-Mails und tat, was man als Unternehmer eben so tut, wenn man nicht da ist: kommunizierte schnell ein paar Lösungen, delegierte ein paar Aufgaben, leitete ein paar Mails weiter. Es kam, wie es kommen musste: Ich verlor mich darin. Total.

Der damals ungefähr fünfjährige Leo kannte zu dieser Zeit das Wort »googeln« noch nicht – oh selige Unschuld. Wann immer er wollte, dass ich ihm ein paar coole Bilder von Spider-Man auf das Display zauberte oder dergleichen, sagte er so etwas wie: »Kannst du mal ›Spider-Man‹ in dein Handy schreiben?« An diesem Morgen am Tisch des Hotels im Europapark Rust, über die Krümel und den erkalteten Kaffee eines längst beendeten Frühstücks hinweg, hörte ich Leo plötzlich sagen: »Papa, kannst du mal ›mit Leo in den Park gehen‹

in dein Handy schreiben?« Die hoffnungsvolle Frage wurde begleitet von einem zaghaften Ziehen an meinem Ärmel.

Erst da kam ich wieder zu mir und blickte auf. Leo sah mich mit großen Augen an. Bestimmt eine halbe Stunde lang hatte mein Sohn einfach nur still dagesessen und gewartet, während ich vollkommen weggetreten gewesen war. An diesem Morgen hatte er den Kampf um meine Aufmerksamkeit gegen mein Smartphone verloren. Und ich? Ich schämte mich. Ich schäme mich immer noch, wenn ich daran denke. Es darf nicht sein, dass unsere Kinder so um Aufmerksamkeit kämpfen müssen – und verlieren. Es darf nicht passieren, dass wir nicht präsent sind, obwohl wir physisch anwesend sind. Das war einer der schmerzhaftesten Momente in meinem bisherigen Vaterleben.

Ein weiterer war eine vergleichbare Situation mit meinem jüngeren Sohn Johann. Dieses Mal passierte es an einem Wochenende zu Hause, dass ich mal wieder auf dem Sofa in mein Smartphone vertieft war. Meine Kinder tobten um mich herum und spielten. Schon mehrfach hatten sie mich aufgefordert, mitzumachen, doch ich war noch immer mit meinen Nachrichten beschäftigt.

Natürlich habe ich immer gute Gründe, wie wir alle sie haben, und rede mir damit mein Verhalten schön: Es ist meine Arbeit, es ist mein Unternehmen, ich verdiene damit unser Geld, ich trage auch für meine Mitarbeitenden, Kundinnen und Kunden Verantwortung – und so weiter und so fort.

Johann brauchte genau einen Satz, um mir zu demonstrieren, dass all diese Ausreden immer nur bis zu einem gewissen Punkt ziehen, so zutreffend sie sein mögen. Sie verblassen sofort, wenn wir sie in Relation zu dem setzen, was wirklich zählt. Einen Satz brauchte er, um mir vor Augen zu führen, dass ich oft eben nicht die Kontrolle habe. Johann kam zu mir gelaufen, fasste mich am Arm und wartete auf den Blickkontakt – wie er das häufig tut, wenn er etwas Wichtiges zu verkünden hat. Und dann sagte er mit glühenden Augen: »Papa, wenn ich groß bin, will ich auch mal ein Handy haben!«

In diesem Moment war ich so entsetzt, so konsterniert über mich selbst, dass ich erst einmal kurz aus dem Zimmer gehen musste, um wieder klarzukommen. »Was lebe ich meinen Kindern da nur vor?«, fragte ich mich halb wütend, halb resigniert. Ich musste mich erst einmal emotional fangen, bevor ich mich meinen Söhnen wieder zeigen und endlich in ihr Spiel einsteigen konnte.

In beiden Momenten waren es meine Kinder, die mir den Spiegel vorhielten. Es brauchte die beiden als Stimmen der Vernunft, um den Erwachsenen zur Räson zu rufen. Beide Male musste ich mir mein Scheitern an meiner Vorbildrolle eingestehen.

Es ist schon absurd: Wir haben Angst, dass unsere Kinder zu viel Zeit mit dem Smartphone verbringen. Und was tun wir?

Die Episoden erinnern mich an etwas, das ich selbst Menschen schon Hunderte Male über die Kommunikation gesagt habe. Der folgende Satz drückt aus, dass wir in vielen Dingen immer noch Lernende sind und immer Lernende bleiben werden: »Wer grün ist, kann noch wachsen; wer sich reif wähnt, beginnt schon, zu faulen.«

Regeln sind zum Wachsen da

Was ist nun der richtige Umgang mit Smartphone und Internet? So gern ich Ihnen diese Frage ein für alle Mal beantworten und ein Rezept ausstellen würde: Den einen richtigen Umgang gibt es nicht, denn der ist hochindividuell. Je nach Ihren Lebens- und Arbeitsbedingungen, Ihren eigenen Gewohnheiten und dem Entwicklungs- und Reifegrad sowie nach den Interessen Ihrer Kinder mag manches, was ich für sinnvoll halte, abweichen von dem, was Ihrer Familie guttut. Fakt ist: Regeln müssen sein – auch und gerade im Umgang mit etwas, das sich so schwer kontrollieren lässt wie der Umgang mit Unterhaltungs- und Informationstechnologie. Doch mit Regeln allein ist es nicht getan; dazu gehört noch eine gehörige Portion Augenmaß. Denn was für Ihre Kinder sinnvoll ist, verändert sich ständig, so wie die Technik und das Internet auch.

Drei Dinge aber kann ich tun, um Ihnen zu helfen, Ihre eigenen Regeln und Wachstumsmomente zu finden. Zum Ersten kann ich Ihnen einige Hinweise geben, was sich in meiner Familie als sinnvoll erwiesen hat. Zum Zweiten kann ich Ihnen etwas empfehlen, was für mich geradezu ein Augenöffner war: Ich habe den Vortrag eines Hackers besucht, der erklärt und live vorgeführt hat, was seine Zunft so alles mit unseren Geräten und Daten anstellen kann. Wie die meisten Anwesenden war ich völlig entgeistert und habe daraus viel für den Umgang mit Geräten und Daten mitgenommen, auch für meine Kinder. Zum Dritten konnte ich stellvertretend für uns alle einen Experten im pädagogisch sinnvollen Umgang mit Smartphone und Co. befragen. Nach einigen Hinweisen von mir zur Familienkommunikation, dem Kernthema dieses Buches, finden Sie deshalb weiter unten ein Interview mit Thomas Feibel. Er ist Leiter des Büros für Kindermedien in Berlin, führender Experte für Digitales und Kinder und Autor des Buches *Jetzt pack doch mal das Handy weg – Wie wir unsere Kinder von der digitalen Sucht befreien*.

Ein Prinzip, das aus den beiden geschilderten Erlebnissen entstanden ist und uns von vielen Familien im Bekanntenkreis unterscheidet, ist unser recht eisern eingehaltener Smartphone-freier Tisch. Wir versuchen generell, zu vermeiden, dass unsere Smartphones im Haus herumgeistern, wo wir sie nicht im Blick haben. Doch am Tisch halten wir das besonders strikt ein: Beim Essen wird auf digitale Medien verzichten, denn die Mahlzeiten sind Familienzeit. Wann sonst hat man heute schon täglich Gelegenheit, als Familie zusammenzusitzen und in Ruhe zu reden, wenn nicht beim Essen? Dieses Ritual ist uns heilig geworden und wird nach einer gewissen Eingewöhnungszeit auch von unseren Kindern nicht mehr infrage gestellt.

Um die Umsetzung zu erleichtern, haben wir einen festen Ort für die Geräte geschaffen: eine Ladestation, auf der alle Handys der Familie Platz haben. Dort wohnen sie, und dort sollen sie auch jenseits der Mahlzeiten so viel Zeit verbringen wie möglich – damit wir Zeit füreinander haben und dabei ungestört bleiben.

Bei Gästen hingegen sorgt diese Regel durchaus manchmal für Verwunderung. Auch die werden bei uns nämlich gebeten, das Handy auf der Ladestation zu parken: »Wir haben am Tisch keine Handys. Ist das okay für euch?« Das sorgt schon mal für komische Blicke – ähnlich wie die Ankündigung, dass man keinen Alkohol trinkt oder nicht fernschaut. Doch schon nach einer einzigen störungsfreien Mahlzeit fällt auch vielen hartgesottenen Smartphone-Fans auf, dass es sich so viel besser redet.

Für unseren älteren Sohn, der bereits ein Smartphone hat, haben wir klare Regeln für die Benutzung aufgestellt. Hier habe ich mich von Anfang an auf den Rat von Fachleuten verlassen. So gibt es für ihn noch keine mobilen Daten; er kann sich also nur mit dem heimischen WLAN verbinden. Die Nutzungszeiten haben wir am Gerät voreingestellt, damit es erst gar nichts zu diskutieren gibt. Das ist eine Möglichkeit, die vor allem auf Kinder ausgelegte Smartphones bieten. Wenn die Zeit verstrichen ist, schaltet das Handy sich ab, und daran ist nichts zu ändern.

Mit dieser Vorgehensweise sind wir von Anfang an gut gefahren, und die Betonung liegt auf »von Anfang an«. Ich glaube, es ist entscheidend, dass in diesen Fragen gleich zu Beginn Klarheit herrscht, wenn die Kinder zum ersten Mal alt genug für eine Technologie sind. Die Nutzungsregeln sollten möglichst unmittelbar eingeführt werden – nicht erst, nachdem das Kind schon monate- oder jahrelang machen konnte, was es wollte. Man kann immer nach vorn verhandeln, aber nie zurück. Dem Kind das Handy erst zwei, drei Stunden täglich überlassen, damit es beschäftigt ist, und es dann plötzlich willkürlich auf eine Stunde reduzieren? Viel Spaß! Das mag wohl gehen, aber gut geht es nicht. Das ist, wie einer Grizzly-Bärin das Junge zu entreißen und zu hoffen, dass sie es nicht merkt. Ersparen Sie sich böses Blut, indem Sie von Anfang an konsequent sind.

Das gilt übrigens nicht nur für die Benutzungsdauer des Smartphones, sondern für alle Regeln im Umgang mit Internet, Computerspielen und Co.: Kommunizieren Sie die Regel einmal einleuchtend und halten Sie sich dann eisern daran. Ausnahmen gibt es höchstens mal aus gutem Grund, etwa weil eine andere Nutzungszeit ausfallen musste. Das ist nicht leicht, erspart aber allen Beteiligten Begehrlichkeiten und endlose Diskussionen.

Dazu gehört natürlich auch, dass Sie selbst sich ebenfalls an die Grundregeln halten, die für die ganze Familie gelten. Die weichen im Falle der Eltern natürlich von denen für die Kinder ab, und auch das sollte klar kommuniziert werden. Hier bin ich nicht zuletzt durch meine beiden Schlüsselerlebnisse extrem demütig geworden. Sosehr ich mich um Konsequenz bemühe, merke ich doch immer wieder, wie unfertig mein eigener Umgang mit dem Thema noch ist. Entscheidend ist, dass der gemeinsame Nutzen für alle erklärt und erlebbar wird – so wie im Falle unserer handyfreien Zone bei Tisch.

Diese beiden Maßnahmen, die den Smartphone-Gebrauch in unserem Haus reduzieren, haben sich für uns als sinnvoll erwiesen. Vieles andere ist auch bei uns noch immer im Fluss, während unsere Kinder heranwachsen, und führt oft genug zu Unklarheiten und Diskussionen. Schnell ist doch mal eine Regel aufgeweicht, denn die Detailfragen sind uferlos. Um nur ein Beispiel zu nennen: Ist Musikhören mit dem Handy auf dem Zimmer okay, wenn das Internet sonst nicht genutzt wird? Darüber mussten wir erst einmal diskutieren. Zu Ihrer Familie mag eine andere Vorgehensweise besser passen als zu uns, schon weil die Kommunikationsbedürfnisse von Familie zu Familie und von Mensch zu Mensch unterschiedlich sind. Ich kann Ihnen nur raten, immer wieder darüber zu sprechen.

Außerdem kann ich nicht genug betonen, wie wichtig es ist, auf sich selbst genauso ein Auge zu haben wie auf die Kinder. Denn wir sind diejenigen, von denen sie lernen. Letztlich geht es ja nicht in erster Linie um das Smartphone. Es geht darum, dass Ihre Familie miteinander im Gespräch bleibt. Darauf sollte der Fokus liegen – nicht auf den Geräten, nicht auf dem Internet, nicht auf den Spielen. Solange Sie diesen Leitstern vor Augen haben, werden Sie Ihren Weg durch das technologische Dickicht finden. Regeln sind zum Wachsen da – und zwar zum Zusammen-Wachsen.

Einige Aspekte im Umgang mit Smartphone und Co. lassen sich zum Glück trotz allem relativ klar in Regeln fassen oder zumindest qualifiziert eingrenzen. Psychologie, Entwicklungsforschung, Medienwissenschaft und Pädagogik sind heute schon einige entscheidende Schritte weiter als noch vor einigen Jahren. Dadurch gibt es – auch differenziert nach Altersgruppen – inzwischen einige recht belastbare Erkenntnisse und Empfehlungen hierzu, die Ihnen bei der Wahl der richtigen Maßnahmen für Ihre Kinder helfen können. Einen ersten Überblick verschafft Ihnen das folgende Interview mit Thomas Feibel, dem führenden Experten für Kinder und Digitales in Deutschland. Sein Buch lege ich Ihnen wärmstens ans Herz. Ich selbst kann im Zusammenhang mit unserem ohnehin breiten Spektrum in der Eltern-Kind-Kommunikation hier nur an der Oberfläche dieses so wichtigen Themas kratzen.[36]

Wie digital darf Familie sein?
Interview mit Thomas Feibel, Digitalexperte

Frage: Herr Feibel, sind wir unseren Kindern beim Umgang mit dem Smartphone schlechte Vorbilder? Kinder lernen ja durch Nachahmung – sie imitieren also erst mal unseren Smartphone-Gebrauch, wie Sie in Ihrem Buch betonen.

Antwort: Das stimmt. Wir Erwachsenen sind im Umgang mit dem Smartphone keine guten Vorbilder. Wir Eltern haben selbst noch nicht die gute Balance für einen gesunden Umgang damit gefunden. Das hat mit einer Vermischung von Beruf und Privatleben zu tun, aber auch sonst ist das Smartphone ein zu praktisches, zu hilfreiches, zu informatives und zu unterhaltsames Gerät. Es ist schwer, die Finger davon zu lassen. Nur verlangen wir von Kindern eine Selbstregulierung und scheitern dabei immer wieder selbst daran. Bei diesem Widerspruch erwischen und erleben uns unsere Kinder immer wieder.

Was löst es in Kindern aus, wenn wir sie für einen Anruf stehen lassen?

Kinder lernen so früh, dass sie die Aufmerksamkeit teilen müssen. Sie merken, dass sie in dem Moment nicht so wichtig sind. Das ist nicht schön, wird aber von Kindern hingenommen. Darum gibt es ja die Empfehlung: Lieber 30 Minuten ohne Handy mit den Kindern auf den Spielplatz gehen als drei Stunden mit Handy.

»Je unklarer die Eltern, desto orientierungsloser die Kinder.« Können Sie näher ausführen, was Sie damit meinen? Liegt das zentrale Problem vielleicht darin, dass Eltern selbst den richtigen Umgang mit dem Smartphone und dem Internet nicht kennen?

Vielen Eltern ist es zu anstrengend, ihre Kinder zum Ausschalten zu bewegen. Es gibt ja jedes Mal Gezeter. Aber dabei geht es eigentlich immer wieder um einen Test. Bleiben die Eltern trotz Bettelei standhaft oder nicht? Kinder brauchen Eltern mit einer klaren Haltung. Diese Haltung wird beim Fernsehen, Smartphone oder bei Games immer wieder neu ausgelotet. Das ist enervierend, aber für die Kinder ein wichtiger Prozess, ob ihre Eltern auch standhaft bleiben. Herrscht dagegen eine gleichgültige Haltung, kann sich das Kind daran nicht orientieren. Kinder brauchen Orientierung, um zu wachsen und zu reifen.

Was macht das Smartphone für unsere Kinder eigentlich so attraktiv? Die Erwachsenen-Ausrede der professionellen Vernetzung und Erreichbarkeit greift bei ihnen ja nicht.

Es ist ein faszinierendes Gerät aus der Erwachsenenwelt und gleichzeitig für sie das Tor zu dieser Welt – mit allen Vor- und Nachteilen. Ähnlich wie bei Erwachsenen sind es die unglaublich vielseitigen Möglichkeiten, die Kinder und Jugendliche an das Smartphone fesseln. Anders als bei Erwachsenen besitzt das Smartphone für sie zusätzlich noch den Wert eines Statussymbols. Neben den Möglichkeiten, eine Welt voller Spiele, Musik, Filme und Informationen immer in Griffnähe zu haben, ist das Smartphone mit den Möglichkeiten der Kommunikation und Selbstdarstellung ein wichtiges Werkzeug der gegenwärtigen Jugendkultur.

Ist es richtig, Kinder möglichst lange von Smartphones und dem Internet fernzuhalten?

Der Umgang mit Smartphone und Internet ist eine Kulturtechnik, die erlernt werden muss. Es ist ja fast schon eine Binsenwahrheit, dass es schon heute keine Berufe mehr gibt, die ohne Digitales auskommen. Insofern ist ein maßvolles Heranführen wichtig. Leider rutschen aber viele Kinder in den Gerätebesitz einfach so hinein. Darum habe ich für junge Kinder ab der 3. Klasse »Mach deinen Medienführerschein« (Carlsen) geschrieben, was über Chancen und Gefahren aufklärt und das Erlernte in 115 Quizfragen überprüft.

Ab welchem Alter kann man Kindern guten Gewissens ein Smartphone überlassen?

Experten raten: beim Übergang zur weiterführenden Schule. Ich bin da nicht so sicher. Jedes Kind ist anders. Ich würde es von der jeweiligen Reife des Kindes abhängig machen.

Was dürfen Kinder in welchem Alter mit dem Smartphone machen – lässt sich da eine klare Abstufung treffen?

Ich bin der Meinung, dass für Kinder in der Grundschule ein Tastenhandy ausreichend ist. Am Nachmittag kann dann mit dem Tablet der Eltern gespielt werden. Haben aber Kinder erst mal ein Smartphone, ist dieses Tor nicht mehr zu schließen und schwierig einzuschränken. Wichtig ist, die Sicherheitseinstellungen immer wieder zu justieren, zum Beispiel InApp-Käufe zu deaktivieren und mit den Kindern über die vielfältigen Gefahren zu sprechen. Kinder, die alt genug sind, ein Smartphone zu haben, sind auch alt genug, mit den unschönen Tatsachen konfrontiert zu werden. So gibt es viele Erwachsene, die sich mit Kindern über Sex unterhalten oder sich mit ihnen zum Sex verabreden wollen. Das zu wissen finde ich wichtiger.

Sollten Eltern dem Druck ihrer Kinder nachgeben, weil z. B. Freundinnen und Freunde oder Klassenkameradinnen und Klassenkameraden ein Smartphone haben?

Wenn ich eine klare Haltung habe, stehe ich dazu. Möchte ich nicht, dass mein Kind ein Smartphone besitzt, sollte ich das gut begründen können. Ein Außenseiter wird aber ein Kind ohne Handy deshalb ganz bestimmt nicht.

Welche Situationen im Familienleben sollten generell handyfreie Zonen sein? Wie kann man sinnvolle eigene Regeln finden?

Es muss handyfreie Zeiten geben, die für alle gelten. Die Klassiker sind kein Handy beim Essen oder bei den Hausaufgaben und kein Handy über Nacht im Kinderzimmer. Wenn wir aber wollen, dass Kinder nicht nur rumdaddeln, dann müssen wir uns auch mit ihnen mehr beschäftigen und zum Beispiel am Wochenende Dinge unternehmen, bei denen das Gerät stört.

Wie kann man Kinder vor einer Abhängigkeit vom Smartphone oder Internet schützen?

Manche Experten sprechen von Sucht. Das ist mir eine Spur zu groß, weil Sucht eine sehr ernsthafte Krankheit ist. Sicher nutzen Kinder und Jugendliche das Smartphone mehr, als ihnen guttut. Das schadet ihnen auch, ist aber nicht gleich eine Sucht. Meiner Meinung nach haben wir es in den meisten Fällen nicht mit einem Suchtproblem, sondern mit einem Erziehungsproblem zu tun.

Machen Verbote das Smartphone nicht nur noch attraktiver?

Verbote waren noch nie ein guter Begleiter, wenn es um Erziehung geht. Denn bei Verboten spielen Eltern ihre Macht aus und demonstrieren ihren Kindern deren Ohnmacht. Wir möchten ja etwas erreichen, zum Beispiel Einsicht. Aber Verbote schließen Einsicht komplett aus.

Ist der Umgang mit dem Smartphone ein Beispiel dafür, dass ein gewisses Maß an Autorität Kindern hilft? (Hintergrund ist die Aussage: Kinder und Eltern profitieren von Struktur, also von klaren Regeln.)

Kinder wünschen sich Eltern, die klar sind und feste Grenzen vorgeben. Dazu gehört eine »gute Autorität«, wie es der Kinderpsychologe Wolfgang Bergmann genannt hat. Also nicht diese alte Autorität, die keinen Widerspruch zulässt.

Wie kann man den Kindern die Regeln am besten beibiegen, wenn einige ihrer Freunde mit dem Smartphone tun und lassen können, was sie wollen?

Das ist kein neues Problem. Es geht nicht um den Freischein der Freunde, sondern um die Haltung der Eltern.

Gibt es Grundregeln, an die alle Eltern sich als Faustregeln halten können?

1. Kinder brauchen einen Medienführerschein, um Chancen und Gefahren zu kennen.
2. Schließen Sie mit Ihrem Kind einen Mediennutzungsvertrag (www.mediennutzungsvertrag.de).
3. Regeln aufstellen ist einfach, sich um die Einhaltung zu kümmern, sehr mühsam, aber wichtig.
4. Vorbild sein und den eigenen Smartphonekonsum regulieren.
5. Wenn etwas schiefgeht, dann, weil es Kinder sind. Grenzüberschreitungen nicht persönlich nehmen.

Was ist das Smartphone aus Ihrer Sicht: Teufelszeug oder Kommunikationshilfe?

Es ist ein sehr nützliches Gerät, das uns in vielerlei Hinsicht unterstützt. Nur müssen wir noch herausfinden, wer dabei wen in der Hand hat.

Wünschen Sie sich persönlich manchmal in die Zeit vor Smartphone und Internet zurück, und hätten Sie Ihre Kinder lieber ohne beides erzogen?

Ich halte nichts von solchen Gedanken. Wir reden schließlich von einem Smartphone, einem innovativen Werkzeug und dem gesunden Umgang damit, und nicht vom Zweiten Weltkrieg.

Kapitel 4

Empathieriesen

Wie Sie wieder lernen, was Ihre Kinder schon können

Zur Empathie einladen

Empathie – die Fähigkeit, sich in andere einzufühlen – ist ein Begriff, der uns Erwachsenen seit einiger Zeit sehr häufig begegnet. Nicht nur in Beziehungsfragen, sondern auch im Berufsleben hat das Thema inzwischen einen festen Platz. Es gibt Ratgeber für Empathie, Expertinnen und Experten für Empathie und unzählige Weiterbildungen, die auf der Förderung von Empathie fußen. Denn es hat sich herumgesprochen, wie wichtig diese Kompetenz für gelingende Kommunikation, gesunde Beziehungen und erfolgreiche Teamarbeit ist. Sie lässt uns die Welt und die Menschen in unserem Umfeld besser verstehen, und sie kann das menschliche Zusammenleben auf vielerlei Weise vertiefen, verbessern und auch vereinfachen.

Wenn Empathie so wichtig ist und so gut funktioniert, warum müssen wir uns dann überhaupt extra darum bemühen? Warum verhalten wir uns nicht alle automatisch empathisch? Der Grund dafür ist ein ähnliches Phänomen wie beim Respekt, den wir uns ebenfalls alle wünschen, während wir gefühlt immer zu wenig davon bekommen. Zwar ist (abgesehen von Menschen mit bestimmten psychologischen Störungsbildern) grundsätzlich jeder gesunde Mensch zur Empathie in der Lage. Der moderne Alltag ist aber sehr dazu geeignet, uns die achtsame Haltung abzutrainieren, die empathisches Verhalten erfordert. Wir haben für so etwas scheinbar oft »keine Zeit« oder »keine Muße«, müssen wir doch schließlich »sehen, wo wir selbst bleiben«. Unsere leistungs- und wettbewerbsorientierte Lebensweise ist einfach eher empathiefeindlich, während gleichzeitig an allen Ecken und Enden mehr Empathie gebraucht wird. Deshalb betreiben viele Expertinnen und Experten, öffentliche Trägerinnen und Träger und sogar Unternehmen so großen Aufwand, um diese wichtige Kompetenz zu stärken.

Hier sind unsere Kinder im Vorteil, denn sie stehen noch in sehr engem Kontakt zu ihren Gefühlen einerseits und den Reaktionen ihrer Mitmenschen andererseits. Sie beobachten ihre Umwelt sowieso extrem aufmerksam, während wir Großen oft mit Scheuklappen durchs Leben laufen. In dieser Hinsicht bringen unsere Kinder eine sehr wichtige Kompetenz für gelingende Kommunikation schon mit, die mancher Erwachsene sich erst wieder mühsam erarbeiten muss.

Damit Ihre Kinder sich diese Fähigkeit zum einen so lange wie möglich bewahren und zum anderen lernen, sie bewusst einzusetzen, ist es sinnvoll, sie immer wieder zur Empathie einzuladen. Das kann zum Beispiel geschehen, wenn Sie sie sowieso zur Reflexion aktueller Vorgänge oder zum gemeinsamen Nachdenken einladen (s. Kapitel 9, Abschnitt: *Zur Reflexion einladen*).

Hat das Kind zum Beispiel Streit mit einer Freundin, können Sie einen Perspektivwechsel anregen. Dabei können Sie die Anleitung sozusagen gleich mitliefern, indem Sie dem Kind seine eigenen Gefühle empathisch spiegeln: »Du bist also traurig darüber, dass ihr euch so schlimm gestritten habt. Was glaubst du denn, wie Marie sich gerade fühlt?«

Wenn es einen Freund zum ersten Mal von einer ganz anderen, unangenehmen Seite kennenlernt, können Sie fragen: »Da hast du dich erschrocken, dass der Peter so geschrien hat. Was denkst du denn, warum er so wütend ist?«

Auch als Teil der Freizeitgestaltung lässt sich Empathie mit Kindern praktizieren. Schließlich sind Gefühle im Leben von Kindern den ganzen Tag lang präsent, denn sie sind sehr emotional. Ihre Gefühle sind für sie ganz selbstverständlich ein direktes Kriterium der Lebensgestaltung. Das bedeutet allerdings noch längst nicht, dass sie sich dessen bewusst sind und von selbst darüber reden würden, wie es ihnen mit einer bestimmten Situation geht. Gefühle auszudrücken und in Worte zu fassen ist auch für sie nicht leicht, und sie müssen es lernen.

Eine tolle Gelegenheit, die wir uns zur Gewohnheit gemacht

haben, sind Kinoabende mit der Familie. Unsere Söhne – wie wohl die meisten Kinder – schauen für ihr Leben gern Filme mit uns an, am liebsten auf dem heimischen Sofa. Da bietet sich eine empathische Reflexionsrunde geradezu an – ganz ohne dass Sie Ihren Kindern die »pädagogisch wertvolle« Aktivität erst mühsam schmackhaft machen müssten.

Es gibt zwei Wege, Filme oder andere Medien fürs kindgerechte »Empathietraining« zu nutzen: Entweder können Sie im Kopf oder auf einem Zettel Momente im Film sammeln, die Sie anschließend besprechen wollen. Diese Variante ist ideal, wenn Sie oder jemand in der Familie Filme lieber ungestört zu Ende schaut. Oder – zu dieser Variante tendiere ich mit meinen Kindern – Sie können den Film einfach zwischendurch unterbrechen und auf die frischen Emotionen aus dem Moment heraus zugreifen.

Gerade kürzlich haben wir gemeinsam zum Beispiel den wundervollen Film *Blind Side* (dt.: *Die große Chance*, 2009) gesehen. Darin geht es um die komplexe Beziehung eines vernachlässigten Teenagers, der sein ganzes Leben in Heimen verbracht hat, bis er von einer wohlhabenden Familie in Obhut genommen wird und fortan mit deren Kindern gemeinsam aufwächst und eine erstaunliche Entwicklung durchmacht. Der Film beruht auf einer wahren Geschichte.

Augenscheinlich fanden auch meine Kinder das Beziehungsgeflecht im Film sehr spannend. Wann immer eine der Figuren ein interessantes Verhalten zeigte, hielt ich den Film also an und fragte Leo oder Johann, welche Gefühle oder Motive sie darin erkannten:

»Was glaubst du, warum geht der jetzt einfach aus der Halle raus?«

»Warum muss der Mann deiner Meinung nach jetzt gerade weinen?«

»Wie würdest du dich fühlen, wenn jemand so etwas zu dir sagt?«

An ihren Antworten ließ sich wunderbar ablesen, welchen Zugang Kinder zu Emotionen haben und welche Schlüsse sie aus bestimmten Verhaltensweisen ziehen. Das ist ja der Grund, warum Storytelling bei ihnen noch besser funktioniert als bei Älteren: Kinder nehmen die zentrale Wirkungsebene der Handlung viel unmittelbarer wahr. Filme finden oft zu großen Teilen auf der Gefühlsebene statt. Deshalb eignen sie sich perfekt, um Empathie zu üben und diese naturgegebene Stärke unserer Kinder frühestmöglich zu schulen.

Und das Beste daran ist: Die Kinder merken gar nicht, dass sie gerade »lernen« und »wachsen«. Sie haben einfach Spaß daran, mit ihren Eltern einen Film zu schauen und dabei gehört und ernst genommen zu werden.

Neu zuhören lernen

Das zentrale Werkzeug von Empathie ist Zuhören. Ach so, na dann, mag manche oder mancher jetzt vielleicht denken – wenn das so ist, bin ich Empathiemeisterin oder -meister. Ich kann diesen Optimismus gut verstehen, denn ich ertappe mich selbst manchmal dabei, meine Fähigkeiten als Zuhörer zu überschätzen. Kinder haben allerdings die Fähigkeit, diese Illusion zerplatzen zu lassen wie eine Seifenblase. Denn sie spüren ganz genau, wenn wir nicht richtig bei der Sache sind. Allerdings unterscheidet sie von der genervten Gesprächspartnerin oder vom genervten Gesprächspartner im Büroflur oder auf dem Cocktailempfang, die oder der es vielleicht auch gemerkt hat, dass Kinder keine Hemmungen haben, es uns mitzuteilen.

Leider bringen wir sie als moderne Eltern auch viel zu oft in die Situation, uns den Spiegel vorhalten zu müssen. Unter Zeitdruck und mit einem Kopf voller Gedanken passiert es selbst empathiebewussten Menschen leicht, sich unabsichtlich ihren Kindern gegenüber unempathisch zu verhalten. Nichts ist leichter zu vergessen, als dass es einen Unterschied gibt zwischen Hinhören und echtem Zuhören – und schon ist die wichtigste Grundlage für Empathie zum Fenster rausgeflogen.

Wenn Sie sich für immun halten, lassen Sie es mich an diesem Austausch zwischen meinem Sohn und mir demonstrieren:

»Leo, wie war's heute in der Schule?«

»Gut.«

»Gib mir mal die Fernbedienung.«

Austausch beendet. Was ist das denn? Eine Art Kontaktritual vielleicht, aber kein Gespräch – noch nicht einmal unter Männern. Und jetzt erzählen Sie mir bitte nicht, das würde Ihnen nie passieren …

Die Fähigkeit, richtig zuzuhören, ist ein Opfer unserer Zeit, in der es vor Botschaften von morgens bis abends nur so dröhnt. Würden wir allem und jedem zuhören, der oder die sich das wünscht, wären wir innerhalb kürzester Zeit behandlungsbedürftig – und nicht wenige sind das auch tatsächlich. Denn leider machen wir Heldinnen und Helden der Neuzeit immer noch den Fehler, es zu versuchen, obwohl wir es inzwischen besser wissen könnten. Und auf wessen Kosten tun wir das vor allem?

Es ist gar nicht so, dass sich an unserer Fähigkeit etwas geändert hätte, anderen Gehör zu schenken – auch wenn verärgerte Gesprächspartner das manchmal behaupten. Zuhören zu können ist heute einfach viel mehr eine Frage der Prioritäten. Und mit dieser Lebensaufgabe, der Prioritätensetzung, sind wir alle überfordert, wenn wir ehrlich sind. So kommt es, dass wir einander zu wenig zuhören, während wir gleichzeitig Empathie so nötig hätten wie noch nie. Und ich sage »wir« an dieser Stelle ganz bewusst in klarer Abgrenzung zu unseren Kindern: *Wir* hätten mehr Empathie nötig und müssten einander besser zuhören. In Bezug auf unsere Kinder würde ich den Satz noch ganz anders formulieren: Unsere Kinder sind darauf *angewiesen,* dass wir ihnen richtig zuhören. Und wir scheitern an dieser Aufgabe, Tag für Tag. An manchen Tagen, da mache ich mir gar nichts vor, scheitere ich daran sogar jämmerlich.

Wenn es beim Zuhören nur um den Austausch von Informationen gehen würde, wäre das halb so wild – dann wäre das Problem mit ein paar genervten Nachfragen gelöst. Doch das Zuhören hat noch eine ganz andere Dimension, die wir ausgerechnet bei unseren Kindern gern unter den Tisch fallen lassen: Der oder dem anderen wirklich verbindlich, verlässlich, erkennbar und aufmerksam zuhören ist ein Zeichen von Respekt. »Andere sehen« können wir nur, wenn wir sie hören.

Zuhören ist also eine Fähigkeit, die eine respektvolle Haltung gegenüber der Gesprächspartnerin oder dem Gesprächspartner voraussetzt. Wenn ich mich nebenbei mit etwas anderem beschäftige – dem Smartphone zum Beispiel –, suggeriere ich meinem Gegenüber damit, dass er oder sie mir nicht wichtig ist. Wenn ich meinen Sohn also abwesend um die Fernbedienung bitte, anstatt interessiert nachzufragen, muss ich mich über Einsilbigkeit seinerseits auch nicht wundern. Wahrscheinlich hat mein Verhalten ihm nahegelegt, dass ich es im Zweifel doch gar nicht so genau wissen will, weil ich in Gedanken gerade mal wieder woanders bin. Kinder merken das, immer. Denn Kinder haben extrem feine Antennen dafür, wann die Leitung zu ihren Bezugspersonen offen ist und wann nicht. Kinder können nämlich noch wirklich zuhören. Genau genommen tun sie den ganzen Tag nichts anderes, als alles um sie herum aufzusaugen wie ein Schwamm. Außer natürlich, wenn sie gerade hören sollen. Dann nicht. Kindern können nämlich noch etwas, was wir nicht mehr können: abschalten, wenn sie wollen.

Ob wir wirklich zuhören, zeigen wir unseren Kindern mit unserem Verhalten unmissverständlich. Wer wirklich zuhört, wendet sich der oder dem anderen körperlich zu und sieht ihr oder ihm in die Augen. Das ist die nonverbale Seite. Verbal äußert sich echtes Interesse dadurch, dass die oder der andere nachfragt: »Was meinst du denn genau mit ›gut‹? Ist etwas Besonderes passiert?« So wüsste mein Sohn, dass ich seine Antwort erstens tatsächlich gehört habe und zweitens wirklich mehr wissen will. Er würde sich als Gesprächspartner respektiert fühlen – und sich mit höherer Wahrscheinlichkeit auf das Gespräch einlassen.

Bei Teenagerinnen und Teenagern gilt diese Regel zwar genauso und ist sogar besonders bedeutsam, denn ihnen ist Respekt von Erwachsenen noch wichtiger. Gerade deshalb kann es aber passieren, dass sie uns extrahart um einen beiderseitig respektvollen Austausch kämpfen lassen. Wundern Sie sich also nicht, wenn Sie auch auf Nachfragen von einer Teenagerin oder einem Teenager keine oder einsilbige Antworten bekommen, wenn sie oder er noch ein paar Monate zuvor mit einem enthusiastischen Redeschwall reagiert hätte. Lassen Sie sich von Ihrer wortkargen Mitbewohnerin oder Ihrem stummen Mitbewohner nicht entmutigen: Sie oder er hört Ihnen ganz genau zu und geht nur anders damit um als früher. Und manchmal mag sie oder er auch einfach nur abgelenkt sein. Teenagerinnen und Teenager sind nämlich mit etwas beschäftigt, das wir Erwachsenen uns kaum noch vorstellen können: eine Identität auszubilden. Das ist wahnsinnig anstrengend und fordert unglaublich viel Aufmerksamkeit. Da kann es schon mal sein, dass wir mit unseren aus Jugendsicht manchmal vergleichsweise wenig interessanten Anliegen nicht so recht durchdringen. In der Regel ist das kein Grund zur Sorge: Das wird schon wieder.

Anders hören: Der kontrollierte Dialog

Im Umgang mit rebellischen Teenagerinnen oder Teenagern und Kindern im Allgemeinen ist eine Gefahr besonders groß, die auch unter Erwachsenen oft zu Verständigungsproblemen führt: Wir hören einander falsch zu – nicht mit Empathie, sondern mit einer Agenda. Das kann daran liegen, dass wir nicht aufnahmebereit sind, weil wir zu ausgelaugt sind oder eigene Gedanken verfolgen, wie im obigen Beispiel mit meinem Sohn: Wir suggerieren Interesse, wollen in Wirklichkeit aber gar nicht zuhören. In diesen Fällen kann es besser sein, die Situation zu moderieren und dem Kind zu sagen: »Ich bin gerade sehr müde und kann dir nicht anständig zuhören. Lass uns nach dem Essen oder morgen früh in Ruhe darüber reden, was du in der Schule erlebt hast.« Das ist vielleicht nicht ideal, aber allemal besser, als Aufmerksamkeit zu simulieren oder das Gespräch möglichst schnell mit einer Scheinlösung zu beenden, um Ruhe zu haben. Denn davon fühlt sich das Kind erst recht betrogen.

Ineffektives Zuhören kann neben diesen äußeren Faktoren, die an unserer Aufmerksamkeit zehren, aber auch auf eine schlechte Gewohnheit zurückzuführen sein, der wir uns im Moment des Zuhörens gar nicht bewusst sind: Wir machen die Empathie-Schotten schon dicht, bevor das Kind überhaupt eine Chance hatte, richtig zu erzählen. Sehr oft schalten wir nämlich viel zu schnell um: vom Zuhören aufs Reagieren. Statt verstehen zu wollen, korrigieren wir schon. Wenn Eltern sich beschweren, dass ihre Kinder ihnen gar nichts erzählen, ist genau das oft der Grund: Das Kind redet sehr wohl, wir hören nur vieles davon nicht oder zumindest nicht richtig. »Kinder erzählen sehr gerne – wenn man ihre Reden nicht gleich nach Erwachsenenart kommentiert.«[37]

Natürlich stellen Mütter und Väter nicht absichtlich auf Durchzug, während das Kind redet (oder sagen wir: höchstens mal aus Notwehr ...). Das Problem ist eher, dass wir meinen, wir müssten alles kommentieren, was wir gehört zu haben glauben. Schlimmer noch, wir therapieren gleich und kritisieren. Natürlich ist es gut gemeint, wenn wir immer direkt mit Trost, Nachfragen oder gar mit Kritik zur Stelle sind. Doch damit nehmen wir die Bewertung vorweg und dem Kind die Möglichkeit, seine eigenen Schlüsse zu ziehen. Es hat keine Chance, das Thema auszubreiten und sich selbst im Austausch mit uns darüber klar zu werden, was es fühlt und will. Die Eltern drängen sich in seinen Gedankenraum hinein und kauen jede Interpretation vor, bevor das Kind selbst denken und Lösungen finden kann. Statt es eigenständig denken zu lassen, zwingen wir ihm unsere Interpretations- und Reaktionsmuster auf und bringen ihm bei, uns alles nachzuplappern. Auf diese Weise wird dem Kind die Chance genommen, an seinen Erlebnissen zu wachsen und selbstständiger zu werden. Und das nur, weil wir nicht die Klappe halten und zuhören können.

Wie wenig wir beim Zuhören oft tatsächlich zuhören, merke ich jedes Mal beim »kontrollierten Dialog«. Das ist eine Übung, die ich häufig mit den Teilnehmerinnen und Teilnehmern meiner Seminare durchführe. Dabei diskutiert die Gruppe paarweise über ein kontroverses Thema – allerdings mit einer eisernen Regel: Bevor eine Teilnehmerin oder ein Teilnehmer etwas auf die Äußerung seiner Gesprächspartnerin oder seines Gesprächspartners erwidern darf, muss er deren oder dessen Standpunkt wiederholen. Und zwar so lange, bis die oder der andere damit zufrieden ist, wie ihre oder seine Aussagen wiedergegeben wurden.

Ich mache diese Übung seit zwanzig Jahren und bekomme immer wieder die gleiche Rückmeldung: »Ist das schwer – und ist das angenehm, wenn es funktioniert!« Wir sind es einfach nicht mehr gewöhnt, in einer Qualität zuzuhören, die es uns ermöglicht, den Standpunkt des anderen präzise zu wiederholen. Stattdessen sind wir während des Zuhörens damit beschäftigt, uns für unsere Erwiderung aufzustellen. Tatsächlich bin ich inzwischen davon überzeugt, dass das der häufigste Grund für Unklarheiten in Gesprächen ist: Wir hören nicht zu, um zu verstehen – wir hören zu, um zu antworten.

Wie meine ich das? Wir neigen dazu, uns auf bestimmte Aspekte zu stürzen, die unsere inneren Widerstände anstacheln. Je größer die Meinungsverschiedenheit, desto mehr »Unrecht« entdecken wir. So überhören wir nicht nur gute Argumente, sondern auch Schnittmengen und Gemeinsamkeiten, die zu einer Lösung führen könnten.

Wenn das schon unter vernunftorientierten Erwachsenen so ist, die einander grundsätzlich verstehen wollen: Wie stellt sich das wohl in einem aufgeheizten Streitgespräch mit einer rebellischen Teenagerin oder einem rebellischen Teenager dar, die oder der gerade mehr darauf aus ist, sich durchzusetzen, als sich zu einigen? Da ist es an uns als hormonell mehr oder weniger ausbalancierten Erwachsenen, die Ruhe zu bewahren. Auch in scharfzüngigen Sätzen steckt ein Bedürfnis, das erkannt und erfüllt werden will – ganz oft einfach nur das Bedürfnis nach Respekt und Augenhöhe. Um das zu erkennen, müssen wir uns bei Kindern und gerade bei Jugendlichen manchmal sehr genau einhören. Je lauter sie sind, desto genauer.

Im Verlauf der besagten Übung erlebe ich immer wieder, dass Teilnehmende die Wiedergabe ihrer Aussagen durch die Gesprächspartnerin oder den Gesprächspartner unterbrechen und sagen: »Stopp, das habe ich so nicht gemeint. Ich wollte etwas ganz anderes ausdrücken.« Dieser Moment ist ganz wichtig. An dieser Stelle merken die Gesprächspartnerinnen oder Gesprächspartner: Hoppla – was wäre gewesen, wenn wir da einfach drüber weggegangen wären? Wir hätten vollkommen aneinander vorbeigeredet. Wie hätten wir so zu einem vernünftigen Ergebnis kommen sollen?

Nun können Sie den kontrollierten Dialog als Übung schwerlich auf jedes Gespräch im Alltag anwenden. Die Haltung dahinter ist allerdings sehr wohl alltagstauglich: Es geht darum, das Kind wirklich verstehen zu wollen. Wenn Ihr Kind das spürt, ist das oft schon die halbe Miete. Manchmal reicht es vollkommen aus, einmal kurz auf die Bremse zu treten und eine kleine Feedback-Schleife einzulegen. Dafür verkehren Sie den kontrollierten Dialog einfach ins Du:

Tipp: Gesprächsintervention mit Empathie: Den Dialog kontrollieren

- Wenn Sie merken, dass ein Gespräch schwierig wird oder gerade einfach keine richtige Verbindung zwischen Ihnen und Ihrem Kind besteht, halten Sie bewusst inne.
- Anstatt sofort in die Erwiderung zu gehen, spiegeln Sie Ihrem Kind erst einmal, was Sie gehört haben. Wenn Sie umgekehrt das Gefühl haben, Ihr Kind hat Sie nicht richtig verstanden, bitten Sie Ihre Tochter oder Ihren Sohn, wiederzugeben, was sie oder er gehört hat.
- An dieser Stelle müssen Sie tapfer sein: Was Sie zu hören bekommen, hat oft nicht viel mit dem zu tun, was Sie eigentlich rüberbringen wollten. Wiederholen Sie geduldig und in möglichst klaren Worten, was Sie eigentlich ausdrücken wollten, und ermöglichen Sie Ihrem Kind dasselbe.

Schon allein die Erkenntnis, dass Gesagtes und Gehörtes nicht immer dasselbe sind, wird Ihrem Kind und Ihnen helfen, einander aufmerksamer zuzuhören. Denn plötzlich ist eine andere Perspektive im Raum: Vielleicht wollte Papa mich gar nicht runterputzen. Vielleicht wollte das Kind sich gar nicht widersetzen. Vielleicht sind wir eigentlich ganz nah beieinander. Oder vielleicht steckt etwas ganz anderes dahinter, was wir einfach noch nicht voneinander wissen.

Indem wir neu zuzuhören lernen, können wir unser Gesprächsverhalten komplett transformieren. Im Training klappt das ein ums andere Mal: Sobald diese Methode etabliert ist, bleibt die Diskussion selbst bei den kontroversesten Themen immer ruhig, auch bei sehr unterschiedlichen Meinungen. Das ist im Gespräch zwischen Eltern und Kindern nicht anders als unter Erwachsenen – nur dass Kinder noch mehr darauf achten und emotional viel stärker davon abhängig sind, dass Sie ihnen zuhören.

Deshalb ist das Potenzial der empathischen Gesprächsführung so groß: Empathisches Zuhören kann unendlich heilsam sein, ganz besonders in der Eltern-Kind-Beziehung. Durch empathisches Zuhören können wir Gespräche und durch empathische Gespräche unsere Beziehungen nachhaltig verändern. Erstens gewinnt das Kind die Sicherheit, dass Sie ihm zuhören. Der Wachkoma-Effekt bleibt nämlich aus, und den kennen Sie auch von Ihrem Kind: Papa hat zwar die Augen offen und schaut mich an; ob er mir zuhört, ist eine andere Frage … Zweitens sende ich mit der Wiederholung des Gesagten ein wunderbares Signal aus: Ich habe dich tatsächlich verstanden. Das weiß das Kind ganz oft nämlich wirklich nicht. Drittens zeige ich: Ich bin zwar ganz anderer Meinung, trotzdem respektiere ich deine Sichtweise. Das bedeutet einem Kind, zumal einer rebellischen Teenagerin oder einem rebellischen Teenager, mehr als jede Umarmung – auch wenn wir uns daran als Eltern vielleicht erst einmal gewöhnen müssen.

Machen Sie das Zuhören in Ihrer Familie zur Ehrensache. Signalisieren Sie Ihren Kindern mit Augenkontakt, einer zugewandten

Haltung und interessierten Nachfragen, dass Sie aufmerksam zuhören. Ganz wichtig: Nehmen Sie sich gezielt vor, nicht zu allem etwas zu sagen.[38] Schauen Sie interessiert, machen Sie ein freundliches, interessiertes Gesicht und nicken Sie hin und wieder bestätigend, während das Kind berichtet. Lassen Sie Ihre Tochter oder Ihren Sohn ausreden. Lesen Sie zwischen den Zeilen und greifen Sie ihre Worte auf. Damit geben Sie zu erkennen, dass Sie sich in die Lage Ihres Kindes versetzt haben, anstatt einfach nur stur aus Ihrer eigenen Perspektive heraus zu kontern. Besonders, wenn es etwas auszudiskutieren gibt oder eine gemeinsame Entscheidung getroffen werden soll, ist diese empathische Form des Zuhörens unabdingbar.

Und was, wenn gerade wirklich mal keine Zeit für ein Gespräch auf Augenhöhe ist? Dann äußern Sie Ihr Bedauern und vertagen Sie das Gespräch auf einen verbindlichen Zeitpunkt, an den Sie sich dann unbedingt halten sollten. Kinder wissen, dass Erwachsene viel zu tun haben. Sie können nur nicht damit umgehen, wenn sie in der Prioritätenliste nach unten rutschen, weil alles andere scheinbar wichtiger ist als sie. Erweisen Sie Ihren Kindern Respekt, indem Sie ihnen Aufmerksamkeit schenken. Ich kann Ihnen zwar nicht garantieren, dass sie diesen Gefallen in allen Fällen erwidern werden, aber Respekt ist nie eine Einbahnstraße. Wenn Ihr Kind sich verlässlich gesehen und ernst genommen fühlt, wird es auch Ihnen Respekt entgegenbringen – und öfter und besser zuhören.

Die richtige Frage zur richtigen Zeit

Wenn Sie versuchen, sich in ihre Kinder einzufühlen, sind Fragen neben dem Zuhören und für das Zuhören natürlich Ihr wichtigstes Werkzeug. Viele Eltern machen sich Sorgen, dass sie ihre Kinder mit Anweisungen oder vorgefertigten Erwachsenen-Lösungen bevormunden. Gleichzeitig wollen wir natürlich nicht, dass es unseren Kindern an Orientierung mangelt. Auf dieser gleitenden Skala ist es manchmal schwierig, die richtige Balance aus Einbeziehung und Anleitung zu finden. Hier können klärende Fragen eine große Unterstützung sein: Mit ihrer Hilfe können Sie Ihr Kind besser verstehen und in den meisten Fällen auch ableiten, was es gerade braucht.

Aus dem, was unsere Kinder sagen, lassen sich fast immer zielgerichtete Fragen ableiten, die zur Klärung beitragen. Betrachten wir an einem Beispiel genauer, wie das funktioniert und wie unterschiedliche Arten von Fragen Ihnen helfen können, sich in Ihre Kinder hineinzuversetzen. Halten wir uns dabei zur Veranschaulichung an eine Äußerung, die Sie höchstwahrscheinlich selbst schon mindestens einmal, vielleicht auch hundertmal von Ihrem Kind gehört haben:

»Schule ist doof!«

1. Fragetechnik: Die Ebenen einer Aussage erfragen

Ein Satz ist nicht einfach nur ein Satz – schon gar nicht, wenn er von einem Kind ausgesprochen wird. Die eigentliche Absicht einer Aussage entspricht nicht unbedingt dem, was es mit seinen Worten zum Ausdruck bringt. Ein Dialog transportiert ja nicht nur konkret formulierte Informationen. Er kann auch eine Mitteilung aussenden, die gar nicht mitgesprochen wird (»Es geht mir schlecht, weil die Schule doof ist«). Er kann die Beziehung stärken oder schwächen (»Du bist schuld daran, dass ich da hingehen muss«). Und er kann auch eine unausgesprochene Aufforderung enthalten (»Sag mir, dass ich heute nicht in die Schule zu gehen brauche«).

Weil es verschiedene Bedeutungsebenen gibt, enthält jede Äußerung auch mehrere potenzielle Fehlerquellen für das Hörverständnis: Die Senderin oder der Sender möchte etwas Bestimmtes ausdrücken, doch die Empfängerin oder der Empfänger hört es möglicherweise ganz anders. In unserem Beispiel kann es schnell passieren, dass man dem Kind etwas unterstellt – etwa, dass es sich vor einer unangenehmen Unterrichtsstunde drücken will. Dann entgegnet man vielleicht etwas wie: »Man kann sich im Leben eben nicht immer aussuchen, was man gern machen möchte!« Ging es dem Kind aber um etwas ganz anderes, weil es zum Beispiel Schwierigkeiten mit einer Mitschülerin oder einem Mitschüler hat, wäre es davon gewaltig vor den Kopf gestoßen. Außerdem wäre die Chance vertan, etwas Wichtiges in Erfahrung zu bringen und dem Kind weiterzuhelfen.

Solche Missverständnisse müssen nicht sein. Mit einer klärenden Frage können Sie die unsichtbaren Botschaften einer Aussage sichtbar machen und sich außerdem Klarheit darüber verschaffen, womit Sie Ihr Kind in dieser Situation unterstützen können. Folgende klärende Fragen könnten Sie zum Beispiel an Ihr Kind richten, um die verschiedenen Ebenen seiner Äußerung zu erhellen:

»Was an der Schule findest du denn doof?«

»Hast du gerade keine Lust, lange still zu sitzen?«

»Was würdest du denn gerade lieber machen, als in die Schule zu gehen?«

Manchmal kann es auch sinnvoll sein, dem Kind zu spiegeln, welche Botschaft bei Ihnen angekommen ist, bevor Sie nachfragen. Das ist vor allem dann sinnvoll, wenn das Kind verschiedene Signale sendet, die auf den ersten Blick nicht zusammenpassen.

Wichtig ist es beim klärenden Fragen auch, die eigenen »Hörgewohnheiten« zu kennen und zu berücksichtigen. Manche Menschen nehmen den Sachgehalt einer Aussage stärker wahr, während andere ausgeprägter auf der Beziehungsebene »hören«. Die jeweils andere Ebene blenden wir möglicherweise aus. Wer das von sich weiß, kann gezielter nachfragen.

2. Fragetechnik: Begriffliche Hintergründe klären

Eine sehr erhellende Fragetechnik bei Unklarheiten kann auch die Klärung von Begrifflichkeiten sein, die das Kind verwendet. Viele Wörter, die Kinder verwenden, sind stark von der individuellen Interpretation, von Sprechgewohnheiten oder auch vom Entwicklungsstand abhängig: Kinder probieren in bestimmten Entwicklungsphasen bestimmte Arten von Worten aus. Deshalb kann es durchaus passieren, dass Sie Ihr Kind gründlich missverstehen, weil es auf unorthodoxe Weise oder auch mal völlig falsch einen bestimmten Begriff einsetzt, den es gerade aufgeschnappt hat.

In unserem Beispiel ist »doof« das Schlüsselwort. Und das ist ein ziemlich dehnbarer Begriff. Möglicherweise findet Ihr Kind gerade tatsächlich das Konzept Schule doof: jeden Tag früh aufstehen, anstrengenden Unterricht mitmachen, Hausaufgaben aufgebrummt kommen ... Was soll das? Vielleicht meint das Kind mit »doof« aber auch einfach nur die gegenwärtige Lage, weil in dieser Woche gleich drei Tests oder ein Dauerlauf anstehen. Genauso gut können es aber auch ein Schulkamerad oder gleich mehrere sein, der oder die Schule gerade »doof« machen. Oder Ihr Kind ist gerade mit dem Stil einer bestimmten Lehrerin oder eines bestimmten Lehrers nicht einverstanden. Es gibt alle möglichen Optionen, was »doof« in diesem Satz bedeuten kann. Solange Sie das nicht eingegrenzt haben, können Sie unmöglich angemessen reagieren.

Was genau Ihr Kind meint, finden Sie ganz einfach mit einer begrifflichen Nachfrage heraus:

»Was meinst du denn mit doof?« oder, wenn Sie schon eine ungefähre Ahnung haben:

»Meinst du, dass es in der Schule gerade anstrengend ist?«

Wie sehr ein falsch verstandener Begriff die Verständigung stören kann, können Sie sich leicht vorstellen, wenn Sie es mal aus der Warte des Kindes betrachten. In emotional aufgeladenen Situationen werfen wir schneller mit Begriffen um uns, die wir gar nicht so meinen. Da wird aus »Du könntest deine Hausaufgaben langsam mal ohne Aufforderung machen« schnell ein »Du bist dermaßen faul!«. Diese Unterstellung könnte ein Kind, das sich vielleicht einfach nur leicht ablenken lässt, Ihnen sehr übel nehmen. Denn Kinder fragen in der Regel leider nicht nach: »Was meinst du mit faul?« Deshalb ist es wichtig, dass wir Erwachsenen es tun – bei den Worten unserer Kinder und auch bei unseren eigenen.

Zentrale Begriffe einer Aussage zu hinterfragen kann viele Missverständnisse verhindern und sensibilisiert Ihr Kind zugleich dafür, dass Worte unterschiedliche Bedeutungen haben können.

3. Fragetechnik: Systemisches Fragen

»Systemisches Fragen ist eine spezielle Fragetechnik, die dazu dient, vor dem Hintergrund eines systemischen Verständnisses von zwischenmenschlicher Beziehung mehr über das Denken, Wollen und Fühlen von Personen herauszufinden.«[39] Dass sich das ein bisschen kompliziert anhört, ist kein Wunder, denn dieser Fragetechnik liegt eine sehr akademische Betrachtungsweise zugrunde. Die Wurzeln des systemischen Ansatzes stammen aus der Zeit, als die Welt dank wissenschaftlicher Erkenntnisse im frühen 20. Jahrhundert erstmals als System wahrgenommen wurde. Seitdem werden viele Phänomene nicht mehr isoliert betrachtet, sondern immer im Kontext der sie umgebenden Welt. Zu diesen Phänomenen, die nun stärker im Zusammenhang gesehen werden, gehört auch das Verhalten von Menschen – einschließlich ihrer Kommunikation.

Wenn wir systemisch fragen, versuchen wir zu ergründen, wie verschiedene Einflüsse sich auf die Äußerungen von Menschen auswirken. Zum Beispiel verändert Ihr persönliches Umfeld die Art, wie Sie über Impfungen denken und reden. Wenn Sie Mediziner in Ihrem Umfeld haben, denken Sie wahrscheinlich anders über dieses Thema nach als jemand, der nicht viel mit der Schulmedizin am Hut hat. Wenn es in der Schulklasse Ihres Kindes Flüchtlingskinder gibt, wird es ganz anders über Flüchtlinge denken, als wenn es keine direkte Berührung mit dem Thema hätte.

Mithilfe von systemischen Fragen können Sie herauszufinden, inwiefern sich solche äußeren Faktoren auf das auswirken, was Ihr Kind sagt. Überblicksartig lassen sich beim systemischen Fragen fünf Fragearten unterscheiden:

Systemische Fragearten[40]

1. **Hypothetische Fragen** führen eine »Als-ob«-Fiktion ein. Sie zielen auf Werte und Überzeugungen des Befragten und ermöglichen einen anderen Blickwinkel auf das Thema:
   »Stell dir vor, du müsstest morgen nicht in die Schule gehen. Was würdest du stattdessen tun?«
2. **Zirkuläre Fragen** führen die Perspektive einer anderen Person ein. Sie veranlassen das Kind, sich in die Sichtweise anderer hineinzuversetzen und aus dem Kreislauf der eigenen Gedanken auszubrechen:
   »Was würde deine Lieblingslehrerin dazu sagen, dass du Schule doof findest?«
3. **Internalisierende Fragen** führen den Befragten zurück in eine Position der Handlungsfähigkeit. Sie können verborgene Ressourcen aktivieren und mögliche Handlungsoptionen aufdecken:
   »Stell dir vor, der Streit mit deinem Schulkameraden Tim wäre beigelegt. Wie würde sich dein Schultag heute dann anfühlen?«
4. **Rekontextualisierende Fragen** gehen sprachlich bedingten Veränderungen in der Kommunikation auf den Grund. Sie können die Ursachen für sprachliche Muster aufdecken und unklare Zuschreibungen auflösen:
   »Was genau meinst du mit ›doof‹?«
5. **Skalierungsfragen** führen Unterschiede ein, um differenziertere Informationen zu bekommen. Sie können abstrakte und unscharf formulierte Aussagen konkret und verständlich machen:
   »Wie doof findest du die Schule denn heute so von eins bis zehn schätzungsweise?«

Das systemische Fragen ist eine sehr komplexe Methode, die unter anderem in der Psychotherapie eingesetzt wird. Im privaten Alltag wird es eher selten systematisch verwendet, weil es seine volle Wirkung erst nach intensiver Beschäftigung und Übung entfaltet. Zudem erfordert es relativ viel Zeit, systemische Zusammenhänge umfassend zu ergründen. Doch wenn man den wissenschaftlichen Anspruch außer Acht lässt, können auch einzelne systemische Fragen sehr nützlich sein. Systemische Fragen können für Klarheit sorgen, indem sie einen Bezug zum großen Ganzen herstellen. Das ist ein effektiver Weg, sich besser in die Sichtweise Ihres Kindes hineinzudenken, wenn es mal wieder seine eigene Sprache spricht.

4. Fragetechnik: Den Teufel an die Wand malen

Manchmal werden Menschen – nicht nur Kinder – von einem so starken Gefühl der Unsicherheit geplagt, dass wir nicht mehr schlau aus ihnen werden. Angst ist der größte Feind der Klarheit; wer nicht mehr klar denken kann, kann sich auch nur noch schwer verständlich machen. Besonders diffuse Ängste verstellen sehr leicht den Blick auf die Realität. Bei Kindern kann etwas, das sie sich nur vorstellen, durchaus den gleichen Rang einnehmen wie die echte Welt um sie herum.

Vielleicht findet Ihr Kind die Schule ja gerade doof, weil es im Musikunterricht an diesem Tag etwas vorsingen muss – wie ich es bei meinem Sohn auch schon erlebt habe. Wenn Sie das mit einer der obigen Techniken oder auch einfach mithilfe Ihrer Intuition herausgefunden haben, sind Sie schon mal um einiges schlauer. Ihrem Kind ist aber noch nicht geholfen.

Hier kann die Technik »Den Teufel an die Wand malen« helfen. Dabei laden Sie Ihr ängstliches Kind sozusagen zum Worst-Case-Szenario ein: »Was ist denn das Schlimmste, was passieren könnte, wenn du heute vor der Klasse und Frau Wegner singst?«

»Vielleicht lachen die alle, wenn ich singe. Und Frau Wegner gibt mir vielleicht eine richtig schlechte Note. Und wenn ich nicht gut singe, darf ich vielleicht nicht bei der Schulaufführung mitmachen.«

Schon ist das Kind einen wichtigen Schritt gegangen: Aus der diffusen Angst ist nun eine konkrete Angst geworden. Die ist viel besser in den Griff zu bekommen. Wenn dieser Punkt erst mal erreicht ist, können Sie der Angst Ihres Kindes konkret etwas entgegensetzen und es damit entlasten. Zum Beispiel so: »Wenn die anderen lachen, wenn du singst, dann bekommen sie auf jeden Fall Ärger mit deiner Lehrerin. Frau Wegner gibt dir nur eine richtig schlechte Note, wenn du den Text nicht gelernt hast und dir keine Mühe gibst. Und wenn du bei der Schulaufführung nicht singen darfst, heißt das noch lange nicht, dass du nicht trotzdem irgendwie mitmachen darfst. Vielleicht kannst du einfach etwas anderes machen. Das wäre dir doch sowieso viel lieber als singen?«

Indem Sie den Teufel an die Wand malen, können Sie bei Ihrem Kind den Schleier der Angst lüften und ihm helfen, klar zu sehen.

Kapitel 5

Brückenbauen

Kinder mit sprachlichen Mitteln erreichen

Sprachrepertoire: Die Magie von Bezeichnung und Bezeichnetem

Das Potenzial von Kommunikation in unserem Leben ist beinahe grenzenlos. In der Welt von Kindern ist es geradezu magisch. Wer mit seinen Worten Brücken in ihre Welt schlagen kann, verfügt über großartige Möglichkeiten. Indem Sie Ihr sprachliches Repertoire erweitern, können Sie Ihre Kinder auf ganz neue Weise erreichen. Ganz nebenbei können Sie sich selbst als wirksam erleben – in einem Ausmaß, das nur gelingende Kommunikation ermöglicht. Nicht nur Ihre Kinder werden an diesen Gesprächen wachsen und andere Welten für sich entdecken. Auch Sie können das Leben und Ihre persönlichen Potenziale ganz frisch erfahren, wenn Sie Kommunikation neu für sich entdecken.

Der Grund, warum Kommunikation so unfassbar wirksam sein kann, ist die untrennbare Verbindung zwischen Wort und Wirklichkeit. Das wohl bekannteste Beispiel dafür, was ich damit meine, ist der alte Zitronen-Trick: Schon der Gedanke an den Biss in eine Zitrone regt die Speichelproduktion an. Wir können diesen Effekt allein mit Worten auslösen. Wenn wir Dinge beim Namen nennen, reagiert unser Gehirn darauf in ähnlicher Form, als wenn wir tatsächlich in realem physischem Kontakt mit dem Bezeichneten wären – in diesem Fall mit einer Zitrone: Die Worte können das Gehirn so weit stimulieren, dass tatsächlich eine ähnliche Reaktion eintritt wie beim Kontakt mit Zähnen und Zunge. Was wir alle bei diesem einfachen Selbstversuch nachweisen können, wurde tatsächlich auch wissenschaftlich geprüft: Der Gedanke an bestimmte Worte löst dieselben Gefühlsreaktionen aus wie der eigentliche Gegenstand.

Ein seltenes, aber indirekt auf diesen neuronalen Verknüpfungen beruhendes Wahrnehmungsphänomen ist die Synästhesie. Synästheten können zum Beispiel Töne schmecken oder verbinden Buchstaben mit Farben. Bei ihnen sind also verschiedene Sinne miteinander gekoppelt. Die Wissenschaft lernt aus dem Studium dieser Menschen und ihrer Wahrnehmung viel über die allgemeine Informationsverarbeitung in unserem Gehirn. Mithilfe der funktionellen Magnetresonanztomografie, einem computergestützten bildgebenden Verfahren in der Medizin, konnte die Medizin zum Beispiel nachweisen: Bei sogenannten Buchstaben-Farbe-Synästheten sind beim Anblick eines schwarz auf weiß gedruckten Buchstabens dieselben Hirnareale aktiv wie bei einem Nicht-Synästheten, der ein farbig gedrucktes Wort liest. Die Gehirne von Synästheten denken die Farbe also mit. Manche von ihnen spüren tatsächlich sogar einen Geschmack auf der Zunge, wenn sie ein bestimmtes Wort hören.[41]

Bei diesem Phänomen handelt es sich natürlich um eine seltene Anomalie. Die neuronalen Verknüpfungen, die hier zum Tragen kommen, sind nicht dieselben wie bei Nicht-Synästheten, bei denen ein schönes Wort zum Beispiel eine angenehme Stimmung auslöst, weil sie bewusst oder unbewusst positive Assoziationen mit diesem Begriff verbinden. Doch dieser Extremfall der menschlichen Wahrnehmung, den Forscher als ein Experiment der Natur bezeichnen, deutet das allgemeine Vermögen unseres Gehirns an, Worte und Empfindungen zu verbinden.

Für unsere tägliche Kommunikation bedeutet das nichts anderes, als dass die Wortwahl – jedenfalls in gewissen Maßen – unsere Wahrnehmung von Botschaften sowie von den Sprechenden, aber auch unsere generelle Stimmung beeinflussen kann. Aus dieser Erkenntnis lassen sich eine Reihe von Strategien dafür ableiten, Botschaften rhetorisch einzubetten, damit sie am besten wirken. Einige dieser Strategien dürfen durchaus als fragwürdig bezeichnet werden, und auch dessen sollte man sich immer bewusst sein. Botschaften können sinnvoll gerahmt werden, damit sie bei anderen besser ankommen. Ähnliche sprachliche Mittel können aber auch missbraucht werden, um Menschen zu manipulieren.

Wenn wir bestimmte Worte gezielt als Drohkulisse benutzen, manipulieren wir unsere Kinder damit ganz bewusst in negative Emotionen hinein. Das mag in dem Augenblick effektiv sein, hat auf Dauer aber nie einen positiven Effekt. Wenn Eltern zum Beispiel ihre Kinder mahnen, dass der Nikolaus statt Geschenken auch eine Rute im Gepäck haben könnte, dann ist das eine Drohung. Wer Sprache allzu leichtfertig und allzu oft so verwendet, schürt Aversionen. Nicht nur gegen Sprache, nicht nur gegen den oder das Bezeichnende, sondern eben auch gegen das Bezeichnete in der wirklichen Welt. Denn die Aversionen, die die Worte beim Kind auslösen, sind im Gegensatz zum rutenschwingenden Nikolaus nicht fiktiv, sondern ganz real.

Sprache hat Macht, und Macht braucht immer ein hohes Maß an Verantwortungsbewusstsein. Für keine Sprache der Welt gilt das mehr als für die Elternsprache.

Die positive Kehrseite dieser Mahnung ist natürlich die unglaubliche positive Wirkungsmacht von Worten. Welches andere Mittel wirkt schon so effektiv, dass man es für Magie halten könnte? Wenn das Wort »Wackelpudding« bei einem Kind die gleichen Gefühle auslöst wie eine reale Süßspeise, eröffnet uns das unendliche Möglichkeiten, das Leben durch die richtige Wortwahl zu versüßen. Wir können unsere Kinder mit unseren Worten an einen Wohlfühlort schicken, an dem alles ein bisschen leichter geht: Ein gut gestimmtes Kind hört freiwillig zu, nimmt besser auf, was wir sagen, und ist auch eher geneigt, zu kooperieren. Worte können Taten den Weg bereiten.

Das ist nicht einfach eine weitere Elternweisheit, die an der hektischen Alltagsrealität vorbeigeht. Das ist die Antwort auf viele verzweifelte Stoßgebete nach dem Muster: »Was soll ich bloß mit dem Kind machen?!« Wenn es eine Lösung gibt, dann liegt sie immer in den Worten. Wenn sie da nicht zu finden ist, sind wir in diesem Moment machtlos. Das kommt vor.

Damit es möglichst selten vorkommt, empfehle ich eine der aus meiner Sicht besten Trainingsmethoden überhaupt für Eltern: Erweitern Sie Ihr Repertoire an Wohlfühlworten. In diesem Buch finden Sie unzählige Beispiele für wirkungsvolle Worte und deren Einsatz. Noch mehr Hilfreiches aber werden Sie in Ihrem Alltag finden. Ganz bestimmt gibt es Worte, die sich für Sie gut anfühlen – Wohlfühlworte, die bei Ihnen positive Gefühle auslösen. Sensibilisieren Sie sich dafür, welche Bezeichnungen Ihnen selbst guttun, und Sie werden ganz automatisch auch ein Ohr für die Wohlfühlworte Ihrer Kinder entwickeln. Machen Sie sich Worte zu eigen, die in der Welt Ihrer Kinder magische Kräfte haben: Worte wie Schatztruhe, Abenteuer, Habseligkeit. Sammeln Sie diese schönen Worte, schreiben Sie sie auf und verwenden Sie sie ganz bewusst, um Ihr Kind an einen guten Ort zu schicken, wenn Sie seine Aufmerksamkeit brauchen.

Lassen Sie gute Worte in die Kommunikation einfließen, und das Leben mit Ihren Kindern wird schöner werden: Das ist die Magie von Bezeichnung und Bezeichnetem. Und der Schlüssel dazu ist etwas, das Sie immer bei sich tragen und jederzeit erweitern können: ihr Sprachrepertoire.

Es kann viel Spaß machen, sich mit Sprache – Ihrer eigenen und der Ihrer Kinder – zu beschäftigen. Das Schönste daran ist: Sie können es gemeinsam mit Ihren Kindern tun. Sprache verbindet nicht nur, wenn man sie im Gespräch miteinander einsetzt. Sprache verbindet auch, wenn sie gemeinsam erforscht, gepflegt und erobert wird. In diesem Kapitel wird beides Thema sein: Zum einen geht es darum, wie Sie Ihr Kind mit den Mitteln der Sprache erreichen. Zum anderen möchte ich Ihnen zeigen, wie Sie Ihrem Kind einen eigenen Zugang zur Magie der Sprache verschaffen. Jedes Kind kann zaubern lernen – und Worte sind alles, was es dafür braucht.

Leseratten sind Rudeltiere

Manchmal scheint es mir, als wäre die Lesekompetenz von Kindern so etwas wie der Mercedes unter den kindlichen Fähigkeiten – eine

Art Statussymbol, mit dem Eltern untereinander ihren Erfolg vergleichen. »Sag mal, liest deine?« Wer das bejahen kann, wird dabei automatisch einen Kopf größer: »Jawohl, meine ist eine Leserin!« Andere Eltern – die der Nicht-Lesenden – scheint diese Frage in regelrechte Verzweiflung zu stürzen. Denn niemand antwortet auf sie mit einem einfachen Nein. Eher folgt eine Rechtfertigungsorgie. Kurz: Ob Kinder lesen oder nicht, sorgt unter Eltern für viele Diskussionen.

Dennoch kommt es nicht von ungefähr, dass das Lesen ein gewichtiges Thema ist. Denn tatsächlich wirkt es sich stark auf die Entwicklung aus. Kinder, die lesen, sammeln dabei nicht nur viel Wissen an, das sich auf andere Weise oft nicht so leicht zusammenfinden lässt – auch nicht bei Wikipedia und YouTube, und schon gar nicht in derselben Qualität. Sie lernen auch, ihre Vorstellungskraft einzusetzen und auf alle möglichen Themenfelder anzuwenden. Laut neuerer Forschung wirken sich besonders die narrativen Stoffe, also Erzählungen, auf die kognitive Entwicklung von Kindern aus. Das Lesen unterstützt die Selbstreflexion und hilft Kindern, andere Blickwinkel einzunehmen. Nachweislich hat es auch Auswirkungen auf die Konzentrationsfähigkeit und die Fähigkeit, eigene Antworten zu finden, statt vorgefertigte zu übernehmen. All das funktioniert allerdings nur beim sogenannten Deep Reading wirklich gut – also dann, wenn wir uns so richtig in eine Geschichte hineingezogen fühlen und ganz darin versenken.[42] Weil das Kindern wie auch ihren Eltern im hektischen Alltag immer schwerer fällt, bauen manche öffentlichen und privaten Träger ihre Bibliotheken und Bücherläden zu regelrechten Event-Locations um. Dort können Kinder dann voll in die Bücherwelten abtauchen.

Lesen bietet also Vorteile über Vorteile, die kaum eine andere geistige Aktivität in derselben Weise bietet. Dabei ist es übrigens relativ egal, ob das Kind auf Papier oder auf einem Bildschirm liest, solange es sich bei Letzterem um ein ergonomisch geeignetes Gerät wie einen E-Reader handelt. Lediglich die Aufnahme und Verarbeitung vieler verdichteter Informationen (etwa in Sachtexten) funktioniert auf Papier besser.[43] Ganz zu schweigen von dem Einfluss, den das Lesen auf die Ausbildung der Persönlichkeit hat: Kinder, die viel lesen, entwickeln schon früh einen breiten Horizont und eine gesunde Neugier auf die Welt und die Menschen. Ganz nebenbei, und das ist wahrscheinlich der unschlagbarste aller Vorteile des Lesens, erwerben sie quasi im Vorbeigehen eine deutlich höhere Sprachkompetenz: Ihr Wortschatz ist größer, sie verfügen über ein größeres Repertoire an sprachlichen Strategien, sind flexibler im Umgang mit sprachlichen Mitteln und schon früher als andere mit der immer wichtiger werdenden Universalstrategie Storytelling vertraut. Kurz: Kinder, die lesen, verschaffen sich damit einen großen kulturtechnischen Vorteil.

Fakt ist allerdings auch: Ob und wie viel Kinder lesen, ist sehr unterschiedlich. Dasselbe gilt für den Zeitpunkt, zu dem Kinder diese Vorliebe ausbilden. Die einen beginnen früh und fangen trotzdem nicht recht Feuer; die anderen werden noch relativ spät zu Leseratten.

Ob es einen sicheren Weg gibt, Kinder zu Leseratten zu machen, ist leider noch nicht wirklich erforscht. Vieles – nicht zuletzt die demografische Stichprobe meines eigenen Umfelds – spricht dafür, dass die Veranlagung zumindest eine gewisse Rolle spielt. Manche Eltern schaffen es trotz intensiver Bemühungen nicht, ihre Kinder für Bücher zu begeistern. Manche können oder wollen nicht lange genug still sitzen und sich auf eine Geschichte einlassen; andere geben den digitalen Unterhaltungsmedien klar den Vorzug und können mit dem scheinbar antiquierten Medium ohne Ton und Bewegtbild nichts anfangen.

Nichtsdestotrotz bin ich – ebenfalls nicht zuletzt aus der Beobachtung meines Umfelds heraus – überzeugt, dass die Eltern sehr großen Einfluss darauf haben, ob ihr Kind den Büchern zumindest eine Chance gibt. Denn die wichtigste Voraussetzung dafür ist nichts anderes als Neugier, also: Lust an Wissen, Geschichten und Menschen. Und die wohnt fraglos jedem Kind von Natur aus inne, wie groß die

Unterschiede sonst auch sein mögen. Die Voraussetzungen, dass das Lesen zur Leidenschaft werden kann, sollten also zumindest in diesem Punkt noch relativ gleichmäßig verteilt sein.

Übrig bleibt als Variable in dieser Gleichung derselbe Faktor wie bei der Entwicklung jeder anderen grundsätzlich in uns angelegten Kompetenz auch: die Sozialisation. Wie wir schon mehrfach festgehalten haben, lernen Kinder – jedenfalls im fürs Lesen relevanten Alter – in hohem Maße durch Nachahmung. Der Rückschluss ist also so logisch wie naheliegend: Am wahrscheinlichsten zu Lesenden werden die Kinder von Lesenden.

Wenn Kinder ihre Eltern nie lesen sehen – wer oder was sollte sie auf die Idee bringen, dass das eine gute Idee wäre? Laut Vorlesestudie 2019 liest fast ein Drittel aller Eltern in Deutschland (32 Prozent) seinen Kindern im Alter zwischen zwei und acht Jahren selten oder nie etwas vor. Damit wird seinen Kindern der Zutritt zu dieser wichtigen Kompetenz verwehrt.[44] »Kinder, denen viel vorgelesen wurde, sehen sich später eher als Leser.« Mit dieser klaren Ansage wird Anita Schilcher, Professorin für Didaktik der deutschen Sprache und Literatur an der Universität Regensburg, in einem Zeitungsbeitrag über Voraussetzungen für den Schulerfolg zitiert.[45]

Die bloße Ermahnung, mehr zu lesen, ist dagegen ungefähr genauso nützlich wie die, mehr Gemüse zu essen: Wo bleibt der Anreiz? Gesundheit ist für ein Kind ein abstraktes Konzept, Wissens- und Spracherwerb genauso. Kinder brauchen einen Zugang zu Büchern, der sie ins Lesen hineinzieht. Mama oder Papa nachzuahmen ist ein starker Sog. Spaß ist ein starker Sog. Am besten vermitteln lässt sich beides durch gemeinsames Lesen.

Meine Frau widmet sich dieser Mission mit einer Konsequenz, für die ich nur Bewunderung übrighabe. Wir sind zwar beide fanatische Lesende. Mit welcher Konsequenz meine beiden Söhne diese Leidenschaft schon in jungen Jahren übernommen haben, hat mich dennoch überrascht. Das sollte es eigentlich nicht, wenn ich bedenke, mit welcher Akribie meine Frau sich dahintergeklemmt hat, ihnen die Freude am Lesen zu vermitteln. Als Deutschlehrerin ist ihr berufliches Lesepensum an sich schon hoch genug. Doch das hat sie nicht davon abgehalten, jedes einzelne Buch mitzulesen, in das unser älterer Sohn sich vertieft hat – von den Bilderbüchern über Nils Holgersson und Harry Potter bis Hunger Games. Und damit nicht genug: Seit unser jüngerer Sohn nach und nach dieselben Geschichten für sich entdeckt, liest sie alle noch einmal mit, parallel zu den neueren, die seitdem erschienen sind. Die drei verbringen Stunden damit, über die Bücher, die Figuren, die Handlungsfäden und die Erkenntnisse zu diskutieren. Bei unseren beiden Kindern habe ich in Echtzeit gespürt, wie sie das verändert, bereichert und reifen lässt: ihre Sprache und ihr Vorstellungsvermögen, ihr Wissen und ihre Argumentationsfähigkeit, sogar ihr emotionales Spektrum und ihr Urteilsvermögen. Lesen bildet nicht nur, Lesen bildet den Charakter – den meiner Kinder ganz bestimmt. Und mindestens einer von beiden ist inzwischen alt genug, um zu wissen, welchen wertvollen Dienst ihre Mutter ihnen mit ihrer Hingabe erweist.

Dass Kinder bei der Lesemotivation heute angesichts all der digitalen Konkurrenz durch Computerspiele und Co. besondere Unterstützung brauchen, ist natürlich auch den Wissenschaftlerinnen und Wissenschaftlern aufgefallen. Sie raten zu neuen Ritualen, die das Lesen zur ganzheitlichen Erfahrung machen. »Wir müssen unsere Aufmerksamkeit auf den gesamten Körper richten«, erklärte etwa die Neurobiologin Theresa Schilhab in einem Zeitungsbericht. »Wie man liest, macht einen großen Unterschied.«[46] Wenn Buchhandlungen und Bibliotheken zum Beispiel Lese-Marathons als eine Art Gruppen-Event im Pyjama vermarkten, ist das aus wissenschaftlicher Sicht also durchaus sinnvoll. Sie finden darin ein Äquivalent zur aufregend verbotenen, heimlichen nächtlichen Taschenlampen-Lektüre unserer Kindertage. Wenn Kinder sich heute heimlich unter der Bettdecke verkriechen, dann ja eher mit dem Smartphone als mit einem Buch. Doch die findigen Buchbotschafter der digitalen Event-Ära, stets am Puls ihrer jungen Zielgruppe, bringen diese mystische Aktivität als

Event zurück: zum Beispiel mit Trends wie dem »Tent-Reading«, also dem Lesen in eigens dafür errichteten Zelten, mit dem sie junge Lesende für das Lesen gewinnen. Der Erlebnis-Charakter und die Einbeziehung aller Sinne machen das Hobby Lesen zu einer genussvollen, entspannten Angewohnheit, in die das Kind sich mit Freude versenken kann. Sie ist etwa vergleichbar mit einem Spaziergang in der Natur, bei dem wir Erwachsenen entspannen und dem Alltag entfliehen.

Sogar unter den digitalen Ikonen, den Social-Media-Heldinnen und -Helden unserer Kinder, gibt es inzwischen Lesespezialistinnen und -spezialisten. Die derzeit wohl bekannteste Lese-Influencerin Deutschlands ist die Berliner Teenagerin Mirai Mens. In ihrem Blog lass-mal-lesen.blog rezensiert sie Bücher für junge Leserinnen und Leser, interviewt Autorinnen und Autoren und hilft nimmersatten Leseratten dabei, Bücher zu finden, die ihren Lieblingsbüchern ähneln. Sogar mit politischen Themen wie Feminismus und Genderklischees setzt sie sich dabei auseinander. Für all das kooperiert sie sogar mit Verlagen und ist natürlich überall da präsent, wo ihre junge Zielgruppe ist – nicht nur online, sondern auch bei den Buchmessen in Frankfurt und Leipzig.

Wir als Eltern können natürlich auch dafür sorgen, dass unsere Kinder solche Leseerfahrungen machen. Für den Alltagsgebrauch geht das heute noch eine Nummer kleiner – wie zum Beispiel in Form des abendlichen Vorlesens, eingekuschelt mit Mama oder Papa im Bett. Je früher Kinder Geschichten lieben lernen, desto eher werden sie sich diese lieb gewonnene Gewohnheit später durch das Lesen bewahren wollen.

Kann die Liebe zum Lesen an die eigenen Kinder weitergereicht werden? Die Forschung zum Kompetenzerwerb und zur Bedeutung unserer Vorbildwirkung spricht klar dafür. »Lesen lernen ist enorm komplex«, so die bereits zitierte Didaktik-Professorin Anita Schilcher. »Kinder überwinden diese Klippe leichter, wenn sie motiviert sind und Vorbilder im Elternhaus haben.«[47] Für mich persönlich steht der

Zusammenhang zum Leseverhalten der Eltern außer Frage. Außerdem habe ich keinen Zweifel, dass der Weg auch hier über Anreize führt: Mit Zwang und Überredung werden Sie vermutlich wenig erreichen. Mit dem Lesen ist es wie mit jeder anderen Kompetenz: Vorleben statt Vorbeten ist die Devise.

»Wir brauchen unsere Kinder nicht erziehen, sie machen uns sowieso alles nach.« Dieser Satz in seiner unendlichen Weisheit soll gesagt haben Jahrhundertkomiker Karl Valentin. Der hat mit seinem Schaffen nicht nur Bertolt Brecht, Samuel Beckett und Loriot beeinflusst, sondern übrigens auch seine eigenen zwei Töchter. Eine der beiden hat später ein Buch über ihn geschrieben.

Vor einiger Zeit entdeckte ich in einer Tageszeitung eine Karikatur, die mich nicht nur an das Valentin-Zitat, sondern auch an viele Diskussionen mit anderen Eltern über die vermeintliche Mercedes-Kompetenz Lesen erinnerte. Sie zeigte zwei Mütter mit je einem Kind auf einer Bank sitzend. Eine der beiden Mütter war in ihr Smartphone vertieft – und ihre Tochter auf dem Platz neben ihr genauso. Die andere Mutter las in einem Buch – und das Mädchen an ihrer Seite tat es ihr gleich.

Wenn Sie sich wünschen, dass Ihr Kind mehr liest, habe ich drei Tipps für Sie, die auch zu Hause funktionieren:

1. Sie können sich Ihrem Kind als Leserin oder Leser zeigen und auch von Büchern erzählen, die Sie selbst lesen. Je nach Umfeld in Schule, Verwandtschaft und Freundeskreis mag Ihr Kind es einfach nicht selbstverständlich finden, dass Lesen sich im Zeitalter der Bildschirme und Audiovisualität überhaupt noch lohnt. Das Beispiel der Eltern kann diese stumme Frage wortlos beantworten.
2. Sie können Ihr Kind ans Lesen gewöhnen, indem Sie gemeinsam dasselbe lesen – sei es durch Vorlesen oder später auch, indem Sie gleichzeitig dasselbe lesen. Es gibt auch jenseits des Harry-Potter-Universums Unmengen wundervoller Bücher, die

uns als Erwachsene genauso begeistern und bereichern können wie unsere Kinder.

3. Außerdem können Sie miteinander über die Lektüre reden. Meiner Meinung nach ist die Kommunikation ein Faktor, der in seiner Bedeutung für die Lesekompetenz massiv unterschätzt wird. Leseratten sind Rudeltiere, die sich mit Vorliebe zum Fachsimpeln zusammenrotten. Wie alles, was sie erfahren und erleben, wollen Kinder das Gelesene besprechen. Erweisen Sie ihnen den Respekt, ihre Gedanken zu hören. Geben Sie ihnen Wertschätzung für das gesammelte Wissen und die kreativen Ideen, die daraus erwachsen. Diskutieren Sie auf Augenhöhe mit ihnen darüber – und Sie fördern die Freude am Lesen ganz automatisch.
4. Helfen Sie Ihren Kindern, Vorbilder zu finden. Beim Lesen ist das nicht anders als bei anderen guten Angewohnheiten: Am leichtesten nehmen Kinder sie von Menschen an, die sie mögen und respektieren. Kleine und große Vorbild-Leseratten gibt es fiktiv genauso wie real – von Bastian in Michael Endes »Die unendliche Geschichte« über Meggie in »Tintenherz« bis hin zur Lese-Influencerin Mirai Mens: Kinder schauen sich gern die Aktivitäten und Fähigkeiten ihrer Heldinnen ab, und dieser Umstand lässt sich in vielen Fällen nutzen.

Die beiden Säulen des Lesens – Wissbegier und die Lust an Geschichten – sind universelle Kindermagneten. Das trifft auf praktisch jede Kultur und in jeder Sprache der Welt gleichermaßen zu. Deshalb glaube ich nicht, dass es so etwas wie geborene »Lesende« und »Nichtlesende« unter den Kindern gibt. Es gibt Kinder, denen die Freude am Lesen vorgelebt wurde – und Kinder, die den Spaß am Lesen noch nicht entdeckt haben. Auf dieser gleitenden Skala die richtigen Impulse zu setzen liegt an uns.

Gute Gründe gibt es dafür heute jedenfalls genauso wie damals in Ihrer eigenen Kindheit. Die meisten besonders erfolgreichen Menschen sind auch heute noch bekennende Bücherwürmer. Auf einen Tech-Entrepreneur wie Elon Musk trifft das genauso zu wie auf die junge Umweltaktivistin Greta Thunberg. Barack Obama und Bill Gates inspirieren ihre Follower sogar regelmäßig mit ihren ganz persönlichen Leselisten – sozusagen als Lese-Influencer. Warum sollten wir diese Rolle allein den Prominenten oder den Booktuberinnen und Booktubern überlassen?

Zum Schreiben verführt

Viele Eltern machen sich Sorgen darüber, dass ihre Kinder bei bestimmten Lernthemen unmotiviert sind. In den meisten Fällen ist diese Sorge unbegründet. Denn mangelnde Motivation bedeutet letztlich nur, dass die Tätigkeit dem Kind keinen Spaß macht. Und das lässt sich – fast – immer ändern. Sobald wir Kindern einen Zugang bieten, der sie motiviert, kann ihnen fast alles Spaß machen, denn neugierig sind sie von Natur aus.

Ein Thema, mit dem sich viele Kinder ohne die richtige Motivation schwertun, ist das Schreiben. Viele Eltern können das grundsätzlich sogar gut nachvollziehen, wenn sie an die eigene Schulzeit zurückdenken: Wenn schriftliche Tests und Pflichtaufsätze über auswendig gelerntes Lehrplanwissen die einzigen Assoziationen sind, die bei Kindern mit dem Schreiben geweckt werden, treibt das nicht gerade die Motivation nach oben. Welchen Anteil kreativere Formen des Schreibens einnehmen, ist ein Stück weit Sache der Lehrkraft – in hohem Maße aber durch den Lehrplan vorgegeben.

Dass es auch anders geht, zeigt einmal mehr das Beispiel Neuseeland. Begeistert berichtete eine Autorin, mit welchen kreativen Ideen und Spielräumen neuseeländische Pädagogen schon bei Grundschulkindern die Lust am Schreiben wecken. So beobachtete sie Schülerinnen und Schüler einer zweiten Klasse dabei, wie sie morgens beim Eintreffen im Klassenzimmer eine kleine Tür in der Wand entdeckten, die am Tag zuvor noch nicht da gewesen war. Wie in einem richtigen Häuschen hing neben dem liebevoll gestalteten Türchen auch ein Mini-Briefkasten. Und in dem steckte ein Zettelchen – eine geheimnisvolle Botschaft, auf die die Kinder sich natürlich mit Begeisterung stürzten. Wie sich herausstellte, stammte das Briefchen von einer Fee. Sie teilte den Kindern darin mit, dass sie in ihr Klassenzimmer eingezogen sei und ab sofort hinter der kleinen Tür in der Wand wohne.

Angesichts dieser aufregenden Neuigkeiten ließen die Kinder sich nicht lange bitten: Buchstäblich postwendend griffen sie zu Papier und Stift, um der Fee mit einem eigenen Brief zu antworten. Der Briefkasten der Fee quoll von diesem Tag an nur so über – selbst die schreibfaulsten unter den Kindern ließen sich begeistert auf die Korrespondenz mit einem Fabelwesen ein.[48]

Beim Besuch einer anderen Klasse erlebte die Autorin, wie die Schülerinnen und Schüler statt einem Türchen in der Wand einen Koffer mit einem Amulett und alten Landkarten mitten in ihrem Klassenzimmer fanden. Vor Aufregung begannen die Kinder wild durcheinanderzureden: Woher kam bloß der Koffer? Wem gehörte er? Welches Geheimnis steckte dahinter? Ein Stichwort der Lehrerin genügte, und die Kinder begannen, ihre Theorien aufzuschreiben.[49]

Mal ganz abgesehen davon, welche wichtige Rolle das Schreiben nicht nur im Leben von Kindern, sondern das ganze Leben lang spielt: Durch kreative Schreibübungen lernen die Lehrerinnen und Lehrer ganz nebenbei auch ihre Schülerinnen und Schüler besser kennen: ihre Gedanken- und Bilderwelten, ihre Ideen, ihre Stärken und ihre Sorgen. Warum sollten Sie diese Chance nicht auch zu Hause nutzen? Ermutigen Sie Ihre Kinder, indem Sie jedes kleine Schriftstück aufmerksam studieren und begeistert kommentieren. Manchen Kindern mag es leichter fallen, sich zu bestimmten Themen schriftlich zu öffnen. Gehen Sie unbedingt darauf ein und ziehen Sie Ihre Schlüsse daraus. Jede Art von Kommunikation ist wertvoll – für Ihr Kind, aber auch für Sie.

Eine sehr wichtige Rolle spielt bei der Schreibmotivation – wie bei fast allen wünschenswerten Gewohnheiten – auch das Vorbild der Eltern. Wenn Kinder ihre Eltern immer nur passiv Inhalte konsumieren sehen, werden sie nicht auf die Idee kommen, dass irgendjemand all diese Inhalte zunächst einmal gescriptet, also aufgeschrieben hat. Beobachten sie ihre Eltern dagegen dabei, wie sie das Schreiben als Mittel der Lebensgestaltung nutzen, eröffnen sich ihnen ganz neue Möglichkeiten.

Wenn Sie die Schreibmotivation Ihres Kindes erhöhen wollen: Integrieren Sie das Schreiben zunächst in Ihren eigenen Alltag. Wenn Sie das sowieso schon tun, lassen Sie Ihr Kind daran teilhaben. Möglichkeiten gibt es zur Genüge: Sie können mit Zettelchen kommunizieren – inspiriert durch das neuseeländische Beispiel vielleicht über einen geheimen Briefkasten, in dem nur Sie und Ihr Kind bestimmte Botschaften hinterlassen dürfen? Sie können gemeinsam eine To-do-Liste für die Woche anfertigen, um Ihrem Kind zu zeigen, wie das Schreiben Ihnen selbst hilft – zum Beispiel dabei, den Tag zu strukturieren oder den langersehnten Wochenendausflug zu planen. Wenn Sie Erinnerungen an gemeinsame Erlebnisse in einem Tagebuch festhalten, möchte Ihr Kind vielleicht auch bald eines führen. Mit Geschichten über Ihre eigenen Brieffreundinnen und Brieffreunde (und sei es vor langer Zeit in Ihrer Kindheit) können Sie bei Ihrem Kind das Interesse an den spannenden Lebensgeschichten anderer Menschen wecken, an denen man teilhaben kann, wenn man schreibend miteinander kommuniziert.

Sollte sich keine Partnerin und kein Partner für diese Korrespondenz anbieten, können Sie sich ein Vorbild an der Kreativität der neuseeländischen Lehrenden nehmen: Jedes Kind hat eine Lieblings-Superheldin oder einen Lieblings-Superhelden oder ist von einer Comic- oder Märchenfigur fasziniert. Wenn neuseeländische Feen Korrespondenz mit ganzen Schulklassen pflegen können – warum sollten nicht auch die Heldinnen und Helden Ihrer Kinder Zeit für die eine oder andere Botschaft an ihren Superfan finden? Dass die Heldin oder der Held Ihr Kind besonders gut zu kennen scheint, dürfte leicht zu erklären sein: ist schließlich mit Superkräften ausgestattet.

Übrigens gibt es einige Adressen innerhalb der Bildungs- und Unterhaltungsindustrie, die den persönlichen Kontakt zu den Fans sehr ernst nehmen. Manche Redaktionen antworten sehr verlässlich auf Postzuschriften und E-Mails ihrer jungen Leserschaft und von Zuhörerinnen oder Zuschauern. So können Ihre Kinder an KiKa, den Kindersender der Öffentlich-Rechtlichen, und an dessen Figuren sowohl E-Mails als auch Briefe schreiben; die Kontaktdaten finden Sie auf der Website des Senders.[50] Dort erreichen sie zum Beispiel auch das Sandmännchen, das gleich drei Adressen hat – und auch zurückschreibt.[51] Die Zuschauerredaktionen der Öffentlich-Rechtlichen schneiden in Tests generell sehr gut ab, sowohl was die Schnelligkeit als auch die Qualität der Antworten betrifft.

Wir haben einmal der Jugendbuch-Autorin Katja Brandis geschrieben, deren Bücher vor allem unser älterer Sohn Leo verschlingt. Allein daran hatte er schon einen Riesenspaß. Was meinen Sie, wie der noch wuchs, als die Schriftstellerin tatsächlich zurückschrieb.

Auch dem Weihnachtsmann kann man übrigens tatsächlich Briefe schicken – sogar auf Deutsch. Die Deutsche Post unterstützt sieben sogenannte »Weihnachtspostfilialen«, die über das ganze Land verteilt sind. Darunter sind so klangvolle Orte wie Himmelpfort, Engelskirchen und St. Nikolaus (die es alle wirklich gibt). Dort wird jedes Jahr die Weihnachtspost von Tausenden von Kindern durch ehrenamtliche Mitarbeitende gesammelt, gelesen und beantwortet.[52]

Probieren Sie es aus: Eine einzige Antwort von prominenter Stelle kann Kinder zu kleinen Schreibmonstern machen. Gleich nach dem Spaß an der Sache sind Erfolgserlebnisse schließlich in jeder Disziplin die beste Lernmotivation, die es gibt.

Grundsätzlich spricht heute natürlich nichts dagegen, dass das Schreiben – jedenfalls ab einem bestimmten Alter – auch digital geschieht. Besonders bei schriftlicher Korrespondenz bietet sich das in manchen Fällen an, zumal das Schreiben und das digitale Lernen eine gute Synthese bilden können. Lernforscher betonen allerdings, dass besonders Kinder wissenschaftlich betrachtet nach wie vor stark davon profitieren, mit der Hand zu schreiben. Wenn wir Laute und Gedanken in feine, präzise Handbewegungen umwandeln, nutzen wir neben dem Sprachzentrum auch das motorische System des Gehirns. Das Schreiben aktiviert also sehr verschiedene Hirnareale gleichzeitig. Das wirkt sich positiv auf die Ausbildung neuronaler Verbindungen aus – nicht nur, aber besonders im heranwachsenden Gehirn von Kindern.[53]

Die Handschrift, so der Neurologe Christian Kell, sei auch eine der besten Möglichkeiten, um die Motorik zu schulen. Aufgrund der positiven Auswirkungen auf das Nervensystem plädiert der Experte dafür, dass jeder Mensch sich auch in der digitalen Zukunft mindestens eine feinmotorische Fähigkeit im Leben aneignet – vorzugsweise Schreiben. Zeichnen und das Spielen von Instrumenten sind ebenfalls hilfreich. Studien weisen zudem darauf hin, dass die Handschrift sich auf das Lernen insgesamt positiv auswirkt. Die alte Weisheit, dass man sich einmal aufgeschriebene Notizen viel besser merken kann, ist wissenschaftlich fundiert. Und nicht nur das: Inzwischen ist auch nachgewiesen, dass sich handschriftliche Notizen (mit gewissen individuellen Unterschieden von Mensch zu Mensch) in der Regel besser einprägen als getippte. Das liegt daran, dass die Verbindung von Inhalt und Bewegung eine Art »Erinnerungsspur« hinterlässt. Dieser Vorteil der Handschrift für das Lernen auch bei Erwachsenen wurde unter anderem in einem Experiment an der Universität Princeton nachgewiesen.[54]

Dass Kindern das Schreiben schwerer fällt als das Sprechen, ist übrigens ganz normal: Im Gegensatz zum mündlichen Ausdruck ist es eine viel weniger intuitive und evolutionär viel später erworbene menschliche Kompetenz. Gesprochen wird seit mindestens 50 000, nach neueren Erkenntnissen möglicherweise sogar schon seit 500 000 Jahren. Die ältesten bekannten Schriftzeichen sind dagegen erst 5000 bis 6000 Jahre alt.[55]

Auch E-Mails an Feen, Superhelden und den Weihnachtsmann können übrigens erst einmal handschriftlich verfasst werden, bevor sie eingetippt werden – oder es kann der liebevoll gestaltete Brief als Bilddatei versendet werden. Auch Tablets und Smartphones mit Stifteingabe und kreativen Gestaltungsprogrammen bieten reichlich Möglichkeiten, beide Welten miteinander zu verbinden und den Lerneffekt auf diese Weise sogar noch zu potenzieren.

Bei kaum einer Kommunikationskompetenz sind die Möglichkeiten, das Lernen unterhaltsam zu gestalten, so vielfältig wie beim Schreiben. Das gilt übrigens auch für Erwachsene.

Merkstrategien: Lernen darf Spaß machen

Lernen, sobald es als solches erkennbar ist, gehört bei den wenigsten Kindern zu den Lieblingsaktivitäten. Leider ist das Schulsystem nicht immer hilfreich bei unseren Versuchen, daran etwas zu ändern. Ich bin deshalb ein großer Fan jeglicher Strategien, die das Nützliche mit dem Angenehmen verbinden und das Lernen mit Spaß aufladen.

Ein Weg, das zu tun, sind Merkstrategien oder Gedächtnisübungen. Davon gibt es unendlich viele, und ich kann Ihnen nur ans Herz legen, sich näher mit diesem Thema zu beschäftigen – auch in Ihrem eigenen Interesse. Denn Gedächtnistraining ist auch im Erwachsenen-Alltag extrem hilfreich. Im Rahmen eines Buches über Eltern-Kind-Kommunikation sind dem Thema Grenzen gesetzt, doch es gibt hervorragende Expertisen und Quellen hierzu, die ich Ihnen persönlich empfehlen kann. Dazu gehören neben vielen anderen die Publikationen von Markus Hofmann, Oliver Geisselhart, Vera F. Birkenbihl und Gregor Staub.

Von Letzterem habe ich eine Merkstrategie gelernt, die ich Ihnen als Beispiel an dieser Stelle stellvertretend für die vielen Möglichkeiten gern demonstrieren möchte: die Baumliste. Diese Strategie wenden meine Kinder und ich ständig an. Wir haben eine sportliche Disziplin daraus gemacht, uns gegenseitig vorzuführen, was wir uns mithilfe der Baumliste so alles merken können. Spitzenreiter in dieser Disziplin ist Leo. Er hat sich uneinholbar auf den ersten Platz gesetzt, als er mich eines Tages mit folgender Frage begrüßte, während er noch die Treppe herunterstürmte:

»Papa, darf ich dir zeigen, wie ich mir die zehn Plagen gemerkt habe?«

Das muss man sich mal auf der Zunge zergehen lassen. Mein Sohn ist noch nicht mal katholisch! Das Thema war einfach im Religionsunterricht dran. Doch er hatte einen solchen Spaß daran, sich diese zehn reichlich abstrakten Horrorszenarien mithilfe der Baumliste einzuprägen, dass das Lernen dabei einfach zum praktischen Nebeneffekt wurde. Und dadurch, dass wir uns darüber austauschten, wurde der Stoff wiederholt und weiter vertieft. Wiederum ein praktischer Nebeneffekt von Gesprächen über Themen, für die wir uns gemeinsam interessieren.

Die Methode der Baumliste von Gregor Staub[56] beruht auf einprägsamen Bildern, in die der Schöpfer der Liste die Zahlen von 1 bis 20 (wie zum Beispiel die Nummern einer Liste) verwandelt hat. Das Vorgehen ist immer dasselbe: Zuerst wird die Liste geschrieben, dann eine Verknüpfung mit den Bildern geschaffen. Die Nummer 1 entspricht dem Bild »Baum« (daher auch der Name »Baumliste«), denn ein Baum hat nur einen Baumstamm. Diese Verknüpfungen haben Sie Ihrem Kind schnell beigebracht. Um sich nun einen konkreten Inhalt zu merken, der auf diesem Platz in einer Liste steht, wird der Inhalt in das Bild eingefügt. Auf diese Weise entsteht eine Art Merkmetapher, die sich viel leichter einprägt.

Am Beispiel der biblischen Plagen könnte die Strategie der Baumliste zum Beispiel folgendermaßen angewendet werden (zum Schutz des geistigen Eigentums von Gregor Staub und der Bibel-Schöpfer hier auf die ersten fünf beschränkt):

Merkstrategie Baumliste am Beispiel der biblischen Plagen

Listennr.	Bild mit Erklärung	Plage und Merkmetapher
1.	Baum: Ein Baum hat nur einen Baumstamm	Die erste Plage ist das Blut, in das alles Wasser im Nil sich verwandelte. Ein einprägsames und angemessen gruseliges Merkbild kann ein blutender Baum sein, aus dessen Rinde Blut statt Harz tritt.
2.	Lichtschalter: Ein Lichtschalter hat zwei Positionen, an oder aus	Die zweite Plage sind die Frösche, die ganz Ägypten bedeckten. Stellen Sie sich einen Frosch vor, der genau auf dem Lichtschalter sitzt, nach dem Sie gerade greifen wollten.
3.	Hocker: Viele Hocker haben drei Beine	Stechmücken sind die dritte Plage. Ein wenig angenehmes, aber gut vorstellbares Bild ist ein Hocker voller Stechmücken, die Ihnen beim Hinsetzen in den Allerwertesten stechen.
4.	Auto: Jedes Auto hat vier Räder	Plage Nummer vier sind Stechfliegen, die alle Häuser füllen. Genauso gut visualisieren kann man ein Auto voller Stechfliegen, um sich diese Plage zu merken.
5.	Hand: Die Hand hat fünf Finger	Die biblische Plage Nummer fünf ist die Viehpest (auch: Beulenpest), die alle Pferde, Kamele, Rinder und Schafe dahinrafft. Eine Hand voller Pestbeulen wäre hier eine naheliegende Merkmetapher.

Kein Wunder, dass mein Sohn so viel, wie soll ich sagen: Freude hatte an den zehn Plagen, oder? So wird Lernen à la Leo zum reinsten Vergnügen. Und als Katholik glaube ich, selbst der Papst hätte nichts dagegen – zumindest nicht der aktuelle Papst Franziskus.

Kreativität wird bei dieser Methode belohnt: Je interessanter oder auch absurder das Bild, desto besser. Je nach Art des Merkstoffs lassen sich die verschiedenen Bilder der Liste bei Bedarf auch miteinander verknüpfen (etwa ein Auto in einer Baumkrone wie bei Harry Potter, um sich das Datum 4. 1. zu merken).

Die Baumliste und viele andere Merkstrategien, in die Sie mit Freude eintauchen werden, sind ein gutes Beispiel für die Kraft des Redens, ganz besonders zwischen Eltern und Kindern: Lernen macht nicht nur mehr Spaß, wenn man es mit den Mitteln wirkungsvoller Kommunikation anpackt – es wird dadurch auch effektiver.

Kindern Katastrophen und andere schlechte Nachrichten erklären

Als Eltern wollen wir unsere Kinder am liebsten vor allem Negativen in der Welt beschützen. Doch leider – und das ist einer der großen Schmerzpunkte in jeder Elternschaft – können wir das nicht. So gern wir es manchmal auch hätten, wir können das Schlechte in der Welt nicht auf ewig von unseren Kindern fernhalten, und schon gar nicht die Nachrichten darüber.

Wir sind heute oft darüber verblüfft, was unsere Kinder alles wissen und woher sie es wissen. Meine Söhne konfrontieren mich manchmal mit Erklärungsfragen zu aktuellen Themen und Entwicklungen, die so spezifisch sind, dass ich mich frage: Gibt es ein geheimes Kinderbuch mit schwierigen Fragen an Erwachsene, von dem wir Eltern nichts wissen? Obwohl es richtig ist, dass wir kontrollieren wollen, welche Informationen unsere Kinder konsumieren: Es ist unmöglich, zu regulieren, was sie im Kindergarten oder in der Schule aufschnappen oder was sie mithören, wenn sie zum Beispiel Freundinnen oder Freunde zu Hause besuchen. Von der Illusion, ihre Nutzung von Internet und Social Media hundertprozentig im Griff zu haben, mal ganz zu schweigen.

Dass unsere Kinder heute Zugang zu viel mehr Information haben, heißt allerdings nicht, dass sie deshalb automatisch auch resilienter gegen das sind, was sie da aufschnappen. Unsere Rolle als Filternde, als Aufklärerinnen und Aufklärer und auch als Trostspendende ist im Gegensatz zum Informationsaufkommen dieselbe geblieben und wichtiger denn je. Gemessen an dem, was wir unseren Kindern heute so beizubiegen haben, ist das früher gefürchtete Bienchen-Blümchen-Gespräch beinahe schon ein Spaziergang, das vielleicht noch unseren Eltern schlaflose Nächte bereitet hat. Heute müssen wir unseren Kindern erklären, dass ihre und unsere gemeinsame Welt in einem desolaten Zustand ist. Dass (besonders im Internet) Vorsicht geboten ist, wem man glaubt und vertraut, dass hässliche Teile der Geschichte sich zu wiederholen drohen und dass ein Problem irgendwo auf der Welt sehr schnell vor unserer Haustür landen und zu unserem eigenen Problem werden kann, dem wir uns alle gemeinsam stellen müssen.

Das ist nicht einfach anspruchsvoll, das ist eigentlich eine Zumutung. Denn vieles von dem, was in der Welt passiert, verstehen wir selbst kaum – geschweige denn, dass wir es immer belastbar kindgerecht erklären könnten. Und doch ist genau das unsere Aufgabe. Und doch berufen sich unsere Kinder auf uns. Und doch sind wir diejenigen, die die Weichen dafür stellen, wie unsere Kinder mit diesen Problemen zurechtkommen und zu ihrer Lösung beitragen werden, wenn sie einmal am Zug sind. Und diese Verantwortung, dafür bewundere ich auch meine Söhne sehr, fordern sie immer früher ganz gezielt und ganz bewusst ein. So überfordert wir mit unserer Vermittlerrolle zwischen der komplexen Welt und den Bedürfnissen unserer Kinder manchmal auch sein mögen: Wir müssen dieser Verantwortung nach bestem Wissen und Gewissen gerecht werden – auch in Feldern, für die wir aufgrund unserer Bildung oder unseres Berufes nicht zufällig Expertinnen oder Experten sind. Kinder tun nämlich nicht das, was wir tun können und tun sollten: Sie fragen keine Fachleute. Sie fragen uns. Wir müssen erklären, schützen und trösten, so gut es eben in unserer Macht steht.

Mehr müssen wir nicht. Aber auch nicht weniger.

Wie ist das überhaupt in vertretbarer Qualität möglich? Darauf gibt es nur eine Antwort. Sie ist gleichzeitig die Antwort auf die Frage, wie wir selbst die Welt besser verstehen können: indem wir auf Expertinnen und Experten hören. Nicht auf die selbst erklärten bei Facebook, sondern auf die nachvollziehbar qualifizierten und renommierten mit einem entsprechenden Track Record, also mit einer belastbaren Referenzliste zu seinen oder ihren Erfolgen und Erfahrungen. Manche von ihnen sind besser darin als andere, ihr Fachwissen für Nichtfachleute verständlich wiederzugeben. Einige von ihnen – Organisationen, Expertinnen oder Experten und spezialisierte Redaktionen – haben es sich zusätzlich zur Aufgabe gemacht, wichtige Informationen kindgerecht zu vermitteln. Sie tun das zum Beispiel in Büchern, Wissenssendungen und Webseiten für Kinder. In ihre Richtung können wir unsere Kinder lotsen, wenn sie sich für bestimmte Themen tiefergehend interessieren. Hier eine Auswahl von Netzangeboten, die meine Kinder und wir als Eltern besonders schätzen gelernt haben:

8 Tipps für Gespräche über schlechte Nachrichten, Katastrophen und Krisen

1. *Empathisch mit dem Kind reden und zuhören:* Zuerst sollten Sie herausfinden, welchen Wissensstand über das Thema Ihr Kind schon hat – denn der ist oft größer, als wir glauben. Sorgen Sie dabei für eine angenehme Umgebung und Atmosphäre. Wenn möglich, nutzen Sie spielerische Mittel wie Malen oder Geschichtenerzählen. Fragen Sie und hören Sie zunächst einmal respektvoll zu, wobei Sie möglichst wertfrei bleiben sollten. Verharmlosen Sie die Sorgen des Kindes nicht. Geben Sie ihm zu verstehen, dass es normal ist, sich zu fürchten.
2. *Ehrlich sein und auf kindgerechte Weise erklären:* Dass wir unsere Kinder vor Gefahren schützen wollen, heißt nicht, dass wir sie ihnen verschweigen dürften. Sie haben ein Recht darauf, zu erfahren, was in der Welt vor sich geht. Seien Sie deshalb grundsätzlich ehrlich. Wählen

Sie dabei jedoch eine altersgemäße Sprache und achten Sie sensibel auf die Reaktionen des Kindes. Wenn Sie spüren, dass es überfordert ist, schalten Sie einen Gang runter. Wenn Sie Fragen nicht beantworten können, denken Sie sich nichts aus und spekulieren Sie nicht. Pädagogisch sinnvoller ist es, gemeinsam nach Antworten zu suchen. Nutzen Sie diese Gelegenheit, um Ihrem Kind seriöse Quellen zu zeigen. Dabei können Sie ihm auch erklären, dass manche Informationen (vor allem im Internet) nicht stimmen und dass man Fachleuten vertrauen sollte.

3. *Dem Kind zeigen, wie es sich schützen kann:* Hier kommt es natürlich genauso auf Ihre Vorbildwirkung an wie auf die Demonstration an sich. Geht gerade ein Virus um, können Sie dem Kind vormachen, wie man sich richtig die Hände wäscht, in den Ellbogen hustet, eine Maske trägt, usw. Wenn es um Bedrohungen durch Fremde geht, können Sie dem Kind zeigen, was es sagen und wie es sich verhalten soll, wenn es angesprochen wird. Außerdem können Sie ihm themenunabhängig deutlich machen, wie wichtig seine Kooperation ist: Es soll sagen, wenn es sich krank fühlt, wenn ihm etwas Merkwürdiges passiert oder wenn es etwas beobachtet, das es nicht versteht oder das ihm falsch vorkommt.
4. *Das Kind beruhigen:* Die ganzen schlechten Nachrichten und erschreckenden Bilder können sogar vielen Erwachsenen vorgaukeln, dass überall nur noch Krisen herrschen würden. Bei Kindern kommt erschwerend hinzu, dass sie nicht immer zwischen Bildern und Realität unterscheiden können. Daher glauben sie schnell, dass sie in Gefahr seien. Helfen Sie Ihrem Kind, Angst und Stress abzubauen, indem Sie sich Zeit nehmen und gemeinsame Räume für Entspannung schaffen, zum Beispiel beim Spielen. Behalten Sie eingespielte Routinen und Abläufe möglichst auch in Krisenzeiten bei, etwa vor dem Schlafengehen. Nehmen Sie Ihrer Tochter oder Ihrem Sohn diffuse Ängste, indem Sie empfundene Bedrohungen wahrheitsgemäß ins Verhältnis setzen. Sie können auch erwähnen, wie viele Menschen sich um ein großes Problem kümmern. Machen Sie vor allem auch deutlich, wie viel das Kind selbst für sich und andere tun kann, indem es sich an Regeln hält.
5. *Herausfinden, ob das Kind Vorurteile erlebt:* Krisen verstärken Ängste und damit auch Vorurteile bei vielen Menschen. Diskriminierung hat in Krisenzeiten immer Hochkonjunktur. Davon kann auch Ihr Kind direkt oder indirekt betroffen sein. Ermutigen Sie Ihr Kind, sich unbedingt an Vertrauenspersonen zu wenden, wenn es zum Beispiel Mobbing in der Schule erlebt. Erklären Sie, dass die Probleme in der Welt nichts damit zu tun haben, wie jemand

aussieht oder wo er herkommt. Machen Sie deutlich, dass jedes Kind ein Recht darauf hat, sich sicher zu fühlen. »Wie würdest du dich fühlen?« Kinder sind Empathie-Meisterinnen und -Meister und verstehen das in der Regel sofort. Die zentrale Botschaft lautet: Mobbing ist immer falsch, und wir sollten einander unterstützen.

6. *Wahre Heldinnen- und Heldengeschichten erzählen:* Filme und Comics über Superheldinnen und Superhelden sind Bilderwelten, mit denen Kinder sich stark identifizieren und auf die wir uns gut beziehen können. Heldinnen- und Heldengeschichten aus dem wahren Leben tun ihnen in schwierigen Zeiten nicht nur gut; sie helfen ihnen auch, zu verstehen, wie Krisen gemeinsam bewältigt werden. Erzählen Sie Ihren Kindern von Ärztinnen und Ärzten, Krankenschwestern und Krankenpflegern, Feuerwehrfrauen und Feuerwehrmännern, Polizistinnen und Polizisten, Wissenschaftlerinnen und Wissenschaftlern, Unternehmerinnen und Unternehmern, die die Welt verändern. Lassen Sie sie erleben, wie Menschen anderen auf ihre spezielle Art helfen, gesellschaftliche Probleme lösen und sich für eine bessere Welt einsetzen. Heldinnen- und Heldengeschichten nehmen Kindern Ängste, machen ihnen Hoffnung und zeigen ihnen, dass Probleme und Krisen lösbar sind, wenn alle an einem Strang ziehen.
7. *Auf sich selbst achten:* Sie können Ihrem Kind nur helfen, wenn Sie selbst über Klarheit verfügen und in einem guten mentalen Zustand sind. Ihr Kind merkt, ob es Ihnen selbst in der Situation gut geht, ob Sie besorgt oder sogar verängstigt wirken. Es spürt sofort, wenn Sie nicht aufrichtig sind, während Sie es beruhigen oder trösten. Wenn das Thema Sie selbst verunsichert, nehmen Sie sich zuerst Zeit für sich selbst. Klären Sie Ihre offenen Fragen, sprechen Sie mit anderen über das Thema und tun Sie Dinge, die Ihnen beim Entspannen helfen. Dann können Sie auch Ihr Kind besser auffangen.
8. *Die Wirkung auf das Kind beobachten:* Achten Sie während des Gesprächs und auch im Nachgang darauf, was die Unterhaltung und die Informationen mit dem Kind gemacht haben. Lassen Sie es keinesfalls verängstigt oder verunsichert zurück. Versuchen Sie, den Grad der Angst zu bestimmen, indem Sie körperliche Signale beobachten. Tonhöhe, Körpersprache und Atmung liefern recht deutliche Hinweise. Wenn Sie merken, dass noch Unklarheit besteht, haken Sie nach. Zum Schluss erinnern Sie das Kind daran, dass es jederzeit wieder auf Sie zukommen und auch über andere schwierige Themen immer mit Ihnen sprechen kann.

- Coollama.de: ein Mathematik-Portal für Grundschülerinnen und Grundschüler mit herunterladbaren Lernmaterialien mit Spaßfaktor für die unterschiedlichen Klassenstufen;
- Blindekuh.de/spiele: ein Überblick über mehr als 1200 sichere Online-Spiele von geprüften Plattformen; wird vom Bundesministerium für Familie, Senioren, Frauen und Jugend gefördert;
- Neuneinhalb: Online-Nachrichten für Kinder, verfügbar unter kinder.wdr.de/tv/neuneinhalb sowie am Samstagmorgen um Viertel nach acht im Ersten als TV-Format;
- ZZZebra: Onlinemagazin für Grundschülerinnen und Grundschüler mit vielen Inhalten wie Rezepten zum Nachkochen unter labbe.de/zzzebra;
- GEOLINO: Aufwendige Webseite für Kinder unter dem Dach der Wissenschaftszeitschrift GEO mit Nachrichten, Spielen, Bastelanleitungen und Rezepten unter geo.de/geolino;
- Kidsville.de: eine Mitmachstadt im Netz, bei der Kinder durch einen virtuellen Stadtplan navigieren und dabei über interaktive Inhalte Neues in den Kategorien Wissen, Basteln und Rätseln entdecken;
- Kindersache.de: ein weiteres Online-Nachrichtenportal für Grundschülerinnen und Grundschüler mit Schwerpunkten wie Spiele, Basteln, Kinderrechte;
- Seitenstark.de: Onlinemagazin mit kindgerechten Inhalten aus den Bereichen Nachrichten, Musik, Wissen, Spiele sowie zahlreichen Internet-Empfehlungen für Kinder;
- Wasistwas.de: eine Seite mit umfangreichen Themen-Specials für Kinder zu Wissenschaftsthemen, einschließlich interaktiver und multimedialer Inhalte.

Darüber hinaus gibt es Spezialisten für den Umgang mit Kindern und den Schutz von Kindern, die sich gezielt mit solchen Fragen auseinandersetzen und Eltern Hilfestellungen geben. Nach ihnen und ihren Publikationen lohnt es sich, Ausschau zu halten, wenn die Welt gerade mal wieder auf dem Kopf steht. Sie sind oft mit konkreten Empfehlungen und Erklärhilfen für das aktuelle Krisenthema zur Stelle. Zu nennen sind hier zum Beispiel:

- der Kinderschutzbund mit seinem Magazin *Kinderschutz aktuell* (KSA);
- die globale Kinderhilfsorganisation UNICEF mit ihrem Webauftritt oder
- die UNO-Flüchtlingshilfe mit ihrem Informationsmaterial und ihrem Online-Nachrichtenportal und -Faktencheck.

So unterschiedlich die schlechten Nachrichten und Krisen oft sind: Es gibt einige relativ universelle Grundregeln, die Ihnen in Erklärungsnot weiterhelfen können. Letztlich sind Ausgangslage und Zielstellung ja meist ähnlich, was auch immer gerade wieder in der Welt los ist: Es gilt, eine schwierige Nachricht klar, aber schonend zu vermitteln, ihre Auswirkungen auf Familie und Umfeld zu erklären und gleichzeitig die Grenzen des Kindes zu wahren.

Im Zuge der COVID-19-Epidemie hat die UNICEF acht Tipps veröffentlicht, wie Kinder in solchen Zeiten informiert, beruhigt und beschützt werden können – ohne sie zu ängstigen oder zu überfordern, aber auch ohne sie zu unterschätzen.[57] Weil diese Tipps genauso unaufgeregt wie konkret und genauso respektvoll wie empathisch formuliert sind, kann ich sie zur Nachahmung in vergleichbaren Situationen empfehlen.

Kapitel 6

Wortbonbons

Warum gute Worte so wichtig sind
wie gute Ernährung

Schöne Worte machen das Leben schöner

Als Eltern legen wir sehr viel Wert auf »gute Worte« bei unseren Kindern. Schließlich sollen sie »ordentlich reden«, sich »gut artikulieren« und »für sich einstehen« können. Die Wünsche, die wir an die Sprache unserer Kinder haben – und mit unserer eigenen zu fördern versuchen –, stammen vor allem aus einer funktionalen Überlegung: Sprache ist notwendig, um den Alltag zu bewältigen.

Woran die meisten eher weniger denken, ist ein anderer Maßstab für Kommunikation: Schönheit. Dabei ist es gerade aus praktischen Gründen sehr sinnvoll, auf schöne Worte zu achten. Denn die machen die Eltern-Kind-Kommunikation nicht nur angenehmer. Sie sorgen auch dafür, dass sie besser funktioniert, und mehr noch: Sie stärken unsere Kinder als Persönlichkeiten.

Eigentlich ist das auch ganz logisch, wenn wir darüber nachdenken. Denn wir alle haben schon Erfahrungen damit gemacht, welche starke Wirkung hässliche Worte auf uns haben. Die Wahrscheinlichkeit ist sogar groß, dass Sie sich noch an irgendeine unschöne, verletzende Bemerkung aus Ihrer Kindheit erinnern – von Klassenkameraden, von Geschwistern oder vielleicht auch von Erwachsenen. Was heute auf Schulhöfen an Vokabeln kursiert, nimmt seinen Ursprung oft im Medienkonsum oder einem vermeintlich besonders coolen Umfeld: »Bist du dumm oder was?« – »Du Hurensohn!« – »Du Opfer!«: Wenn Kinder sich solche Begriffe an den Kopf werfen, deren Bedeutung sie gar nicht ermessen können, ist das schlimm genug. Noch schlimmer aber wiegt sprachliche Hässlichkeit, die vom familiären Umfeld ausgeht. Wenn ein Kind von Eltern oder Geschwistern als »Nervensäge« oder »Dummerchen« bezeichnet wird, kann das sehr wohl Spuren hinterlassen, an denen es noch im Erwachsenenleben zu kauen hat.

Ebenfalls Spuren hinterlassen schöne Worte. Sie können Kinder ein Leben lang motivieren. »Kannst du aber gut singen!« – »Musst du pfiffig sein, dass du diese schwierige Hausaufgabe ganz allein geschafft hast!« – »Wie schön du heute wieder strahlst!« Solche Worte klingen in den Ohren des Kindes nicht nur schön, sie verweisen auch auf das Konzept von Schönheit im Leben des Kindes. Es lernt dadurch, sich und seine Umwelt mit positiven Empfindungen zu assoziieren: Wenn Mama findet, dass ich strahle, dann kann ich auch auf andere eine angenehme Wirkung haben.

Im Zeitalter von Model-Contests, Beauty-Influencerinnen und -Influencern, ganz zu schweigen vom allgegenwärtigen Selfie-Wahn, gehen Kinder und Jugendliche knallhart miteinander ins Gericht. Damit irgendwelche subjektiven Urteile über Äußerlichkeiten nicht die Oberhand über ein gesundes Schönheitsempfinden gewinnen, müssen wir als Eltern dagegenhalten. Die Kommunikation über solche Themen, aber auch die Alltagssprache im Umgang mit unseren Kindern, ist unser wichtigster Hebel, um solche Ungleichgewichte auszugleichen. Worte können verletzen oder stärken. Sie dringen vor allem bei Kindern direkt nach innen durch, wo auch die wahre Schönheit entsteht.

Worte entscheiden in hohem Maße darüber, ob unsere Kinder sich schön oder hässlich fühlen. Mit der Hässlichkeit der Welt werden unsere Kinder jeden Tag konfrontiert. Zu Hause sollten wir dagegenhalten – mit schönen Worten.

Worte gut zu kauen hilft, sie zu verdauen

Oft ist es einfach eine Frage der Achtsamkeit im Sprachgebrauch, wie unsere Worte auf Kinder wirken. Denn hier greift leider dasselbe Problem, das wir auch aus der Kommunikation unter Erwachsenen kennen: In der Hektik des Alltags sagen wir Dinge oft einfach so dahin, ohne uns wirklich Gedanken zu machen – und leider oft auch ohne unsere Worte bewusst zu wählen. Auf diese Weise rutschen uns hässliche Worte heraus, die wir im Zweifel oft gar nicht so meinen.

Vorbeugen können wir mit ähnlichen Maßnahmen, mit denen wir auch sonst für ein sicheres, angenehmes Umfeld für unsere Kinder sorgen, nämlich durch eine Art verbale Reinlichkeit oder auch: Sprachhygiene. Nur, wie erkennen wir eigentlich schöne Sprache? Woher wissen wir, mit welchen Worten wir unseren Kindern guttun? Dafür gebe ich Ihnen einen Ratschlag, den Sie wahrscheinlich auch schon im Zusammenhang mit einer gesunden Ernährung für Ihre Kinder gehört haben: Gut zu kauen hilft!

Wie bei Nahrungsmitteln kann es manchmal ungeheuer hilfreich sein, einmal gründlich auf Worten herumzukauen. Zum einen, damit wir gehörte Worte besser verdauen können. Zum anderen, damit wir merken, welchen Geschmack wir anderen zumuten – besonders so sensiblen Gemütern wie unseren Kindern. Nur durch gründliches Kauen werden wir rechtzeitig merken, welche Worte wir zukünftig lieber nicht mehr in den Mund nehmen oder nicht mehr mit anderen Worten mischen möchten, weil sie deren Geschmack verderben.

Das Wörtchen »eigentlich« ist so ein Wort, das uns ganz schön die Suppe versalzen kann, wenn wir es mit seinem Gebrauch übertreiben. In seiner eigentlichen Bedeutung ist »eigentlich« ein sehr hilfreiches Wort (und in diesem Sinne habe ich es gerade korrekt verwendet). Es bezeichnet als Attribut ursprünglich das »Eigene« von etwas und ist sprachlich verwandt mit dem englischen Begriff »own«.[58]

Sehr oft verwenden wir es jedoch falsch, nämlich als Füllwort: »Was machst du eigentlich am Wochenende?« In diesem Satz hat das Wort nichts zu suchen. Sehr gut ist der Unterschied auch an diesem Beispiel zu sehen:

Vorher: »Ich liebe dich.«

Nachher: »Eigentlich liebe ich dich.«

Probieren Sie es doch mal zu Hause aus – viel Spaß dabei …

Auch Kinder können wir mit dem falschen Gebrauch von »eigentlich« gründlich verunsichern. »Eigentlich freue ich mich über die

Zwei in Mathe«: Da können Sie Ihrem Kind auch gleich Hausarrest verpassen, weil es keine Eins hat. Dann hat es wenigstens Klarheit … Solche Formulierungen sind unschön, weil sie verschwommene Botschaften aussenden. Kinder sind sehr sensibel für Zwischentöne. Sie sind nicht glücklich darüber, dass wir uns irgendwie ein bisschen auch über die Zwei freuen. Sie hören vor allem, was zwischen den Zeilen steht: Eigentlich wollte Papa, dass ich eine Eins bekomme. Obwohl in dem Satz gar kein *eigentlich* hässliches Wort enthalten ist, verleiht das falsch verwendete »eigentlich« der Aussage einen bitteren Beigeschmack, der dem Kind wahrscheinlich noch lange bleibt.

Worte können ihren jeweiligen Geschmack auch im Zusammenspiel miteinander beeinflussen, so wie Zutaten bei ihrer Kombination in einem Gericht. Sätze oder Wortgruppen bilden ein komplexes Aroma, das sich erst bei der Empfängerin oder beim Empfänger zu einem Gesamteindruck formt. So hat »Ich bin …« eine ganz andere Wirkung als »Mein Name ist …«. Probieren Sie mal: Sprechen Sie beide Phrasen ein paarmal laut in Verbindung mit Ihrem Namen. Sie werden den Unterschied schmecken können. »Ich bin René Borbonus« vermittelt spürbar mehr Standing und Autorität als »Mein Name ist René Borbonus«. Aus gutem Grund sage ich ja auch nicht: »Mein Beruf ist Rhetoriktrainer«, sondern »Ich bin Rhetoriktrainer«.

Bittere Pillen und Wortbonbons

Viele Aussagen in der Elternsprache sind verbesserungsfähig, wenn die Wörter richtig verwendet werden. Manchmal ist der Unterschied für das Wohlergehen unserer Kinder so groß wie der zwischen einem Fass Cola und einer Portion Gemüse. Doch auffallen wird uns das nur, wenn wir uns selbst aufmerksam zuhören. Spätestens wenn bestimmte Aussagen auf unsere Kinder nicht so recht überzeugend wirken, empfiehlt sich das – besser wäre es natürlich vorher. Wenn wir sie uns mal auf der Zunge zergehen lassen, spüren wir, welche Wörter irgendwie nicht richtig schmecken. Diese Wörter empfiehlt es sich, einmal aus dem Zusammenhang herauszunehmen und einzeln zu probieren. Es ist wie bei einem Kaugummi: Wenn wir lange genug darauf herumkauen, wird überdeutlich, dass es sich tatsächlich um ein Stück Gummi handelt. Der Geschmack verrät es uns, wenn wir den Kaugummi lange genug im Mund hatten. Und einen ausgelutschten Kaugummi spucken wir aus gutem Grund aus.

Es gibt so einige Wortzusammensetzungen, mit denen wir im Alltag regelrecht, ja, um uns schlagen. Apropos: Mit einer Aussage wie »Jetzt muss ich mich nach der Arbeit auch noch mit deinen Englisch-Hausaufgaben herumschlagen« machen wir einem Kind schon durch die Formulierung deutlich, wie viel Freude es bei dieser gemeinsamen Aktivität zu erwarten hat. Kein Wunder also, wenn das Kind bei seinen Hausaufgaben in Zukunft lieber nicht mehr um Hilfe bittet. Wenn mein Arzt mir ankündigt: »René, da müssen wir jetzt mal einen Rundumschlag machen«, habe ich es mit dem nächsten Termin irgendwie auch gar nicht mehr so eilig. Wenn er mir dagegen eine »Rundumvorsorge« empfiehlt, lasse ich eher mit mir reden: Schöne Worte helfen uns, schwierige Botschaften zu verdauen.

Kauen Sie ruhig mal gründlich auf dem Verb »kriegen« herum: Wir müssen es nicht lange auf der Zunge bewegen, um zu schmecken, dass es mit dem Wort »Krieg« verwandt ist. Und doch verwenden wir es ständig, obwohl wir diese Assoziation gar nicht beabsichtigen. »Ich kriege noch eine Erklärung von dir!« Da kommt beim Kind kein Zweifel auf, dass von der Erklärung nicht nur der Haussegen abhängt. Eine andere hässliche, um nicht zu sagen, toxische Phrase, die Eltern schnell mal rausrutscht: »Ich kriege noch die Krise mit dir!« Da ist beim Kind sofort Krise angesagt.

Ein weiteres Wort, auf dem nicht genug gekaut wurde, ist das Wort »Kinderkrankheiten«. Eines Abends sah ich mich in eine WhatsApp-Debatte verstrickt, in der es darum ging, ob Kinder gegen Masern geimpft werden sollten. Als mir dabei der Blutdruck zu eskalieren drohte, kontaktierte ich eine befreundete Ärztin. Nicht so sehr meines Blutdrucks wegen, sondern um mir erklären zu lassen, warum es bei diesem Thema so unterschiedliche Meinungen gibt, die immer wieder zu so radikalen Debatten ausarten. Ihre Antwort war eine Lektion in Sprachgefühl: »Unser größter Fehler war, es *Kinderkrankheiten* zu nennen.«

Kauen Sie mal ein wenig darauf herum: Der Begriff »Kinderkrankheit« ist in der Tat eine Verniedlichung für Krankheiten, die auch Erwachsene befallen und sie sogar mit höherer Wahrscheinlichkeit das Leben kosten können als Kinder. Der Begriff wird zu häufig und zu leichtfertig gebraucht. Die meisten »Kinderkrankheiten« nehmen es nämlich nicht so genau damit, wen sie befallen.

Die Beispiele zeigen: Ein schlechter Beigeschmack kann unseren Kindern effektiv das Leben schwerer machen, ohne dass wir verstehen, warum. Und wir können das verhindern, indem wir unsere Worte einfach bewusster wählen. Was wir den Kleinen über das Essen beibringen, gilt auch für die Wortwahl: Erst gründlich kauen, dann sprechen!

Natürlich lässt sich all das auch positiv wenden: Wenn hässliche Worte die Kommunikation verderben, dann können schöne Worte uns zu einer besseren Kommunikation verhelfen.

Wie effektiv das funktionieren kann, demonstrieren zum Beispiel die österreichischen Gesundheitsbehörden: Sie animieren die Bürger gezielt mithilfe eines wohlschmeckenden Worts, an einer wichtigen Vorsorgeuntersuchung teilzunehmen. Während wir hier in Deutschland gern von der »Krebsvorsorge« oder – noch beängstigender, weil konkreter – von der »Darmkrebsvorsorge« sprechen, ist dieselbe Untersuchung bei unseren Nachbarinnen und Nachbarn als »Gesundenuntersuchung« bekannt.[59] Weg von der Krankheit und hin zur Gesundheit – so wirkungsvoll können wichtige Themen verschönert werden, damit Menschen sich lieber damit auseinandersetzen.

Dasselbe Prinzip funktioniert besonders gut mit unserem Nachwuchs, der besonders empfänglich für schöne Worte ist. Wenn Sie

Ihre Kinder dazu bewegen wollen, etwas zu tun oder auszuprobieren, geben Sie der Idee einen appetitlichen Namen!

Ein Beispiel aus meiner eigenen Familie kennen Sie ähnlich wahrscheinlich auch aus eigener Überzeugungsarbeit: Kinder sind tendenziell nicht der Meinung, dass Gemüse zu den wohlschmeckendsten Lebensmitteln gehören. Im Falle meines älteren Sohns Leo trifft das besonders auf grünes Gemüse wie Spinat zu. Schon das Wort scheint bei ihm für einen üblen Geschmack auf der Zunge zu sorgen.

Als das am Esstisch mal wieder zu Diskussionen führte, kam mir eine Idee. Gerade erst hatten wir einen der Filme aus dem Marvel-Universum der Superheldinnen und Superhelden gesehen, die meine Kinder genauso lieben wie ich. Darin war ein gewisser Antiheld aufgetaucht, der neben seinen chronischen Stimmungsschwankungen auch für seine auffällige grüne Färbung bekannt ist. Seit diesem Tag heißt bei uns alles, was grün ist und vor dem Verzehr Überzeugungsarbeit braucht, »Hulk-Gemüse«. Und seit diesem Tag rutscht es auch besser: Das appetitlichere Wort hat das Konzept »grünes Gemüse« in der Wahrnehmung von Leo verändert.

So wie wir Abhilfe beim unglaublichen Hulk fanden, lassen sich bei vielen kleinen und großen Alltagsthemen schönere Worte, neue Begriffe und wohlschmeckende Namen für Dinge finden, die bei unseren Kindern negative Assoziationen wecken oder in Ungnade gefallen sind. So mögen viele Kinder zum Beispiel keinen Fisch. Daran scheint in einigen Sprachen irgendwie von Anfang an gedacht worden zu sein. Im Koreanischen etwa heißt Fisch direkt übersetzt so viel wie »Wasserfleisch« – was manchem abgeneigten Kind auch im Deutschen durchaus den Zugang erleichtern könnte. Wer verbietet uns denn, ein bestimmtes Gericht zumindest für eine Weile in Wasserfleisch umzubenennen? Auch in einer dampfenden, gut durchpürierten Zaubersuppe oder einem knallbunten Heldinnen- oder Helden-Smoothie lassen sich so einige gesunde Zutaten unterbringen, die viele Kinder im Ganzen freiwillig nicht auf ihre Zunge lassen würden. Karotten können plötzlich sehr lecker schmecken, wenn sie nicht mehr als solche erkennbar sind. Insofern ist das mit der »Zaubersuppe« eigentlich nicht mal gelogen …

Wie effektiv die Methode mit den wohlklingenden Namen ist, zeigt sich darin, dass sie sogar bei uns Erwachsenen noch funktioniert. Auch der Erfinder des Wiener Würstchens wird sich schließlich etwas dabei gedacht haben, seine Erfindung nach ihrer Herkunft zu benennen, anstatt deskriptiv als »gepresste Fleischpampe im Darm«. Die hätte sich wahrscheinlich noch nicht einmal bei Erwachsenen als Snack durchgesetzt. Unsere Kinder, die Würstchen in der Regel lieben, würden garantiert einen großen Bogen um eines ihrer Lieblingsgerichte machen. In der Werbung gibt es unzählige Beispiel dafür, wie schöne Namen Dinge relevanter machen, die wir sonst links liegen lassen würden. Kinder, die von Vernunftentscheidungen noch schwieriger zu überzeugen sind, sind dafür besonders empfänglich – für Eltern Fluch und Segen zugleich.

Achtung, Generationenlücke! Warum auch Worte Updates brauchen

Ein Phänomen, das ebenfalls alle Eltern kennen, ist das Verfallsdatum von Begriffen. Bestimmt ist es auch Ihnen schon passiert, dass Sie eine aus Ihrer Sicht vollkommen klare Ansage gemacht haben – und sich dann wundern mussten, warum Ihr Nachwuchs Sie anschaut, als hätten Sie gerade Kantonesisch gesprochen. Es gibt Worte, die wir als schön, einleuchtend und hilfreich empfinden, die bei unseren Kindern aber schlicht und ergreifend out sind – oder gar nicht mehr Teil des aktiven Wortschatzes. Wenn Sie also trotz achtsamer Wortwahl das Gefühl haben, dass Sie mit Ihrem Beispiel oder mit Ihrer Strategie nicht durchdringen, kann das schon mal an einem veralteten Begriff liegen.

Das Tückische in diesen Fällen ist ja, dass wir selbst manche Worte ganz selbstverständlich verwenden. In der Gemüse-Debatte mit Leo etwa versuchte ich ihn zuerst mithilfe eines Comic-Helden zu überzeugen, mit dem meine Eltern mich noch zum Spinatessen bewegen konnten. Das Ergebnis war so ernüchternd wie erhellend. Froh, eine Ablenkung vom Essen gefunden zu haben, legte Leo in aller Ruhe seine Gabel beiseite. Dann lehnte er sich zurück, verschränkte die Arme, blickte mir ernst in die Augen und fragte: »Papa, was ist denn jetzt schon wieder Popeye?«

Kinder sind hervorragende Gradmesser für die Aktualität unserer Wörter. Weil sie sich sprachwissenschaftlich betrachtet noch in der Phase des Spracherwerbs befinden, tun sie das, was wir als Erwachsene mit unseren eingeschliffenen Sprachroutinen viel zu selten tun: Sie hinterfragen Wörter bewusst. Ich beobachte das bei meinen beiden Söhnen immer wieder.

Vor einigen Jahren telefonierte mein jüngerer Sohn Johann, damals vier Jahre alt, mit seiner Oma. Das Gespräch wurde ganz schön lang – in dem Alter hat man seinen Großeltern eine Menge zu erzählen. Da ich wusste, dass meine Mutter noch etwas vorhatte, sagte ich nach einer Weile zu meinem Sohn: »Johann, leg mal langsam auf.« Johann tat, wie ihm geheißen, kam zu mir und überreichte mir mein Smartphone, mit dem er das Gespräch geführt hatte. Doch als er es mir in die Hand drückte, runzelte er plötzlich die Stirn, sah mich an und fragte: »Auflegen ist ein komisches Wort, Papa. Was bedeutet das eigentlich?«

Das sind diese Momente, wo ein Erwachsener erst mal eine Sekunde braucht, um zu verstehen, was das Kind eigentlich will. Spontan denkst du: Das heißt auflegen, weil man den Hörer auf … hoppla! Und dann wird dir klar, dass das Kind Telefonieren eben nicht mit einem knochenförmigen Hörer assoziiert, der nach dem Gespräch irgendwo draufgelegt wird. Johann ist komplett im Zeitalter von Smartphones aufgewachsen, in dem elektronische Kommunikationsapparate nicht mehr aus einer Basis und einem kabelgebundenen Hörer bestehen, sondern nur noch aus einem einzigen flachen Stück Hightech. Dass Papa sein Telefon irgendwo »hinlegt«, wo Johann es idealerweise nicht findet, kann er nachvollziehen. Aber dass man etwas »auflegen« müsste, um ein Gespräch zu beenden, ergibt keinen Sinn für ihn. Selbst Festnetz-Telefone, so man überhaupt noch eines hat, sind schnurlos. Sie werden vielleicht noch hin und wieder zum Aufladen in eine Basis gesteckt, aber nicht mehr »aufgelegt«. Johann hat recht: Das Wort »auflegen« ergibt im Kontext von Telefonieren meist keinen Sinn mehr – jedenfalls nicht in seiner Welt.

Besonders viele Begriffe, die zu Verständigungsschwierigkeiten zwischen Eltern und Kindern führen können, gibt es in stark trendorientierten Bereichen wie Populärkultur und Mode. Dass die meisten Alben in Ihrer Musiksammlung bei Ihrem Kind (spätestens ab dem Teenie-Alter) nur Kopfschütteln hervorrufen, liegt auf der Hand: Diese spezielle Generationenlücke hat ganz bestimmt auch in Ihrer Jugend für reichlich Zündstoff gesorgt, wenn es um die musikalische Untermalung einer Familienfeier ging. Dafür haben Sie aber vielleicht noch verstanden, was gemeint war, wenn Ihre Eltern stolz von ihrer »Plattensammlung« sprachen. Ihre Kinder dagegen haben möglicherweise noch nie eine Schallplatte in der Hand gehabt – es sei denn, sie beschäftigen sich etwas intensiver mit dem DJ-Handwerk, wo Vinyl heute noch eingesetzt wird. Jüngere Kinder mögen sogar beim Begriff »CD« ins Grübeln kommen; für sie ist Musik etwas, das man runterlädt oder abonniert, nicht physisch zu Hause hortet. Selbst die Audioanlage vieler Familienautos hat heute schon keinen Schlitz mehr für irgendeine Art von Tonträger im herkömmlichen Sinne.

Auch im Bereich der Mode können meine Kinder und ich ganz wundervoll aneinander vorbeireden. Erklären Sie Ihrem Kind mal, dass es bei schlechtem Wetter einen Anorak anziehen soll – da müssen Sie sich fragen lassen, ob das nicht ansteckend ist. Auch ein »Leibchen« wird ihr Sohn zum Fußballtraining auf gar keinen Fall anziehen wollen. Selbst mit einem so selbst erklärenden Begriff wie »Trainingsanzug« kann man Kindern heute schon Fragezeichen ins Gesicht zaubern. Einen »Lodenmantel« wird Ihre Tochter höchstens aus dem Kleiderschrank ihrer Großmutter kennen, aber kaum bei diesem Namen nennen. Wenn sie sich nur zum Spaß für Instagram darin ablichtet, wird sie das wahrscheinlich mit ihrem Smartphone oder möglicherweise noch mit einer Kamera tun, aber ganz sicher nicht mit einem »Fotoapparat«. Und wenn Oma dann begeistert ausruft, die Enkelin sehe aus wie ein »Mannequin«, dann wird Ihre Tochter Sie als Übersetzer brauchen, um sicher zu sein, dass das etwas Gutes ist.

Umgekehrt sorgen Kinder manchmal bei ihren Eltern für Verwirrung, wenn sie mit großer Selbstverständlichkeit fremdsprachige Begriffe verwenden. Und obwohl ich selbst zu denen gehöre, die das eher kritisch betrachten, möchte ich betonen: Das ist nicht immer etwas Schlechtes. Mancher Anglizismus kann alte Konzepte für junge Menschen relevanter machen – als sinnvolle Spracherneuerung. Ich muss ihn deshalb nicht schön finden. Aber ich kann die Kraft dieses neuen Wortes nutzen, um etwas, das mir wichtig ist, für meine Kinder interessant zu machen. Deshalb bin ich der Meinung, dass wir uns als Eltern der Jugendsprache nicht grundsätzlich verweigern sollten – so fremdartig manches Wort erst einmal schmecken mag, wenn wir darauf herumkauen.

»Mindset« ist so ein Anglizismus, über den ich selbst lange Zeit so meine Witze gemacht habe. Doch inzwischen habe ich beobachtet: Junge Menschen denken oft tatsächlich lieber über ihr »Mindset« nach als über ihre Haltung oder ihre Einstellung. Wenn ich also besser mit ihnen ins Gespräch kommen kann, indem ich mich für ihre Sprache interessiere – breche ich mir damit wirklich in jedem Fall einen Zacken aus der Krone? »Technik ist, wenn der Ball kommt«, heißt es im Tischtennis. Für den Alltag mit Kindern gilt das ebenso: Wir müssen mit den Herausforderungen umgehen, die sich uns stellen – auch wenn wir dabei mal nicht besonders elegant aussehen.

Sagen wir zum Beispiel, Ihr Kind hat gerade einen schulischen Durchhänger, weil es ihm an Motivation mangelt. Nun können Sie bei der fälligen Aussprache natürlich an Ihrem üblichen Wortschatz festhalten, weil Sie mit dem »neumodischen Kiddie-Sprech« nichts zu tun haben wollen. Dann sagen Sie weiterhin: »Felix, wir müssen mal über deine Einstellung reden.« Oder ist Ihnen wichtiger, dass Felix tatsächlich die Kurve kriegt? Dann versuchen Sie es doch spaßeshalber einmal so: »Felix, lass uns über dein Mindset reden.« Ich sage nicht, dass Felix deshalb ab morgen nur noch Einser schreibt. Aber die Wahrscheinlichkeit, dass er Ihnen überhaupt erst einmal zuhört, steigt …

Der Fitness-Trend Crossfit ist ein Beispiel dafür, dass Anglizismen ein Konzept oder sogar Ideen zukunftsfit machen können, die älter sind als ihre Anhänger selbst. Crossfit ist seit einigen Jahren ein Renner unter Fitness-Freaks und Abnehm-Willigen; ganze Heerscharen von Personal Trainern verdienen ihr Geld damit. Dabei ist Crossfit bei genauerer Betrachtung gar nicht so weit entfernt vom guten alten Zirkeltraining, das wir noch aus dem Sportunterricht kennen. Aber aus irgendeinem Grund beschäftigen sich sogar Menschen begeistert mit Crossfit, die früher in der Schule plötzlich krank waren, wenn Zirkeltraining auf dem Plan stand …

Fitness-Influencerinnen und -Influencer bieten in ihren Instagram-Storys schon mal Jumping Jacks als Power-Übung an, als hätten sie sie gerade erfunden – Hampelmänner dagegen eher selten.

Schöne Worte sind nicht zuletzt Worte, die funktionieren. So wie viele gute Ideen kann auch Sprache in Schönheit sterben, wenn man ihr nicht hin und wieder ein Update verpasst. Für die Verständigung zwischen Eltern und Kindern gilt das ganz besonders, denn viele Worte überstehen die Generation nicht, die sie geprägt hat. Fragen Sie sich also ruhig mal, frei nach dem bekannten Credo eines deutschen Unternehmens[60]: Sind meine Worte enkelfähig? Spätestens wenn Sie verständnislose Blicke für eine völlig klare Äußerung ernten, ist möglicherweise nicht die Botschaft schuld, sondern eher das Vokabular.

Schön heißt nicht beschönigend

An dieser Stelle ein weiteres Wort der Warnung: Die Effektivität von schönen Worten hat auch einen Nachteil. Sie kann uns leicht verlocken, unangenehme Dinge zu beschönigen, bei denen wir unseren Kindern Klarheit schulden. Das ultimative Beispiel für ein solches Thema ist der Tod. Schließlich haben wir als Erwachsene schon genug Schwierigkeiten damit, selbst einen Umgang und eine klare Haltung zu diesem Thema zu finden. Deshalb reden wir sogar untereinander nicht gern offen und direkt darüber – wenn wir das Thema nicht sogar ganz und gar verdrängen.

Diese Unsicherheit wirkt sich natürlich auch auf die Kommunikation darüber mit Kindern aus. Das ist schade, denn früher oder später wird es auf den Tisch kommen: Der Tod ist eines der großen Mysterien des Lebens, die unsere Kinder unweigerlich beschäftigen. Dabei muss es gar nicht um die eigenen Großeltern gehen: Schon die Nachrichten oder die Gespräche von Erwachsenen, die Kinder aufschnappen, sind voll von Geschichten über Krankheit und Tod. Wenn Kinder jedoch danach fragen, sind viele Eltern versucht, auszuweichen. Statt dem Kind zu helfen, Klarheit zu gewinnen, reden sie mit allerlei vermeintlich »kindgerechten« Umschreibungen um den heißen Brei herum. Dahinter steckt natürlich eine gute Absicht: Sie wollen dem Kind keine Angst machen. Nur leider erreichen viele dieser Umschreibungen genau das Gegenteil.

Wie so oft vergessen wir bei diesem Thema leicht, dass Kinder Worte wörtlich nehmen. Da klingt manches, was wir für harmlos und hilfreich halten, erst recht beängstigend. So wollen manche Eltern die Worte »tot« oder »sterben« vermeiden, indem sie etwas sagen wie: »Wir haben Oma für immer verloren.« Experten wie die Pädagogin Ute Glaser weisen darauf hin, dass die mehrdeutige Formulierung beim Kind erst recht Ängste auslösen kann: »Haben nicht Mama und Papa gesagt, ich soll auf der Kirmes nicht verloren gehen? Kann das bedeuten, dass ich da sterbe?« Solche Überlegungen haben wir gar nicht auf dem Schirm – Kindern dagegen erscheinen sie vollkommen logisch. Ganz ähnlich verhält es sich bei einer anderen Strategie, die den Tod verharmlost, indem behauptet wird, der Verstorbene sei nur eingeschlafen. Denn das tun Kinder und Eltern schließlich jeden Abend. Die Angst um das eigene Leben oder das der Eltern hat nach dieser Erklärung schon manchem Kind erst einmal den Schlaf geraubt. Auch dass der Gestorbene die Familie verlassen hat, sendet wörtlich genommen ein Signal, das bei Kindern für große Verwirrung sorgen kann: Warum hat der geliebte Opa oder der immer gut gelaunte Onkel mich plötzlich verlassen?

Oft ist es unserer eigenen Unsicherheit im Umgang mit dem Tod geschuldet, wenn wir glauben, das Thema sei Kindern nicht ungefiltert zumutbar. Wie falsch wir damit liegen, habe ich von Kindern gelernt, die einen tiefen Eindruck bei mir hinterlassen haben: den Kindern des Hospizes Sternenbrücke in Hamburg. Dort werden unheilbar kranke Kinder auf dem letzten Stück ihres Weges begleitet. Zwischen diesen Kindern zu sitzen, deren Leben kurz war und kurz bleiben wird, hat mich daran erinnert, wie viel Klarheit Kinder besitzen – oft nämlich mehr als wir Erwachsenen mit all unseren Überzeugungen, Strategien und Urteilen. Die Kinder der Sternenbrücke können ganz genau sagen, was in ihrem Leben zählt und worüber sie glücklich sind. Im Buch »Platz da, ich lebe« über ein anderes Hospitz wird eines der todkranken Kinder im Interview gefragt, was es in der letzten Zeit gelernt habe. Seine Antwort: »Ich habe gelernt, wieder mehr zu leben.«

Können wir das, als Erwachsene? Haben wir diese Klarheit? Wenn wir diese Frage mit Nein beantworten müssen: Verstehen wir dann wirklich mehr vom Tod als unsere Kinder? Natürlich brauchen unsere Kinder unseren Schutz, und natürlich müssen sie nicht alles wissen. Doch Kinder sind stark, und Kinder sind weise. Sie verdienen es, dass wir ihnen die Wahrheit sagen.

Deshalb: Vorsicht bei Beschönigungen in der Kommunikation mit Kindern, wo keine hingehören. Schöne Worte finden und Dingen einen wohlklingenden Namen geben, ist das eine. Zu beschönigen, was klar beim Namen genannt werden sollte, ist etwas ganz anderes. Ersteres stärkt Kinder, weil es hässliche Zuschreibungen und Urteile besiegen hilft. Letzteres kann sie verstören und ihr Konzept von der Welt durcheinanderbringen. Der Tod ist nicht hässlich, sondern klar; er ist auch im Leben von Kindern ein Teil der Realität. Wie immer, wenn es um Kommunikation geht, gilt es deshalb, bei der Wortwahl zu differenzieren. Schön heißt nicht beschönigend, ganz im Gegenteil: Schöne Worte sind immer auch klare Worte.

Warum Sie das Wort »Nein« sparsam dosieren sollten

Es gibt Phasen im Leben mit Kindern, da ist »Nein!« die meistgenutzte Vokabel in unserem Wortschatz. Konkurrenz machen ihr höchstens noch »Stopp!«, »Schluss!« und das allseits beliebte »Ja, aber …«.

Grundsätzlich ist die häufige Verwendung des Wörtchens Nein auch gar kein Zeichen für elterliche Paranoia oder Kontrollwahn, sondern Ausdruck unseres genetisch programmierten Schutzauftrags. Was Kleinkindern auf ihren Erkundungszügen auf Fußböden, Spielplätzen und Gehwegen so alles in den Sinn kommt, würde oft sogar einem hartgesottenen Stuntman den kalten Schweiß auf die Stirn treiben. Und kaum ist der gesunde Menschenverstand ein paar Jahre später mal halbwegs etabliert, macht die Sturm- und Drangphase der Teenage-Zeit alles wieder zunichte. Während sich der Erkundungstrieb unserer Sprösslinge zu einem trotzigen Feldzug wandelt, wird aus dem beschützenden Nein plötzlich ein kategorisches Nein.

Bei alldem ist es auch keineswegs so, dass uns Eltern nicht auffallen würde, welche Rolle wir da einnehmen. Wir sind uns schmerzhaft bewusst, dass wir quasi mit der Geburt des Kindes zu notorischen Neinsagern geworden sind. Eines Morgens wachen wir auf und stellen fest, dass wir manchmal klingen wie unsere eigenen Eltern. Wie konnte das nur passieren?

Ganz einfach: Eltern sind eben auch nur Menschen. Das Nein ist wie ein Zauberwort, das unsere Kinder vor allen möglichen Gefahren und all dem Unsinn beschützt, der ihnen in ihrer seligen Unwissenheit so einfällt – gefühlt manchmal pausenlos von morgens bis abends. Und dank dieser schützenden Kapazität, so glauben wir wenigstens, ist dieses effiziente einsilbige Signalwort in unserem elterlichen Sprachrepertoire einigermaßen alternativlos. Niemand spricht gern ständig Verbote aus – nicht einmal die Eltern von Teenagerinnen und Teenagern, auch wenn Letztere davon felsenfest überzeugt sind. Aber was bleibt uns schon anderes übrig?

So dachte ich eine Zeit lang auch. So denke ich manchmal bis heute, wenn einer meiner Söhne auf Ideen kommt, die mit meinem erwachsenen Urteilsvermögen nicht kompatibel sind. Doch irgendwann, mitten in Gesprächen mit meinen zwei Kindern, ist mir klar geworden: Das Nein ist in Wahrheit nicht nur nicht alternativlos, sondern auch gar nicht der allmächtige Schutzzauber, für den wir es halten. Tatsächlich kann das Nein die Kommunikation sogar gewaltig stören, wenn wir es damit übertreiben. Paradoxerweise sagen wir oft nämlich genau dann Nein, wenn dieses Wort denkbar ungeeignet ist, um das gewünschte Ziel zu erreichen. Oft (nicht immer) wollen wir mit dem Nein bewirken, dass das Kind sich kooperativ verhält – also zum Beispiel etwas sein lässt, das aus irgendeinem lebensnotwendigen oder sozialen Grund heraus gerade wirklich keine gute Idee ist. Doch für diese Kooperationsbereitschaft, das könnten wir aus unseren eigenen alltäglichen Erwachsenen-Diskussionen und Verhandlungen eigentlich wissen, ist Neinsagen oft genau die falsche Strategie.

Verstehen Sie mich bitte richtig: Wegzudenken ist das »Prinzip Nein« natürlich trotzdem nicht. Auch nicht aus der Kommunikation zwischen Eltern und Kindern. Die Vokabel an sich aber ist in vielen Situationen eben nicht alternativlos. Manchmal ist das Nein absolut verzichtbar. Die sinnvolle Frage lautet daher nicht, wie wir das ungeliebte Nein abschaffen können. Stattdessen sollten wir klären, wann wir es wirklich brauchen, welche Alternativen es gibt und wie wir es bei Bedarf als Kommunikationsstrategie richtig einsetzen. Manchmal wollen wir Nein sagen, um dem Kind etwas zu zeigen, und haben dafür gute Gründe. Ganz oft bräuchten wir aber weder das Nein noch die Gründe dafür auszusprechen.

Alternativen zum Nein

Vieles spricht dafür, dass Kommunikation mit weniger Neins besser funktioniert. Wie viele andere Expertinnen und Experten plädiert zum Beispiel auch die Pädagogin und Autorin Ute Glaser dafür, das Wort wohldosiert zu verwenden, das uns oft ganz automatisch über die Lippen kommt. Denn das Nein, so Glaser, würgt erst einmal ungefiltert alles ab, was im Kopf des Kindes gerade vorgeht. Oft wissen wir gar nicht so genau, was das eigentlich ist. Eltern verhindern mit ihrem Nein, »dass das Kind Erfahrungen macht, und bremsen seine Entdeckerfreude«.[61]

Wer frei von Sünde ist, werfe den ersten Stein: Welche Mutter oder welcher Vater hat besonders im ersten Jahr mit dem ersten Kind nicht öfter mal hektisch bis panisch »Nein!« gerufen? Immer, wenn das Kind beim Krabbeln auf der Wiese nur die Hand nach einem Strauch oder, Himmel hilf, auf dem Sofa nach dem Smartphone ausstreckt, kommt das Nein wie aus der Pistole geschossen. Unsere elterliche Fantasie spinnt den Faden des Horrorfilms, der sich vor unseren Augen abspielt, gnadenlos weiter: Das Blatt, welches das Kind zweifellos vollständig zu verspeisen gedenkt, ist natürlich nichts weniger als hochgiftig. Der Griff zum Smartphone wird zwangsläufig zu einer karriere- und zivilisationsgefährdenden Kettenmail ans gesamte Adressbuch führen. Dass das Kind das Blatt vielleicht nur betasten und das Smartphone nur berühren will, weil die Sonnenstrahlen sich so schön darin spiegeln, kommt uns gar nicht erst in den Sinn: Ein lautes »Nein!« unterbindet alle Eventualitäten. Und damit, bei ausreichender Wiederholung, auch den Forschungsdrang des Kindes, das gerade seine Umwelt kennenlernt.

In solchen Fällen gibt es eine wesentlich bessere Alternative zum Nein: Sie können dem Kind mit verständlichen Worten und Gesten deutlich machen, was in diesem Moment erlaubt und erwünscht ist und was nicht. Wenn es das Blatt nicht in den Mund nehmen soll, können Sie ihm sagen und zeigen: »Nur anfassen und fühlen!«[62] Genauso können Sie vorgehen, wenn es das Smartphone nicht auf den Boden werfen soll. Setzt es dennoch zum Wurf an, können Sie das Gerät immer noch festhalten und ein nachvollziehbares Verbot aussprechen: »Nicht werfen! Dann geht es kaputt, und ich kann nicht mehr telefonieren.«

Will das Kind eine Pflanze um alle Blätter erleichtern oder das Fell des geduldigen Nachbarshundes nicht nur streicheln, sondern daran ziehen, ist ein begründetes Verbot viel besser als ein isoliertes, unverständliches Nein: »Hände weg von den anderen Blättern, die braucht die Pflanze zum Leben.« – »Hör auf zu ziehen, das tut dem Hund weh!« Will das Kind etwas in den Mund stecken, das dort nicht hingehört, können Sie statt »Nein!« sagen: »Nur schauen!«

Ist Ihr Nachwuchs zu sehr auf etwas fixiert und lässt nicht locker, kann es sinnvoller sein, es mit etwas anderem abzulenken. Das funktioniert meist besser, als denselben Reiz immer wieder mit einem »Nein!« zu belegen, das vom Kind eventuell nicht verstanden und falsch einsortiert wird. Eine Begründung oder ein Hinweis auf das erlaubte Verhalten zeigt ihm: Aha, ich soll nicht aufhören, zu erkunden, ich soll nur das nicht machen.[63]

Auch wenn es am Anfang etwas gewöhnungsbedürftig ist: Geben Sie dem Kind bei unerwünschtem Verhalten die Informationen, die es braucht, um die Situation zu verstehen – und lassen Sie das Wörtchen Nein dabei so oft wie möglich weg. Im ersten Moment mag das etwas mehr Kommunikationsaufwand bedeuten. Doch auf diese

Weise können Sie dafür sorgen, dass das Kind schneller versteht, was es darf und was nicht.

Gleichzeitig verhindern sie, dass das Wort Nein zu einem Reizwort wird, das das Kind eher nervt als warnt. Damit reduzieren Sie auch eine reale Gefahr, die von einem inflationären Gebrauch des Wortes ausgeht: Sagen Sie zu oft und bei jeder Nichtigkeit Nein, nimmt das Kind das Verbot irgendwann womöglich nicht mehr ernst genug. Dann besteht die Gefahr, dass ein tatsächlich angebrachtes und dringliches Nein ignoriert wird – zum Beispiel, wenn das Kind dabei ist, in einen heißen Topf oder in eine Kerzenflamme zu greifen.

Wie Sie klar Nein sagen und Diskussionen vermeiden

Wenn Ihre Kinder älter werden, verändert sich auch die Qualität des Nein. Wie letztlich auch unter Erwachsenen dient es nun mehr und mehr dazu, den Alltag auszuhandeln – also das Kind auf respektvolle Art vom richtigen Verhalten zu überzeugen und Grenzen zu ziehen, an die es sich aus gutem Grund halten soll. Wie schwierig das in gewissen Altersgruppen manchmal sein kann (ungefähr bis ins Rentenalter, und dann wird es noch schlimmer), muss ich Ihnen nicht erklären … Wie wir eben festgestellt haben, hören unsere Kinder immer dann ein Nein, wenn es irgendwie schwierig wird. Entsprechend automatisiert gehen sie auf die Barrikaden, wenn diese Erwartungshaltung sich erfüllt.

Die Frage ist: Wie können wir klar, respektvoll und nachvollziehbar Nein sagen, ohne unsere Kinder zu verletzen – aber auch ohne unsere eigene Autorität zu untergraben? Dafür gibt es eine Methode, die übrigens auch genauso gut in der Kommunikation mit Erwachsenen funktioniert: das klare Nein in drei Schritten.

Bevor wir in den Ablauf einsteigen, eine wichtige Vorbemerkung: Die meisten Menschen glauben, dass sie nicht das Recht hätten, ohne Begründung Nein zu sagen. Falls Sie dazugehören, möchte ich Ihnen hier und jetzt das Leben erleichtern: Das stimmt nicht. Es gibt immer zwei Kategorien: Das Nein mit und das Nein ohne Begründung. Werden Sie sich in jeder Situation zuerst klar darüber, ob eine Begründung erforderlich und sinnvoll ist oder nicht. Es gibt nämlich viele Fälle, in denen man ein Nein nicht begründen muss oder auch nicht begründen will. Meiner Meinung nach muss man es Kindern gegenüber fast nie; häufiger ist es eher so, dass wir es aus pädagogischen Gründen wollen. Da wir dem Kind aber natürlich nicht sagen werden, »Ich habe keine Lust« oder »Ich will jetzt lieber das Spiel sehen«, denken wir uns irgendeine fadenscheinige Begründung aus. Und das geht fast immer nach hinten los, denn das Kind steigt darauf ein. Kinder nehmen Worte wörtlich. Sie tauchen in die Argumentation ab, die wir ihnen servieren. Wenn wir aus der Nummer dann nicht mehr rauskommen – selbst schuld.

Tatsächlich ist es in vielen Fällen sogar sinnvoller, auf die Begründung zu verzichten, weil es schlicht nichts zu diskutieren gibt. Vor allem, wenn das Kind die Regel schon kennt, die dem Nein zugrunde liegt, ist eine Erklärung gar nicht notwendig und auch nicht ratsam. Wenn Sie in so einem Fall das Nein begründen, geht es anschließend überhaupt nicht mehr um das Nein, sondern nur noch um den Grund. Und in dieser Disziplin, da machen wir uns bitte nichts vor, sind unsere Kinder besser als wir. Sie werden eine Erwiderung für jeden Grund finden, den wir ihnen liefern. Das Ende vom Lied ist dann, dass wir uns händeringend einen Grund nach dem anderen ausdenken, der uns kurz darauf unter Garantie um die Ohren fliegt. Dann ist der einzige Ausweg ein Machtwort, das für das Kind nicht nachvollziehbar ist – und schon haben wir, um es sportlich auszudrücken, eine Standardsituation jämmerlich versemmelt.

In anderen Fällen wiederum müssen wir ein Nein begründen, damit das Kind es überhaupt nachvollziehen kann. Das wäre zum Beispiel der Fall, wenn meine Kinder mich bitten: »Papa, unternimm am Samstag etwas mit uns!« Ich kann aber am Samstag nicht, weil ich da ein Seminar gebe. Würde ich jetzt einfach nur unbegründet

Nein sagen, würde ich meine Kinder vor den Kopf stoßen und verunsichern: Warum will Papa den Tag nicht mit uns verbringen?

Genauso ist eine Begründung wichtig, wenn die Kinder zum Beispiel ein süßes Tier aus der Natur mit nach Hause nehmen oder irgendwelche gesellschaftlichen Regeln brechen wollen, die nicht verhandelbar sind. Warum man zum Beispiel nicht im Spider-Man-Kostüm zur Schule gehen oder in einem Springbrunnen mitten in der Fußgängerzone baden kann, erschließt sich Kindern nicht von selbst. Aus ihrer Sicht sind das abstrakte, unlogische Erwachsenen-Regeln, die wir ihnen erst mal erklären müssen. Hier ist die Begründung für das Nein pädagogisch notwendig, damit sie verstehen, warum etwas nicht geht.

Abgesehen von dieser Unterscheidung, ist der Ablauf ganz einfach und relativ universell. Ein klares Nein umfasst drei Schritte:

Nein in drei Schritten

1. Etwas Freundliches
2. Nein (mit oder ohne Begründung und ggf. sogar ohne Nein)
3. Alternativ-Impuls

Gehen wir die Schritte an einem Beispiel durch, das Sie garantiert schon oft genug in Ihrer eigenen Familie erlebt haben: Das Abendessen steht kurz bevor, der Tisch ist schon gedeckt, aus der Küche duftet es lecker – doch mein Sohn Johann will unbedingt ausgerechnet jetzt ein bestimmtes Spiel mit mir spielen. »Lass uns jetzt spielen, Papa! Du hast es versprochen!«

Einerseits ist klar, dass ich jetzt Nein sagen muss. Andererseits ist die protestierende Reaktion vorprogrammiert, wenn ich mein Nein auf die falsche Weise kommuniziere. Mit dem klaren Nein beuge ich dieser Diskussion vor und mache meinem Sohn dennoch deutlich, dass ich ihn höre und mich an mein Versprechen halten werde.

1. Schritt: Etwas Freundliches
Im ersten Schritt ist Empathie gefragt, mit der wir uns in Kapitel 4 schon näher beschäftigt haben. Hier geht es darum, dem Kind zu zeigen, dass man seine Bedürfnisse versteht und im Blick hat – also nicht einfach willkürlich Nein sagt. Beim Neinsagen – wie übrigens auch bei vielen anderen Gelegenheiten – ist es sogar sinnvoll, es mit der Empathie ganz bewusst zu übertreiben. Kinder sind für Empathie ihrer Eltern sehr empfänglich. Wenn sie die Erfahrung machen, dass auch sie gesehen und ernst genommen werden, hilft ihnen das dabei, Situationen zu verstehen und ihr Verhalten den Wünschen und Konventionen anderer anzupassen.

In unserem Beispiel könnte das etwa so klingen, wenn Johann mit dem Spiel und großen Augen vor mir steht: »Johann, ich würde wahnsinnig gern mit dir dieses Spiel spielen. Ich mag das genauso gern wie du. Am liebsten würde ich den ganzen Tag nichts anderes machen, als mit dir und deinem Bruder und der Mama zusammen dieses Spiel zu spielen.«

Mit so einem empathischen Auftakt reduzieren Sie von vornherein den Widerstand auf das Nein, das im nächsten Schritt folgt.

2. Schritt: Nein (mit oder ohne Begründung und ggf. sogar ohne Nein)
Natürlich weiß Johann ganz genau, dass er mit seinem Anliegen kurz vor dem Essen nicht auf Begeisterung stößt. Deshalb handelt es sich bei diesem Beispiel um einen klaren Fall für ein Nein ohne Begründung: Das Kind kennt die Regel bereits und weiß, dass sie nicht verhandelbar ist. Würde ich jetzt den Fehler machen, das Nein zu begründen, hätte ich keine Chance: Johann würde mich gnadenlos fertigmachen. Nämlich ungefähr so:

»Nein, Johann, das dauert doch jetzt viel zu lange.«

»Dann spielen wir eben die kurze Version!«

»Aber Johann, dann wird doch das Essen kalt.«

»Dann essen wir das Essen eben kalt!«

Für ein Kind ist diese Prioritätensetzung völlig plausibel: Das Spiel geht vor, und Essen kann man selbstverständlich auch kalt konsumieren. So wird sich diese Diskussion fortsetzen, bis Sie entweder entnervt aufgeben oder ein unbegründetes, aus Sicht des Kindes unfaires Machtwort sprechen. Um dieser Falle von vornherein zu entgehen, sollten Sie in so einem Fall auf die Begründung verzichten. Bedauern dürfen Sie das Nein dagegen durchaus, denn auch das hilft dem Kind zu verstehen, dass es sich nicht um böse Absicht handelt: »Jetzt geht es *leider* nicht.«

Sicher ist Ihnen aufgefallen, dass in diesem Satz gar kein Nein enthalten ist. Das ist ein weiterer Tipp, um Widerstände zu reduzieren: Oft ist das Wörtchen Nein gar nicht nötig, um das Prinzip Nein zu kommunizieren. Und eine Begründung müssen Sie ebenfalls nur dann geben, wenn sie nötig ist, um das Nein zu verstehen.

3. Alternativ-Impuls

An diesem Punkt ginge das Kind nun allerdings mit völlig leeren Händen aus der Situation: Es hat ein Bedürfnis kommuniziert und blitzt damit ab. Höchstwahrscheinlich wird es also entweder traurig oder wütend oder beides sein. Und dann wird es gerade nicht das tun, was beim anschließenden Abendessen sehr begrüßenswert wäre: sich kooperativ verhalten. Deshalb können wir im dritten Schritt, wenn es denn eine Möglichkeit gibt, einen Alternativimpuls setzen, der dem Kind eine Perspektive eröffnet. In den meisten Fällen reicht das aus, um eine Diskussion zu vermeiden und das Kind zur Kooperation zu bewegen.

Im Beispiel könnte ich den Alternativ-Impuls folgendermaßen formulieren: »Frag mich nach dem Abendessen oder gleich morgen früh nach dem Frühstück noch einmal.« Dann bleibt die positive Energie, die Johann mit dem Spiel verbindet, im Raum, anstatt zu zerplatzen wie eine Seifenblase.

Für den Fall, dass Sie Ihr Nein begründen müssen oder wollen, ist es übrigens besonders ratsam, auf das Wort Nein zu verzichten – weil es für Ihre Kinder negativ besetzt ist. Schließlich kommt es immer dann ins Spiel, wenn sie etwas nicht bekommen, wenn ihnen Grenzen aufgezeigt werden oder wenn ihre Pläne durchkreuzt werden. Es zu hören wird deshalb erst recht dazu führen, dass sie über die Begründung diskutieren wollen.

Hier greift wieder das Prinzip, das weiter oben schon zum Tragen kam: Kommunizieren Sie nur die Information, ohne das Wort Nein auszusprechen. Fragt mein älterer Sohn Leo mich zum Beispiel: »Papa, darf ich noch zum Skaterplatz?«, ist Nein das letzte Wort, mit dem ich uns beiden helfe. Stattdessen kann ich sagen: »In fünf Minuten kommt der Handwerker, dem du die Tür aufmachen musst, weil ich dann in der Telefonkonferenz bin.« Damit ist die Sache geklärt, ohne dass ich Nein sagen muss.

Die anderen Schritte – etwas Nettes und der Alternativ-Impuls – sind natürlich auch bei einem begründeten Nein sinnvoll: »Bestimmt fällt es dir schwer, hierzubleiben, obwohl du gern skaten würdest, und jetzt bist du traurig. Sobald ich mit meinem Anruf fertig bin, kümmere ich mich um den Handwerker, und du kannst auf den Skaterplatz.«

All diese sehr unterschiedlichen Beispiele, die sich so oder so ähnlich in den meisten Familien abspielen, zeigen: Ein Nein muss keineswegs immer zu Aufruhr und Diskussionen führen. Wie so vieles ist es einfach eine Frage der Formulierung. Natürlich werden wir nie den Punkt erreichen, an dem unsere Kinder das Wort lieben lernen. Doch mal ehrlich: Das tun wir als Erwachsene ja schließlich immer noch nicht, oder? Trotzdem lässt sich (fast) alles klar, respektvoll und einfühlsam kommunizieren – sogar ein Nein zu etwas, das unsere Kinder lieben.

Schön ist, wenn Sprache Wirkung zeigt

Ob es ein klares Nein im richtigen Moment ist oder ein schöner Begriff, der unseren Kindern eine neue Welt eröffnet: Manchmal merken wir erst Jahre später, welche Wirkung unsere Sprache auf die eigenen Kinder hat. Wenn wir irgendwann erkennen, wie tiefgreifend wir Kinder mit Worten erreichen, ist das eine einschneidende Erfahrung: Plötzlich wird uns das Ausmaß der Verantwortung klar, die wir als Hauptansprechpartnerinnen und -partner unserer Kinder tragen, und tragen dürfen. Das können schöne, große, rührende Momente sein, die wir nie wieder vergessen. Mit meinen Kindern habe ich das mehrfach erlebt.

Eines dieser denkwürdigen Ereignisse war, als wir mit unserem älteren Sohn Leo zum ersten Mal geflogen sind. Natürlich war er an dem Tag ganz aufgeregt: Fliegen war ja etwas, das er bis dahin höchstens aus Büchern und Filmen kannte. Schon im Vorfeld wollte er alle Details wissen. So erklärten wir ihm, dass man mit dem Flugzeug in den Himmel fliegt. In diesem Moment sah man ihm förmlich an, wie etwas bei ihm klick machte. Wie sich herausstellte, war es der Begriff Himmel, der eine Assoziation bei ihm ausgelöst hatte: Es war noch nicht lange her gewesen, dass wir ihm erklärt hatten, meine verstorbenen Großeltern seien im Himmel. Und so fragte Leo: »Treffen wir denn dann deine Oma und deinen Opa, wenn wir in den Himmel fliegen?«

Sich auf die Sprachwelt von Kindern einzulassen kann nicht nur erhellend sein, indem es uns hilft, sie besser zu verstehen. Es kann auch unglaublich erhebend sein, durch ihre Worte hindurch in die Gedanken unserer Kinder zu blicken. Und mehr noch: Wenn wir wissen, welche speziellen Worte eine bestimmte Wirkung auf unsere Kinder haben, können wir diese Worte auch gezielt einsetzen.

Zum Beispiel können Sie Ihren Kindern mit Worten helfen, in eine gute, aufgeschlossene Stimmung zu kommen. In Johanns Wortschatz halten sich schon seit Jahren zwei Worte hartnäckig: »wohlig« und »flauschig«. In seiner Sprachwelt sind das Gütesiegel für alles, was sich schön und behaglich anfühlt: vom Teddybär über den Lieblingspullover bis zum Kuscheln mit seinen Eltern. Doch solche Herzensworte sind mehr als nur Vokabeln. Sie stehen für eine Gemütslage, eine Denkweise, ein ganzes Mindset. Wenn ich diese Worte aus Johanns Mund höre, weiß ich: In diesem Moment, an diesem Ort und in dieser Situation geht es ihm gut. Als mir das erst einmal klar geworden war, begann ich, die Worte ebenfalls zu verwenden, um ihm ein positives Signal zu senden. Jedes Mal, wenn ich ihn dann grinsen sehe, weiß ich, dass es funktioniert: Diese Worte machen etwas mit ihm; sie wirken auf einer tieferen Ebene. Sie sind relevant in einer Weise, die sich nicht herbeireden lässt.

Wir können so vieles bei unseren Kindern mit Sprache bewirken, wenn wir ihre Worte ergründen. Die Voraussetzung dafür ist, dass wir uns auch tatsächlich auf die Sprachwelten unserer Kinder einlassen, also: zuhören, statt einfach nur hinhören.

Ich will es gar nicht leugnen: Schöne, wahre, differenzierende Worte brauchen Zeit und Muße. Die Entscheidung, hässliche und verletzende Worte aus dem Gespräch mit Kindern zu verbannen und bewusst mehr schöne, stärkende Worte zu verwenden, können Sie zwar sofort treffen. Diesen Vorsatz im hektischen Alltag umzusetzen setzt ein gewisses Maß an Zeit und Achtsamkeit voraus. Sie müssen sich die Zeit und die Ruhe nehmen, sich selbst und dann auch Ihren Kindern bewusst zuzuhören und ihnen vorzuleben, welchen Unterschied Worte machen können. Ich bin davon überzeugt, dass dieser Aufwand sich lohnt. Nicht nur machen Sie damit der ganzen Familie das Leben schöner und angenehmer. Sie sparen auch eine Menge Zeit ein, die Sie sonst dafür aufbringen müssten, Verletzungen durch mangelnde Sprachhygiene zu kurieren. Berücksichtigen wir, wie viele Verletzungen im Alltag (nicht nur) eines Kindes durch schlechte Kommunikation zustande kommen, werden Sie mir sicher zustimmen können: Gelingende Kommunikation ist jede Mühe wert.

Schöne Worte sind kein Wellness-Thema. Wir formen unserer Familie mit ihnen eine bessere Realität. Wenn es stimmt, dass unsere Kinder uns die Welt bedeuten, sollten wir uns dafür alle Zeit der Welt nehmen.

Kapitel 7

Wutproben

Der Umgang mit extremen Gefühlen

Warum Sie die Drama-Queen ernst nehmen sollten

Der Umgang mit starken Gefühlen ist ein Thema, das Eltern ganz besonders herausfordert – und besonders oft noch dazu. Jede Mutter und jeder Vater, die oder der schon einmal eine standesgemäße Gedenkzeremonie mit allen Schikanen für einen geschmolzenen Schneemann ausgerichtet hat, weiß, was ich meine. Kinder können unfassbar wütend werden, nur weil ein Klassenkamerad ihren Schulranzen verschmutzt hat. Sie können unglaublich traurig werden, nur weil ihnen ein Stofftier abhandengekommen ist. Als mein Jüngster bei einer Schulaufführung einmal einen einzigen Vers zu singen hatte, entwickelte er vorab eine solche Angst, dass ich ihn an diesem Morgen kaum in die Schule bekam.

Ständig stehen wir im Leben mit Kindern vor extrem intensiven und oft auch sehr plötzlichen Gefühlsregungen – und wissen uns so schnell oft gar nicht zu helfen. Egal, was wir sagen, egal, was wir tun: Nichts scheint in diesen Situationen durch den Tränenschleier zu dringen.

Als Erwachsene fragen wir uns dann schon mal, woher diese unvermittelte Intensität kommt. Die Gefühlswelt von Kindern scheint anders zu sein als unsere. Im Vergleich zu uns nehmen sie alles, was um sie herum geschieht, wie durch ein Brennglas vielfach verstärkt wahr. Nicht nur das: Sie reagieren auch viel intensiver auf jeden Umweltreiz – selbst, wenn es sich aus Erwachsenensicht um eine Nichtigkeit handelt. Tatsächlich liegt das vor allem daran, dass ihnen der Abgleich mit vielen ähnlich gearteten Erfahrungen fehlt, der den emotionalen Affekt bei Erwachsenen schnell und effizient kontrollieren kann. »Kinder [...] können Emotionen noch nicht gut regulieren«, sagt Maria Bushuven, Sozialpädagogin, Psychotherapeutin und Familientherapeutin des Katholischen Beratungsdienstes für Erziehungsfragen in Krefeld.[64]

Hinzu kommt, dass Kinder viel stärker im Augenblick leben als wir. Sie sortieren nicht alles automatisch in einen größeren Kontext aus Beobachtungen und Erfahrungen ein, der besonderen Erlebnissen neben der Magie auch den Schrecken nimmt. Die mentale Distanz, die nötig ist, um Erlebnisse und die eigene Reaktion darauf zu relativieren, fehlt ihnen noch. Der kleinste Anlass kann für eine riesige Szene reichen – besonders bei Kindern bis zum Grundschulalter. Sie haben nämlich auch »noch keine gute Reaktionskontrolle«, so Ulric Ritzer-Sachs, Sozialpädagoge der Onlineberatung der Bundeskonferenz für Erziehungsberatung (bke).[65] Für uns dagegen ist dieser Abgleich mit der inneren Erfahrungs-Datenbank ganz selbstverständlich.

Aus diesen und anderen, oft situationsbedingten Gründen sehen wir uns manchmal mit Gefühlen konfrontiert, die uns überraschen. Nicht zuletzt mit ihrer Wucht: Wenn die Drama-Queen im Kinde wach wird, kann uns das schon mal überfordern. Dann verspüren wir den Impuls, zu bagatellisieren und das Kind dabei womöglich auch noch auszulachen – was nicht hilfreicher ist als das Bagatellisieren. »Nun mach mal aus einer Mücke keinen Elefanten, ist doch alles halb so wild!« Das ist so ungefähr das Letzte, was ein Kind hören will, wenn seine Welt gerade durch eine marodierende Mücke oder ein fallendes Reiskorn in ihren Grundfesten erschüttert wird. Und es ist auch das Letzte, was ihm hilft. Wenn Kinder etwas dramatisch finden, dann ist es für sie dramatisch, und dann reagieren sie auch dramatisch. Beschwichtigen, relativieren oder runterspielen bringt in solchen Situationen nicht nur nichts; wir delegitimieren damit auch noch ihr Gefühl. So erwecken wir beim Kind den Eindruck, dass es mit seinen Gefühlen nicht ernst genommen wird, was sofort und unmittelbar der Verständigung schadet – und auf Dauer auch dem Selbstbewusstsein des Kindes.

Der Grund, warum wir diesen Fehler dennoch machen, ist einmal mehr unser Hang, zu bewerten: Wir fällen ein Urteil über die Gefühlsäußerung aus Erwachsenensicht, wenn wir sie bagatellisieren. Damit delegitimieren wir das Gefühl. Die Folge ist, dass das Kind sich mit seiner Emotion falsch fühlt – ein sehr unangenehmer Zustand. Stellen Sie sich nur vor, jemand würde Ihnen in einer hochsensiblen Situation das Recht absprechen, Schmerz zu empfinden oder wütend zu sein! Wenn Kinder, wie ich das schon häufiger erlebt habe, als »Sensi« hingestellt werden, also als übermäßig sensibel, macht sie das aus gutem Grund erst recht traurig oder auch wütend. Für uns mag eine Lappalie sein, was das Kind zum Weinen, Schimpfen oder Bocken bringt. Für das Kind ist es eine Tragödie, ein Skandal, eine himmelschreiende Ungerechtigkeit. Die starken Gefühle brechen sich nicht mit Absicht oder aus Berechnung Bahn, sondern weil sie da sind und sich in diesem Moment genauso schlimm anfühlen, wie das Gebrüll sich anhört. Die Emotion geht im Übrigen ja auch nicht weg, nur weil wir das so anordnen.

Das alles gilt, wohlgemerkt, nicht für jeden Schrei, den unsere Kinder so von sich geben. Manchmal ist die extreme Reaktion auch durchaus gewollt und zweckgebunden. Starke Gefühle aber sollten wir ernst nehmen, wenn wir unsere Kinder ernst nehmen wollen.

Gleichzeitig können wir natürlich nicht jedes Mal die Welt anhalten, wenn Kinder von starken Gefühlen gepackt werden. Sonst schwingt sich die Mücke am Ende wirklich zum Elefanten auf, wenn das ersehnte Wochenende oder ein wichtiger Moment für die Familie von einer einzigen starken Gefühlsaufwallung dominiert werden. Nehmen Sie sich die Zeit zum Reden und gehen Sie auf das Gefühl des Kindes ein, anstatt es zu übergehen. Es mag Sie ein paar Minuten kosten – aber die sind nichts gegen die Stunden oder Jahre der Aufarbeitung, die Ihnen irgendwann blühen, wenn Sie die Gefühle ihres Kindes übergehen.

Genau das ist natürlich schwierig, wenn das Kind gar nicht zugänglich scheint. Deshalb reagieren wir oft selbst ziemlich reflexhaft auf die affektive Verhaltensreaktion von Kindern auf ein Gefühl, das sie gerade umtreibt. Hilflos fühlen wir uns dabei oft deshalb, weil in unserer Erwachsenenwelt selten Platz für Emotionen ist – wir haben den Umgang mit ihnen verlernt. »In unserer heutigen Welt sind Emotionen domestiziert«, schreibt Martin Stahlmann vom Kinderschutzbund.[66] Für mediale Inszenierungen dürfen sie herhalten – die positiven jedenfalls. Sogar Männer dürfen heute weinen, wenn ihre Fußballmannschaft aufsteigt. Doch sobald negative Emotionen wie Trauer, Enttäuschung, Angst, Ekel, Abscheu oder Wut ins Spiel kommen, stoßen wir Erwachsenen schnell an Grenzen: Weil sie in unserer Welt unterdrückt und verleugnet werden, fehlen uns die Kompetenzen, routiniert damit umzugehen. »Dann werden Gefühle verniedlicht oder verharmlost, die Auseinandersetzung vermieden oder die hinter dem Verhalten liegenden Emotionen nicht wahrgenommen.«[67]

Die Folge dieser mangelnden Gefühlskompetenz ist, dass wir negative Gefühle am liebsten im Keim ersticken und sie so schnell wie möglich aus der Welt schaffen wollen, anstatt ihnen den gebührenden Raum zu geben. Obwohl es genau das wäre, was unsere Kinder weiterbringen und vergleichbare Situationen in Zukunft entspannen würde. Vor allem zwei Strategien wenden wir geradezu reflexhaft an, wenn wir mit starken negativen Gefühlen konfrontiert sind: das Bagatellisieren und das Verschlimmern.

Das häufigste, typischste und oft regelrecht automatisiert ablaufende Reaktionsmuster auf starke Gefühle ist das Bagatellisieren: Wir reden Gefühle klein. Nicht hier und da, sondern erschreckend oft. Ich bin selbst ein Spezialist in dieser Disziplin; wer oft unter Zeitdruck und zum Beispiel beruflich stark eingespannt ist, neigt natürlich besonders stark zu solchen Automatismen. Ein anderer Grund für häufiges Bagatellisieren kann zum Beispiel sein, dass man im Umgang mit starken Gefühlen bei sich selbst nicht geübt ist, etwa weil man sie als Kind zu unterdrücken gelernt hat. Nur logisch, dass man dann das eigene Kind nicht gut leiden sehen kann und versucht, die großen Gefühle zu verzwergen.

Entsprechend stumpf reagieren wir dann, wenn unsere Kinder zum Beispiel todtraurig sind. Wenn die Schildkröte stirbt, bringen wir allen Ernstes Sätze hervor wie »Ist ja nur eine Schildkröte, ist doch nicht so schlimm«. Kürzlich ließ ich mit meinen Söhnen Spielzeugflieger aus Styropor steigen, die Loopings in der Luft machen. Ausgerechnet der Flieger von Johann landete nach einigen Runden hart auf der Nase und ging kaputt. Schon bevor ich ihn anblickte, kannte ich seine Reaktion: das flatternde Kinn, die Krokodilstränen und das herzzerreißende Wimmern, das sich den Weg aus dem Bauch nach oben bahnte. Und mir fiel nichts Besseres ein als: »Ich kauf dir ein Neues.«

Wir alle kennen die Klassiker des Bagatellisierens:

- Ist doch nicht so schlimm!
- Stell dich nicht so an!
- Das tut gar nicht weh!
- Ein Indianer kennt keinen Schmerz!
- Wer wird denn da gleich weinen!
- Das kommt dir nur so vor!
- Das schaffst du schon!
- Du hast doch schon ganz andere Sachen geschafft!
- Ist doch nur …
- Das ist doch gar nichts gegen …

All das ist natürlich gut gemeint; hilfreich ist es nicht. Wenn wir uns einmal Situationen vergegenwärtigen, in denen wir selbst Bagatellisierungen erleben, leuchtet uns das sehr schnell ein. Als ich einmal in einem Vortrag über das Bagatellisieren sprach, kam anschließend ein Mann auf mich zu und teilte folgende Beobachtung mit mir: »Herr

Borbonus, jetzt habe ich begriffen, warum es mir bei der Beerdigung meiner Mutter so schlecht ging.« Beerdigungen sind tatsächlich typische Anlässe für Bagatellisierungen unter Erwachsenen. »Sie hat doch ein gutes Leben gehabt!« – »Sie war doch schon so alt!« – »Sie hatte aber einen schönen Tod!« Unfassbar, was für Sätze wir aus Hilflosigkeit auspacken. Ganz nüchtern betrachtet mag das alles ja sogar stimmen. Aber was hilft das schon, wenn man gerade um die eigene Mutter trauert?

Etwas seltener, aber auch nicht hilfreicher ist das zweite häufige Muster im Umgang mit starken Gefühlen: das Verschlimmern. Auch das hatte der Teilnehmer bei der Beerdigung seiner Mutter erlebt, wie er mir berichtete: »Was wird denn jetzt aus dem Haus?« – »Wie soll es denn mit eurem Vater jetzt bloß weitergehen?« – »Wie willst du das allein nur schaffen?«

Selbst die unbeholfensten Sätze sind oft nur gut gemeint: Meist wollen wir anderen einfach unser Mitgefühl demonstrieren. Wir glauben, dass wir helfen, wenn wir noch kräftig mit ins Horn stoßen und sie in ihren Gefühlen bestärken. Leider erreichen wir damit aber meist das Gegenteil: Wir verstärken den Schmerz, die Trauer oder die Wut zusätzlich. Bei unseren Kindern, die noch nicht reflektiert genug sind, um sich davon zu distanzieren, erst recht: Sie nehmen unsere Reaktionen für bare Münze und fühlen sich zum Beispiel in ihrer Wut noch bestätigt.

Nehmen wir an, mein Sohn ist wütend auf den Schulkameraden, der seinen Ranzen schmutzig oder sogar kaputt gemacht hat. Wenn ich sein negatives Gefühl nun übernehme und durch den Verstärker meiner elterlichen Autorität noch potenziere, bringe ich ihn damit nur noch mehr in Rage: »Das mit dem Schulranzen, das war bestimmt der Louis! Der hat schon so oft so was gemacht, das geht mir auch langsam auf den Keks! Da muss ich mal mit seiner Mutter reden!« Damit nehme ich ihm die Möglichkeit, sich zu beruhigen und nach einem versöhnlichen Umgang mit dem Gefühl der Wut zu suchen. Dabei wäre es meine Aufgabe als Erwachsener, ihn genau darin zu unterstützen. Das tue ich weder, indem ich sein Gefühl kleinrede, noch, indem ich es aufbausche.

Nicht nur in der Situation, sondern auch auf lange Sicht tun wir unseren Kindern keinen Gefallen damit, wenn wir ihnen solche für uns bequemen, aus psychologischer Sicht aber unvorteilhaften Bewältigungsstrategien vorleben. Denn »jede Art von ›Emotionsregulation‹ wird vom Kind aufmerksam registriert und schrittweise dem eigenen Verhaltensrepertoire einverleibt«.[68] Das Bagatellisieren wie das Verschlimmern, also die rituelle Beschwichtigung oder Verstärkung, sind die falsche Art, mit starken Gefühlen umzugehen. Gut gemeint vielleicht, aber nicht gut. Doch mit unserem Verhalten geben wir dieses Verhalten an unsere Sprösslinge weiter. An den Gefühlen an sich, die wir damit zu unterdrücken versuchen, ändert beides ganz und gar nichts.

Beobachten Sie sich einmal selbst: Wie oft beschwichtigen oder verschlimmern Sie im Alltag? Ich selbst war sehr überrascht, als ich einmal darauf geachtet und mich mehrmals am Tag bei solchen Reaktionsweisen beobachtet habe. Und wenn wir uns dessen erst einmal bewusst sind, ist es gar nicht so schwierig, dem Muster beizukommen.

Die blöde Fliege: Wie Geschichtenerzählen beim Beruhigen hilft

Was aber ist die Alternative zum Bagatellisieren und Verschlimmern? Wie können Sie mit einem von Emotionen überwältigten, brüllenden Kind ins Gespräch kommen? Wie können Sie Ihrer Tochter oder Ihrem Sohn helfen, die emotional aufgeladene Situation zu bewältigen? Der Trick bei starken Emotionen liegt darin, dem Gefühl und seinem Auslöser Raum zu geben und die Situation in eine rationale, für das Kind und alle Beteiligten leichter verdauliche Gesprächsgrundlage umzuwandeln: vom Fühlen über das Reden zur Lösung.

Ein Beispiel dafür, wie das funktionieren kann, hat sich vor einiger

Zeit bei einer Fahrradtour mit meinen Söhnen zugetragen. Sie fand während der Corona-Krise im Frühjahr 2020 statt, als bei vielen Menschen, großen wie kleinen, die Nerven sowieso schon blank lagen. In dieser Phase war oft die Rede davon, dass Eltern das schwerste Los gehabt hätten. Mussten sie sich doch 24 Stunden am Tag ohne den üblichen Ausgleich durch Bürokontakte oder Freizeit im Homeoffice auch noch mit ihren völlig unterforderten Kindern angemessen beschäftigen. Nicht, dass ich dem widersprechen möchte – ich wünsche mir diese Zeit auch nicht zurück. Aber wenn das für uns schon so schwierig war, was muss erst in unseren Kindern vorgegangen sein? Monatelang waren sie von ihren Spielkameraden, von ihren Großeltern, von ihren vertrauten Routinen getrennt. Und das je nach Alter auch noch in einer Phase ihres Lebens, in der die Gefühle sowieso schon oft genug verrücktspielen. Schulkinder können kaum ihre Geschichten, Witze, Gefühle, ihre Neugier und ihren Erkundungsdrang von einem Schultag zum nächsten im Zaum halten. Und dann soll das monatelang klappen, und die Kinder sollen dabei noch brav bleiben?

Kein Wunder also, wenn Ihre wie meine Kinder in dieser Zeit die kleinen und großen Katastrophen des Alltags vielleicht noch ein bisschen intensiver wahrgenommen haben, als es in ihrem Alter sowieso schon normal ist. Genau deshalb unternahmen wir trotz des überschaubaren Risikos in dieser Zeit zum Beispiel Fahrradtouren. In unserem Bundesland war das nach langer Wartezeit zu diesem Zeitpunkt erlaubt. Wir konnten es kaum erwarten, raus in die Natur zu kommen, uns mal wieder auszutoben und das bisschen zurückgewonnene Freiheit zu genießen.

Umso größer war meinerseits auch die Versuchung, gleich zu beschwichtigen, als es zum Eklat kam. Wie so häufig im Leben mit Kindern kippte die Situation binnen Sekundenbruchteilen von Sonnenschein zu Weltuntergang. Ich fuhr gerade auf meinem Fahrrad voraus und sah das Unheil deshalb nicht einmal kommen. Ich hörte nur, wie Johann hinter mir plötzlich aufschrie wie am Spieß. Ich legte eine

Vollbremsung hin, drehte um und radelte die etwa hundert Meter zurück in seine Richtung. Schon von Weitem sah ich, dass zum Glück nichts wirklich Schlimmes passiert sein konnte: Weder Johann noch sein Fahrrad lagen auf der Erde. Er stand auf beiden Beinen, hatte noch eine Hand am Lenker und war augenscheinlich unverletzt. Mit der anderen Hand wischte er sich allerdings wie verrückt im Gesicht herum – und heulte und schrie dabei, dass es einen Stein erweichen konnte.

Wie sich herausstellte, war ihm in voller Fahrt eine Fliege ins Auge geflogen. Genau genommen war ich für das Drama verantwortlich: Eigentlich tragen die Kinder beim Fahrradfahren Sonnenbrillen, um genau das zu verhindern. Nur hatte ich vergessen, sie Johann aufzusetzen. Typisch … Als die Fliege mit seinem Auge kollidiert war, hatte er sich jedenfalls mächtig erschrocken. Wahrscheinlich hatte es auch ein bisschen wehgetan. Sein Auge war zwar unverletzt, aber sichtlich gerötet. Das doppelte Mikro-Trauma von Schock und Schmerz löste einen ungebremsten Strom von starken Emotionen aus, und der hatte es in sich. Ich kann Ihnen sagen: Fliege hätte ich in Johanns Welt an diesem Tag nicht sein wollen.

Es war eine der besagten Situationen, in denen Erwachsene leicht von der Wucht der kindlichen Emotion überfordert sein können: Alles ist nur noch Heulen und Schreien. Was wir auch sagen oder tun, wir scheinen gar nicht zum Kind durchdringen zu können. Und genauso ist es auch: Gegen das Gefühl anreden zu wollen ist völlig aussichtslos. Den Schleier können Sie nur durchbrechen, wenn Sie irgendwie ins Gespräch über das Gefühl kommen. Deshalb ist es das Beste, es nicht unterdrücken oder mindern zu wollen, sondern es zu kanalisieren. Das geht auch hier wieder am besten, indem Sie Ihrem Kind eine Brücke bauen: Helfen Sie ihm, seinem Gefühl Ausdruck zu verleihen. So können Sie schnell eine Gesprächsgrundlage schaffen, die die Gefühlswelt des Kindes respektiert.

Was hilft Kindern, die Welt zu verstehen und zu verarbeiten? Eine Geschichte. Um starker Emotionen Herr zu werden, lassen Sie Ihr

Kind die Geschichte der Situation erzählen, die das starke Gefühl ausgelöst hat. Alles, was Sie tun müssen, ist zu moderieren, also dem Kind zu helfen, die Geschichte möglichst konkret und detailliert zu erzählen. Nach Johanns Crash mit der Fliege kam dabei ungefähr folgender Dialog zustande:

»Johann, was ist denn los?«

»Mein Auge!« Und Schreien.

»Erzähl mal, was ist denn passiert?«

»Da ist was reingeflogen!« Noch lauteres Schreien.

»Mensch, so was, wie denn das? Da hinten, gerade, als du gefahren bist?«

»Ja, ich saß auf dem Fahrrad!« Vorher ein kurzes Zögern – irgendwas fühlt sich offenbar anders an, obwohl die Tränen immer noch fließen.

»Und was ist dann passiert?«

»Dann ist die Fliege auf einmal in mein Auge geknallt!«

An diesem Punkt wurden die Sätze schon länger, und der Informationsgehalt nahm zu. Jetzt hatte Johann sich bereits spürbar beruhigt. Er schluchzte zwar noch und war immer noch aufgebracht, aber er war wieder ansprechbar und hatte die Gefühle unter Kontrolle. Ein paar Minuten später, nach einer kurzen Pause, ein paar Witzen über die blöde Fliege und einem Schluck Wasser, konnten wir unsere Fahrradtour fortsetzen, fast, als wäre nichts gewesen. Das ging nicht, weil wir die Gefühle »weggemacht« hätten, sondern ganz im Gegenteil: Wir hatten ihnen Raum gegeben, sie thematisiert und gemeinsam verarbeitet. Der Schreck, die Wut und der Schmerz hatten keine Chance, sich zu verfestigen und uns allen die Stimmung zu verderben. Die Fahrradtour war gerettet. Und alles, was es dafür gebraucht hatte, war ein kurzes Gespräch.

Warum die Erzählmethode im Umgang mit starken Gefühlen so frappierend wirksam ist, ist wissenschaftlich fundiert: Durch den Wechsel vom reflexhaften, unkontrollierten Gefühlsausbruch in den reflektierten, strukturierten Erzählmodus werden zusätzliche Hirnareale aktiviert, die vorher Sendepause hatten. Eine Geschichte zu erzählen, im Gegensatz zum Geschrei davor, ist strukturierte Kommunikation. Wenn das Kind das hochemotionale, auslösende Ereignis in Worte kleiden muss, ist es gezwungen, innezuhalten und seinen Verstand zu benutzen. Es muss die Abfolge der Ereignisse in eine Sequenz bringen, muss sortieren und die richtigen Worte finden. Das kühlt die Affektreaktion ab, ohne sie zu verleugnen. Das Storytelling sorgt also für eine ausgewogenere Sichtweise auf die Situation – und hilft dem Kind, sich zu beruhigen.

Schlafen gehen, die Welt erklären, starke Gefühle in den Griff kriegen: Die Magie des Geschichtenerzählens scheint keine Grenzen zu kennen. Kein Wunder, dass es uns noch als Erwachsene in seinen Bann zieht; für unsere Kinder kann eine Geschichte die Welt (be-)deuten.

Schutzzauber aktivieren: Der Umgang mit Angst

Noch etwas können Geschichten: unseren Kindern gehörig Angst machen. Das kann allerdings vieles in ihrer von Gefühlen geprägten Welt. So manches, was aus Erwachsenensicht anmutet wie eine Kleinigkeit, kann Kindern mächtig Furcht einflößen. Da können wir verharmlosen, wie wir wollen. Wahrscheinlich können Sie als Eltern eine ganze Reihe von Angstmachern auflisten, die Ihren Kindern in ein paar Jahren verdammt peinlich wären: von Klassikern wie dem Monster unter dem Bett über den angsteinflößenden Yorkshireterrier der Nachbarsfamilie bis hin zur Schulveranstaltung, bei der das Kind zum ersten Mal vor anderen auftritt.

Ein Beispiel, das fast alle Eltern aus eigener Erfahrung kennen, ist der unvermeidliche Aufbruch zu neuen Ufern aus der Sicherheit eines behüteten Kinderlebens heraus. Der erste Tag im Kindergarten oder auch in der Grundschule fühlt sich für manches Kind an, als würde es in eine fremde, feindliche Welt wie in der Kinofilmreihe *The Hunger*

Games verbannt, wo es sich von nun an ohne Hilfe von außen gegen bösartige Feinde durchsetzen muss.

Das Verrückte daran ist, dass diese aus unserer Sicht überzogene Empfindung nicht nur mit der überbordenden Fantasie des Kindes zu tun hat, sondern tatsächlich auf einer rational erklärbaren Basis beruht. Die Angst vor potenziellen Fressfeinden und anderen alltäglichen Bedrohungen in urzeitlichen Wüstenlandschaften und Kindertagesstätten ist tatsächlich tief in unserem Erbgut verankert. Die Angst wurde von der Natur eingerichtet, um uns vor Gefahren zu schützen.[69] Hätten unsere Vorfahren keine Angst vor unbekannten Wesen (mit oder ohne Giftzähnen) gehabt, wären sie nicht alt geworden. Hätte die Natur ihnen keine genetische Motivation mitgegeben, zwischen Freund und Feind zu unterscheiden – wer weiß, ob die Menschheit die ersten 40 000 Jahre überstanden hätte.

Vielleicht hätten wir gar nicht erst die Chance bekommen, uns den eigenen Lebensraum kollektiv und ganz zivilisiert selbst zu zerstören. Auch diese unter etwas älteren Kindern zunehmend verbreitete Angst ist übrigens alles andere als irrational. Wenn wir sie belächeln, ignorieren wir wider besseres Wissen, dass unsere Kinder wegen uns später vielleicht nichts zu lachen haben. Da ist nicht nur die Angst, da ist auch ein gewisser Zorn seitens der nachfolgenden Generationen durchaus nachvollziehbar und berechtigt.

Kurz: Angst ist nichts Falsches und nichts, das sich einfach verdrängen ließe. Die Angst unserer Kinder ist real. Das Problem ist nur, dass das Kind selbst diesen höheren Sinn seiner Angst natürlich nicht versteht, sondern auf die Empfindung zurückgeworfen ist. Und mindestens bis zu einem gewissen, tendenziell dann sowieso schon recht aufgeklärten Alter macht es auch herzlich wenig Sinn, dem Kind seine Angst rational erklären zu wollen.

Ein dreijähriges Mädchen etwa, das zum ersten Mal in eine fremde Umgebung mit fremden Menschen geschickt wird, kann noch nicht besonders gut zwischen »potenziell gefährlich« und »echt gefährlich« unterscheiden. Die zauberhafte Kindergärtnerin, die den Heulkrampf an der Eingangstür mit einem gütigen Lächeln quittiert, kann ihr trotzdem Angst einjagen, weil sie zufällig Ähnlichkeit mit einer Märchenfigur hat oder irgendeine Assoziation auslöst, die uns Erwachsenen gar nicht in den Sinn käme.

Aus unserer Erwachsenensicht ist diese evolutionär gewollte und keineswegs eingebildete Angst an der Eingangstür des Kindergartens deplatziert. Also kann sie ja wohl nicht echt sein! Wir haben leicht reden, wenn wir so denken: Als Erwachsene haben wir gelernt, zwischen begründeter und unbegründeter Angst zu unterscheiden. Oder sagen wir mal, wir sind tendenziell ein kleines bisschen besser darin als eine Dreijährige. (Wobei ich mir da nicht immer sicher bin, wenn ich mich so bei Facebook umschaue …) Deshalb neigen wir dazu, die Angst des Kindes nicht ernst genug zu nehmen, und versuchen, sie ihm auszureden. Sogar, wenn wir damals vielleicht selbst eine Riesenangst hatten, als wir zum ersten Mal von unseren Eltern in der Wildnis der professionellen Kinderbetreuung ausgesetzt wurden.

Mit diesem Verhalten delegitimieren wir das Gefühl – ohne dass die Angst dadurch verschwinden würde. In den Augen des Kindes ist das ein Vertrauensbruch: Mein Beschützer nimmt mich nicht ernst, lässt mich im Stich und verzieht keine Miene dabei. Mit einem von uns stimmt also offensichtlich etwas nicht. Und natürlich geht das Kind davon aus, dass der Fehler bei ihm liegt und nicht bei den Eltern.

Die Ängste von Kindern unterscheiden sich je nach Altersstufen. Ängste, wie sie beim Fremdeln mit neuen Menschen auftreten – zum Beispiel bei der Begegnung mit der Kindergärtnerin –, legen sich meist ganz von selbst wieder. Sie sind entwicklungsbedingt: Das Kind lernt gerade, zwischen vertraut und unbekannt zu unterscheiden.[70]

Ebenfalls entwicklungspsychologische Gründe hat die Angst vor Monstern unter dem Bett oder vor Baummonstern mit langen Krallenzweigen vor dem Fenster. Sie ist nicht dumm und auch nicht irrational; sie gehört zu einer von der Natur gewollten Lernphase des Kindes, in der es zwischen normalen Alltagserscheinungen und echten Bedrohungen zu unterscheiden lernt. Dieser Prozess wird allerdings durch die überbordende Vorstellungskraft erschwert: »Für Kinder ist dank ihrer Fantasie viel mehr möglich als für Erwachsene. In ihrer Welt leben das Rationale und das Irrationale in friedlicher Koexistenz.«[71]

Ihr Sohn mag wohl wissen und intellektuell verstanden haben, dass es keine Baummonster mit langen Krallen gibt. Das hält ihn aber nicht davon ab, Angst davor zu haben. Die Erkenntnis, dass der Baum vorm Fenster harmlos ist, kann mit dem Lerneffekt verglichen werden, dass eine heiße Herdplatte alles andere als harmlos ist: Beides muss das Kind nun mal erst lernen, damit es die Information in sein Wissensrepertoire integrieren und sich danach verhalten kann. Nachdem mein Sohn am eigenen Leib erfahren hatte, dass nichts Schlimmes passiert und er sogar Applaus bekommt, wenn er einen Vers vor der ganzen Schule singt, konnte er sich schlagartig nicht mehr daran erinnern, zwei Stunden zuvor nur unter Aufbietung meiner letzten rhetorischen Notreserven überhaupt in die Schule gegangen zu sein.

Je nachdem, in welchem Alter das Kind gerade ist, machen ihm andere Ängste zu schaffen, und eingebildet ist keine davon. Angst gehört zum Leben.

Wir können mit unserem Verhalten als Eltern allerdings sehr wohl Einfluss darauf nehmen, wie unsere Kinder mit ihren Ängsten umgehen. Wir erweisen ihnen einen immens großen Dienst damit, wenn wir diese Aufgabe gebührend ernst nehmen. Wir tragen damit in erheblichem Maße dazu bei, wie unsere Kinder später als Erwachsene all die mehr oder weniger angsteinflößenden Herausforderungen bewältigen, die uns selbst schlaflose Nächte bereiten. Denn wenn wir ehrlich sind, sind Ängste uns auch als ausgewachsenen Superheldinnen und Superhelden des Alltags alles andere als fremd – mir jedenfalls. Autokratische Machtergreifungen machen mir Angst. Auftauender Permafrost in Sibirien macht mir Angst. Weltumspannende Pandemien machen mir Angst. Der Gedanke, dass meinen Kindern etwas zustoßen könnte, macht mir eine Heidenangst. Die Vorstellung, als Vater gravierende Fehler zu machen, lässt mir das Blut in den Adern gefrieren.

Der Prozess, von dem wir hier sprechen, dauert letztlich ein Leben lang. Je besser wir unsere Kinder dafür rüsten, desto ruhiger werden wir auch selbst schlafen.

Wie so häufig besteht unsere Aufgabe darin, den natürlichen Prozess als Bezugspersonen wohlwollend, entspannt und empathisch zu begleiten. Und zwar, indem wir den Kindern helfen, zu erkunden, was harmlos ist und was nicht. Am besten gelingt dieser Erkundungstrip durch den Alltagsdschungel aus der Sicherheit von Mamas und Papas Safari-Mobil, also aus der Geborgenheit heraus.

Gleichzeitig können und müssen wir als Eltern Filter sein dafür, welche Informationen Kindern in welchem Alter guttun. Damit können wir ihnen unnötige Ängste ersparen, die sie auf ihrem Entwicklungsstand überfordern könnten. Am wichtigsten ist es, dem Kind das Gefühl zu geben und auch regelmäßig klar auszusprechen, dass es mit seinen Ängsten nicht allein, sondern behütet und in Sicherheit ist.

Nur wenn ein Kind sich beschützt fühlt, bringt es den Mut für Expeditionen zu neuen Ufern auf. Nur ein Kind, das sich sicher fühlt, kann Kind sein.

Angsttransfusionen: Der Apfel fällt nicht weit (genug) vom Stamm

Bevor wir uns einigen Strategien widmen, mit denen wir unsere Kinder im Kampf gegen die Angst unterstützen können, fassen wir uns einmal mehr an die eigene Nase. Dass wir mit destruktiven Kommunikationsmustern wie Ignorieren oder Kleinreden auf dem falschen Dampfer sind, haben wir bereits festgestellt. Auch an den Gedanken, dass rationale Argumente aus der Erwachsenenwelt in der magischen Vorstellungswelt von Kindern nur sehr bedingt gegen die Furcht vor echten oder eingebildeten Gefahren taugen, mussten wir uns bereits gewöhnen.

Leider sind das nicht die einzigen gewohnheitsmäßigen Kommunikationsmuster aus unserem Alltag, die wenig hilfreich gegen die Angst sind. Tatsächlich gibt es noch einige weitere. Und die sind nicht so leicht zu schlucken und auch nicht ganz leicht in den Griff zu bekommen. Warum? Weil sie oft mit unseren eigenen Ängsten zu tun haben. Es ist sehr wichtig, dass wir uns bewusst machen, wie wir Kinder mit unserem Gesprächsverhalten manchmal noch in ihrer Angst bestärken, anstatt ihr entgegenzuwirken. Betrachten wir deshalb einige weitere dieser Kommunikationsmuster, die Ängste bei Kindern fördern – und das oft ohne dass es uns auch nur auffallen würde.

Es ist nicht zu leugnen, dass Kinder manche ihrer Ängste und Unsicherheiten von ihren Eltern übernehmen.[72] Falls Sie bisher gedacht haben, dass Ihr Kind gemeinsame Ängste einfach genetisch von Ihnen mitbekommen hat, habe ich schlechte Nachrichten für Sie: Mindestens genauso wahrscheinlich ist es, dass Sie mit Ihrem Verhalten dafür gesorgt oder eine bestehende Anlage zumindest noch verstärkt haben.

Vor allem geht dieses Abfärben ohne unser aktives Zutun vonstatten. Wir merken gar nicht, wie wir unseren Kindern unsere eigenen Ängste und Unsicherheiten, vor allem aber den Umgang damit, vererben. Oft wundern wir uns als Eltern sogar noch, warum bestimmte Ängste sich nicht bessern, die wir vielleicht für Phasen gehalten hatten. Wir neigen dazu, das Kind gerade für Ängste zu korrigieren oder auch zu ignorieren, die wir selbst teilen – weil diese Themen uns unangenehm sind. Genau dieser Hang zum Tabuisieren lässt die Angst aber nicht verschwinden, sondern verstärkt sie im Gegenteil noch. Dabei sind es sowohl die Ängste selbst als auch die Auslöser dieser Ängste, die wir am liebsten aus der Kommunikation verbannen würden.

Viele Eltern sind zum Beispiel verständlicherweise in höchster Alarmbereitschaft, wenn ihr Kind die Lust am Klettern für sich entdeckt. Eigentlich könnten wir uns freuen: Das Kind ist mutig, neugierig und körperlich fit genug, um sich nach den horizontalen Erkundungsetappen des Krabbelns und Laufens nun an die vertikalen heranzuwagen. Germany's next Gipfelstürmer! Doch statt daraus zu schließen, dass es das Wunder der Gravitation offensichtlich ganz gut durchdrungen und bisher ohne gravierende Erkundungstraumen überstanden hat, was machen wir? Wir spielen Kevin Costner im Film *Bodyguard* und versuchen, das Kind sowohl mental als auch physisch von seinem Vorhaben abzubringen, auf das Gerüst oder den Baum zu klettern. Bloß keine Risiken eingehen!

Und so oder so ähnlich klingt es, wenn Eltern ihren Kindern Ängste einpflanzen: »Komm schnell von dem Baum runter! Das ist viel zu gefährlich! Stell dir mal vor, der Ast bricht ab, und du knallst mit dem Kopf auf den Boden!« So etwas in der Art brüllt die Mutter oder der Vater, noch unterwegs im Rettungssprint quer über die Wiese – während das Kind noch auf dem Ast sitzt und sich nun in bunten Farben sein offenbar unausweichliches Schicksal ausmalt. Denn dieser panische Ausdruck in Mamas Augen kommt ja wohl nicht von ungefähr?

Ein robusteres Kind klettert an dieser Stelle entweder leicht genervt oder gehorsam vorsichtig vom Ast herunter. Ein weniger angstresistentes friert auf dem Ast ein und würdigt Bäume fortan keines Blickes mehr. Schade. Vielleicht wäre es ein guter Kletterer geworden, gerade weil es sowieso vorsichtig ist.

Nichtsdestotrotz ist die elterliche Aversion gegen Bäume und andere Kletterobjekte natürlich völlig verständlich. Als meine Kinder die ersten Spielplätze und Bäume für sich eroberten, war mir das auch nicht einerlei. Während meine Frau, die Lehrerin, in dieser Hinsicht einiges gewöhnt und nicht so leicht zu ängstigen war, war ich als Anfänger in puncto Kindern bei meinem ältesten Sohn damals selbst öfter unsicher und besorgt, als mir verstandesmäßig lieb war. Ein wenig hatte es auch mit einem traumatischen Erlebnis zu tun, an das mein älterer Sohn selbst sich vermutlich schon gar nicht mehr erinnerte. Als er gut ein Jahr alt war, hatte er sich in einer Schwingtür eine Fingerkuppe abgetrennt. Ich hatte nur eine Sekunde nicht hingesehen, und schon war es passiert. Mir ging es in der ersten Zeit danach nicht gut – überall sah ich Gefahren und Bedrohungen. Es dauerte eine ganze Weile, bis sich mein eigener Angstpegel wieder normalisierte.

Es ist vollkommen natürlich, dass wir das Liebste und Wertvollste beschützen wollen, das wir auf der Welt haben. Wir müssen uns nur vergegenwärtigen, dass wir nicht jede unserer Sorgen und Ängste als Eltern zu den Sorgen und Ängsten des Kindes machen dürfen. Wenn etwas Papa oder Mama Angst macht, heißt das noch lange nicht, dass das Kind vor derselben Erfahrung zwingend auch Angst haben müsste oder sollte.

Als Erwachsene können wir im Gegensatz zu unseren Kindern zwar besser unterscheiden, was wirkliche Gefahren sind und was nicht, und können diese Unterscheidung situativ sinnvoll treffen. Natürlich müssen wir unser Kind vor objektiv gefährlichen Fehltritten bewahren – und dazu gehören natürlich auch die Gefahren des Kletterns auf einen Baum. Wir haben allerdings eine Wahl, wie wir Gefahren kommunizieren.

Es gibt zwei Möglichkeiten: Wir können dem Kind unreflektiert die eigene Angst vererben, indem wir ihm das Horrorszenario des Baumsturzes in den Kopf setzen. Doch auf diese Weise bremsen wir möglicherweise den Erkundungsdrang des Kindes über Gebühr und fördern Unsicherheiten und Ängste. Oder wir können das Kind ermutigen, seinen Weg zu gehen – ohne deshalb die Gefahren zu tabuisieren. Statt »Das ist viel zu gefährlich!« können wir zum Beispiel sagen: »Wenn du dich beim Klettern gut an dem Ast festhältst, schaffst du das!« Auch so versteht das Kind, dass sein Vorhaben nicht risikofrei ist. Doch statt der Angst verinnerlicht es die Botschaft, dass Mama oder Papa daran glauben, dass es trotz der Gefahren klettern kann.

Es ist völlig okay, dass wir als Eltern Angst um unser Kind haben – alles andere wäre unnatürlich. Dennoch können wir so kommunizieren, dass wir bei unseren Kindern ein gesundes Risikobewusstsein schaffen, das ihnen bei den nächsten Schritten auf dem Baum und im

Leben hilft – statt ihnen Ängste einzupflanzen, die sie bremsen. So wie wir unseren Kindern ein Filter für nicht kindgerechte Informationen und Eindrücke sind, können und müssen wir ihnen auch ein Filter gegen elterliche, für das Kind erdrückende Ängste sein.

Das ist manchmal leichter gesagt als getan, denn Kinder haben enorm feine Antennen für unsere elterlichen Empfindungen. Sie gleichen alles, was sie sich selbst noch nicht erklären oder einschätzen können, am Gesichtsausdruck und an der Haltung der Eltern ab. Wirken Ihre Mimik und Körpersprache entspannt, entspannt sich in der Regel auch das Kind. Starren Sie mit eingefrorener Körperhaltung, weit aufgerissenen Augen und offenem Mund ihren Sprössling an, während er auf dem Spielplatz ein Gerüst hochklettert, kommunizieren Sie ihm schweigend: Das ist zu gefährlich, ich traue dir das nicht zu, und gleich wird ein Unglück passieren.

So schwierig es manchmal sein mag: Um mit Kindern ermutigend zu kommunizieren, ist es wichtig, an der inneren Haltung zu arbeiten. Der Körper drückt aus, was wir empfinden, selbst wenn wir andere Worte wählen. Auch die Stimme drückt oft ungewollt aus, was wir empfinden. Diese mangelnde Konsistenz von verbalen und nonverbalen Ausdrucksmitteln kann auf andere, auch auf unsere Kinder, widersprüchlich wirken. Und das Kind spiegelt – besonders in den jüngeren Altersgruppen – mit seinem Verhalten sehr stark das elterliche Verhalten. Nicht immer werden wir unsere Körpersprache und unsere Stimme voll im Griff haben. Doch wenn wir uns der Angst bewusst sind und an der inneren Haltung arbeiten, hilft das, eine größere Konsistenz zwischen Worten und Verhalten zu entwickeln.

Als Letztes in dieser Aufzählung der Don'ts im Umgang mit der Angst möchte ich Sie auf ein Kommunikationsmuster aufmerksam machen, das sich auf den ersten Blick als gefährlich erschließt. Und doch sind auch verantwortungsbewusste Eltern in Momenten von Druck und Stress manchmal versucht, die Angst als Manipulationsmittel einzusetzen.

»Wenn du jetzt nicht sofort aufhörst, zu quengeln, dann steigst du hier aus!« In einer Sternstunde der Eltern-Kind-Kommunikation warf meine Frau – ich darf das erzählen – meinem Sohn diesen Satz einmal auf einer Reise an den Kopf, nachdem er sich eine geschlagene Stunde lang mit wachsender Intensität und Lautstärke über Langeweile beklagt hatte. Er saß dabei auf dem Rücksitz unseres Autos, während meine Frau vom Beifahrersitz aus mit ihm kommunizierte – in voller Fahrt auf der Autobahn.

Zum Glück hatte sie sich bei der Wirksamkeit dieser Ansage massiv verschätzt: Die leere Drohung, bei 180 Sachen aus einem fahrenden Auto aussteigen zu müssen, rang Leo nur ein müdes Lächeln ab. Aber machen wir uns nichts vor: Meine Frau hatte versucht, meinen Sohn zur Ruhe zu bringen, indem sie ihm drohte, ihn an der Autobahn auszusetzen. Auch wenn solche Drohungen rein rhetorisch gemeint sind, spielen wir bei solchen Äußerungen leichtfertig mit der Angst unserer Kinder. Letztlich, wenn auch selbstverständlich nicht absichtlich, ist das eine Form von manipulativem Verhalten.

Wahrscheinlich sind wir gerade sehr gestresst und genervt, wenn wir zu solchen Mitteln greifen. Und in solchen Situationen wägen wir nicht immer gut ab, ob wir gerade angemessen reagieren oder nicht. »Räum jetzt sofort dein Zimmer auf, sonst kommt der Nikolaus morgen mit der Rute statt mit Geschenken!« So eine Drohung rutscht im Vorweihnachtsstress schnell mal raus und kann einem empfindsamen Kind dennoch einen Schreck einjagen. Und die schlimmste Angst von allen ist die, von den Eltern verlassen zu werden. Jedes Mal, wenn Eltern drohen, also Angst als Methode einsetzen, zerstören sie damit schleichend das Vertrauensverhältnis zwischen sich und ihrem Kind. Angst als Druckmittel sollte in der Kommunikation mit Kindern immer tabu sein.

Nachdem wir uns nun umfassend mit den Don'ts der Kommunikation im Umgang mit Angst beschäftigt haben, wenden wir uns heiteren Themen zu. Wie wäre es mit Wölfen und Zombies? Angst kann so viel Spaß machen! Nein, das meine ich nicht ernst, aber das hier schon: Tatsächlich gibt es sehr effektive Kommunikationsstrategien gegen kindliche Ängste, die sogar wirklich schwierige Momente in ein gelingendes Gespräch verwandeln können.

Zombie-Makeover: Kommunikationsstrategien gegen die Angst

Wenn es einen Anlass für Angst gibt, mit dem wahrscheinlich alle Eltern schon zu kämpfen hatten, dann ist es das Schlafengehen. Auch bei meinen Kindern bleibt das nicht aus. Der Auslöser kann alles Mögliche sein, doch der Verstärker ist fast immer derselbe: die blühende Vorstellungskraft unserer Kinder.

Als Leo zum Beispiel die Welt der Fantasy-Geschichten für sich entdeckte, hatte das alle möglichen positiven Auswirkungen auf sein kreatives Denken und seine Ausgeglichenheit. Er konnte sich so in diese Büchern versenken, dass er manchmal stundenlang abgemeldet war. In kürzester Zeit las er die drei dicken Bände einer bekannten Fantasy-Saga einfach weg.

Einerseits freuten wir uns sehr darüber, dass er sich so lange auf eine Geschichte konzentrieren und mit einem Sprachwerk beschäftigen konnte – immerhin ist Lesen eine der förderlichsten Angewohnheiten, die einem Kind geschenkt werden kann. Andererseits hatte das Lesen auch bei Leo dieselben Nebenwirkungen, wie viele Geschichten sie auf Kinder haben: Manche der Figuren, die er sich in seiner kindlichen Fantasie natürlich bis ins Detail ausmalte, lösten Ängste bei ihm aus. Und die zeigten sich ganz typisch beim Schlafengehen.

»Und was, wenn nun ein Wolf unter meinem Bett liegt?«, sagte er eines Abends kleinlaut zu mir, als ich ihn ins Bett brachte. Das Wort Angst nahm er dabei nicht in den Mund, aber sie war ihm anzusehen. Welcher Junge gibt seinem Vater gegenüber schon gern zu, dass er Angst hat? Ein anderes Mal war es offensichtlich eine populäre TV-Serie, die Furcht bei ihm ausgelöst hatte: »Ich glaube, da ist ein Zombie hinter dem Vorhang!« Woher genau Leo Zombies kannte, war mir erst mal schleierhaft, aber das kennen Sie sicher aus eigener Erfahrung: Kinder sind bestens informiert und in der Unterhaltungsindustrie auf dem Laufenden, ob uns das nun gefällt oder nicht.

Natürlich gibt es immer die Möglichkeit, dass die Angst vorgetäuscht ist, weil das Kind einfach noch ein bisschen Zeit mit Ihnen verbringen will. Das ist ein kleiner Trick aus der Zauberkiste der Erwachsenenerziehung, den viele Kinder beizeiten beherrschen. Vielleicht wollen sie einfach noch einmal in den Arm genommen werden oder möchten, dass man sich noch eine Weile zu ihnen legt. Bis heute ist es mir nicht gelungen, ein eindeutiges Signal für den Bluff zu entdecken. Im Zweifel erkennen Sie ihn aber spätestens daran, dass auch die beste Strategie gegen die Angst nicht greifen will.

In den genannten Fällen war die Angst bei Leo allerdings echt. Mit der Beschwichtigungsstrategie erreichen wir in so einem Fall rein gar nichts, genauso wenig wie mit rationalisierenden Argumenten: »Das kann gar nicht sein, es gibt gar keine Zombies!« – »Welcher Wolf würde denn unter ein Bett passen?« – »Ich habe nachgesehen, da ist nichts, und die Tür ist doppelt verschlossen!« Solche Antwortmuster aus der Erwachsenensprache können Sie sich sparen. Sie erinnern sich: Das Rationale und das Irrationale können in der Vorstellungswelt eines Kindes widerspruchsfrei koexistieren. Versuchen Sie nicht, die empfundene Bedrohung wegzudiskutieren – das ist vollkommen aussichtslos und zudem irritierend für das Kind, das sich mit seiner Emotion nicht gesehen fühlt.

Eine Strategie, die sehr effizient gegen Ängste wirkt, ist Bildhaftigkeit. Denn letztlich ist es ja ein inneres Bild, das die Angst auslöst. Anstatt gegen die übermächtige Vorstellungskraft Ihres Kindes anzukämpfen, können Sie sie nutzen, um das innere Bild zu verändern: weg vom beängstigenden, bösen, blutrünstigen Zombie hinter dem Vorhang hin zu einem harmlosen, guten, beschützenden Bild. Zum Beispiel können Sie dafür sorgen, dass der böse Wolf hinter dem Vorhang es mit einer positiv besetzten Figur zu tun bekommt, die ihn mit einem Zauber das Fürchten lehrt.

Oder Sie bedienen sich dabei gleich noch einer zweiten, ebenfalls sehr wirksamen Strategie gegen die Angst: Humor. Nichts bricht die Angst so effektiv wie das Lachen. Harry-Potter-Fans (und höchstwahrscheinlich auch Ihren Kindern) ist diese Methode durchaus vertraut: Der Zauberspruch »Riddikulus« verwandelte in den Büchern und Filmen über den Zauberlehrling noch das furchterregendste Monster in eine Witzfigur. Wie beängstigend das Bild auch sein mag, das Ihr Kind vom Schlafen abhält – Sie können es gemeinsam mit ihm verändern. Und weil das Kind dabei seine Fantasie ausspielen kann, macht das auch noch Spaß.

Auf diese Weise nahmen Leo und ich es auch mit dem Zombie hinter dem Vorhang auf: Wir zogen die bemitleidenswerte Gruselfigur nach allen Regeln der Kunst ins Lächerliche. »Stell dir vor, der Zombie hat ein Lillifee-T-Shirt an!«, machte ich den Anfang, und Leo konnte sich selbst durch seine Angst hindurch das Kichern nicht verkneifen. Also färbte er dem Zombie gleich noch die Haare grün. Dem bösen Wolf zogen wir Stöckelschuhe an und schminkten ihn mit Lippenstift. Versuchen Sie mal, auf allen vieren in High Heels die Treppe zum Kinderzimmer hochzukommen, ohne sich dabei zum Gespött zu machen … Mit jeder lächerlichen Verkleidung wich Leos Angst zunehmend dem Lachen, als wir den Wolf unter dem dunklen Bett hervor ins Schlaglicht unserer Comedy zerrten und dem Zombie ein Makeover verpassten.

Wenn Ihr Kind beim Einschlafen Angst hat, zerbrechen Sie sich gar nicht erst den Kopf über beschwichtigende oder rationalisierende Argumente: Die greifen sowieso nicht. Arbeiten Sie lieber mit dem, was sowieso schon am Werk ist und bei Kindern immer wirkt: mit der Macht der Fantasie. Sprachliche Mittel wie Bildhaftigkeit und Humor sind bei Kindern viel effektiver als die reine Vernunft. Ganz abgesehen davon, dass die Eltern-Kind-Kommunikation in brisanten Situationen auf diese Weise auch Ihnen gleich viel mehr Spaß machen dürfte.

Dos und Don'ts im Umgang mit der Angst

Dos

- Humor: Ziehen Sie Angstmacher wie den Zombie unterm Bett gemeinsam mit Ihrem Kind nach allen Regeln der Kunst ins Lächerliche.
- Bildhaftigkeit: Nutzen Sie Vorstellungskraft und Sprache, um Angstmachern durch positive Gegenbilder den Schrecken zu nehmen.
- Informationsfilter: Natürlich können und wollen Sie Ihr Kind nicht isolieren, doch Sie können Alltagsinformationen kindgerecht kommunizieren.
- Körpersprache: Berücksichtigen Sie, dass Kinder ihr Verhalten in hohem Maße danach ausrichten, welche Empfindung sie bei Ihnen wahrnehmen.
- Ermutigung: Unterstützen Sie den Erkundungsdrang Ihres Kindes, ohne reale Gefahren zu tabuisieren.

Don'ts

- Angst ignorieren: Die Angst einfach ausblenden zu wollen funktioniert nicht und schürt beim Kind ungesunde Zweifel an seinen Gefühlen.
- Angst bagatellisieren: Wenn wir die Angst durch Beschwichtigungen wegzureden versuchen, glaubt das Kind sich falsch, obwohl die Angst real ist.
- Angstmacher überrationalisieren: Da Rationales und Irrationales sich bei Kindern nicht ausschließen, helfen rationale Argumente nur bedingt.
- Angst instrumentalisieren: Kindliche Angst darf niemals als Manipulationsstrategie eingesetzt werden.
- Angst vererben: Kinder übernehmen Ängste und Unsicherheiten ihrer Eltern, wenn diese in der Kommunikation zu viel Gewicht bekommen.

Frust klein halten: Trösten durch Sprachgefühl

Starke Gefühle, könnte man meinen, lassen die Kommunikation verrohen. Schließlich eskalieren Gespräche meistens dann, wenn die Emotionen hochkochen. An der Oberfläche gibt es dafür ja auch reichlich Indizien: In solchen Momenten fliegen oft starke Worte durch den Raum – oder auch mal Spielzeuge und böse Blicke, wenn die Worte fehlen. Leider neigen wir auch als Erwachsene dazu, auf Emotionen emotional zu reagieren. Leider sind wir nicht immer reflektiert genug, sofort zu erkennen und auszugleichen, woran es in einem Gespräch gerade mangelt. Wir sind nämlich auch nur Menschen.

Wenn wir uns dann an der rauen Oberfläche so einer hitzigen kindlichen Äußerung (oder Nicht-Äußerung) festbeißen und uns womöglich noch anstecken lassen, blenden wir leicht die Ebene aus, die eigentlich gerade wirkt: die sensible, empfindsame kindliche Gefühlswelt, die gerade nicht in Balance ist. Hier entsteht der Frust. Mit der Wut und dem Geschrei reagiert das Kind auf die Störung, auf die es keine bessere Antwort hat – noch nicht.

Und das »noch nicht« ist der entscheidende Punkt hier – denn noch nicht ist in diesen Fällen oft auch die Lösung. Wortwörtlich.

Wenn Ihre Kinder schon zur Schule gehen, ist es Ihnen vielleicht auch schon so ergangen wie mir: Ich leide jedes Mal mit, wenn eines meiner Kinder frustriert ist, weil es etwas nicht sofort beherrscht. Das kommt bei den Kleinen, die jeden Tag etwas Neues lernen, ja nicht gerade selten vor: Mit gerunzelter Stirn und zunehmend kurzatmig sitzen sie über einer Aufgabe und kommen nicht auf die Lösung. Da will man helfen und sagt so etwas Schlaues wie: »Du kannst das nicht! Lass mich mal.«

Wenn man auf so eine Äußerung hin den Bleistift fliegen sieht, bevor man danach greifen kann, muss man sich nicht wundern: Mit so einem Satz wird die negative Emotion nur noch weiter verstärkt. Das Letzte, was ein frustriertes Kind braucht, ist ein Erwachsener, der sich von der Emotionalität anstecken lässt und den Frust noch verstärkt.

»Nicht« ist ähnlich wie »müssen« oder »aber« ein Reizwort für viele Menschen, besonders in sensiblen Momenten mit Frustpotenzial. Kein Wunder also, dass Kinder besonders empfindlich darauf reagieren. Das Wort »nicht« hören Kinder häufig im Zusammenhang mit Verboten, gebrochenen Versprechen oder Nachteilen, die sie gegenüber Erwachsenen haben: »Um diese Zeit darfst du *nicht* rausgehen.« – »Wir schaffen es heute leider doch *nicht* mehr in den Zoo.« – »Dafür bist du noch *nicht* groß genug.« Nicht ist für Kinder ein Frustwort. Wir benutzen es viel zu oft und viel zu oft unreflektiert. Deshalb sind wir in Situationen mit Frustgefahr gut beraten, darauf zu verzichten oder es zumindest abzuschwächen, wenn es geht.

Sogar bei starken Gefühlen wie Frust kann manchmal schon eine kleine sprachliche Änderung die Wirkung einer Aussage stark beeinflussen. Ein Quäntchen Sprachgefühl kann schon reichen, um die Situation zu retten. In diesem Fall reicht ein einzelnes Wort, um die Eskalation zu vermeiden: »Du kannst das *noch* nicht« oder »Du hast das *noch* nicht verstanden« hört sich für ein Kind nicht nur ganz anders an. Diese Aussage transportiert sogar Hoffnung, denn sie enthält ein Versprechen: Du wirst das beherrschen, du wirst das verstehen.

Wenn Ihr Kind frustriert ist, zeigen Sie sich verständnisvoll und konstruktiv: Ja, das nervt, aber das wird nicht so bleiben. Oft reicht ein winziger rhetorischer Impuls, um den Frust sprachlich und emotional zu begrenzen:

»Du kannst das noch nicht.«

»Im Moment geht das noch nicht.«

»Manchmal klappt das beim ersten Versuch noch nicht.«

»Du hast noch nicht genug Übung.«

»Das darfst du leider noch nicht.«

So hoch es im Gespräch mit ihnen manchmal hergehen mag: Gerade in sensiblen Momenten sind unsere Kinder für jede sprachliche Nuance empfänglich. Oft reichen kleine Worte, um den großen Knall zu verhindern.

Die Manuel-Neuer-Fähigkeit: Der Umgang mit Wut

Wie viele Kinder hatte mein Sohn Leo im Grundschulalter eine Wutphase. Meist zeigte sich diese Wut nur verbal in seinen Äußerungen und seiner Haltung: In wütenden Momenten sah man ihm die Anspannung und Aufregung deutlich an. Allein das reicht schon, um uns als Eltern mit unserem Kind leiden zu lassen. Einmal ging die Wut sogar noch weiter: Leo schubste ein anderes Kind auf der Straße, das ihn aus seiner Sicht unfair behandelt hatte. Die Reaktion der Eltern des anderen Kindes, in deren Wohnzimmer ich plötzlich saß, ließ wenig Zweifel offen: Wir konnten nicht einfach tatenlos warten, bis das vorübergeht – auch, weil es Leo mit dieser Wut natürlich selbst nicht gut ging.

In so einem Moment stehen Eltern vor der Frage: Wie bringe ich mein wütendes Kind dazu, sich mit diesem unangenehmen Gefühl, seinen Folgen und möglichen Auswegen auseinanderzusetzen? »Leo, wir müssen über deine Wutausbrüche reden!« – so wird das ganz sicher nichts. Unser Sohn war noch zu jung, um seine Wut neutral von außen zu betrachten und dann mit rationalen Maßnahmen darauf zu reagieren. Und Lust hatte Leo schon gar nicht darauf. Schließlich rührte seine Wut daher, dass er sich von anderen ungerecht behandelt fühlte. Warum sollte er seine Verhaltensweisen durch solche ersetzen, die andere gern sehen würden?

Für Eltern ist das eine riesige Herausforderung: dem Kind deutlich zu machen, dass es sich mit einem unbequemen, schwierigen und womöglich auch noch langwierigen Thema auseinandersetzen muss. Relevantes auch für das Kind relevant erscheinen zu lassen ist einer der anspruchsvollsten Aspekte der Eltern-Kind-Kommunikation. Gerade in jungen Jahren müssen wir bei unseren Kindern teilweise existenziell wichtige Weichen stellen. Dabei verlangen wir ihnen manchmal große Veränderungen ab. Das kann nur klappen, wenn wir in der Lage sind, unseren Kindern Relevanz zu vermitteln: Das ist wichtig für dich, und wir müssen da ran, auch wenn du keine Lust darauf hast.

Der entscheidende Schritt bei dem Versuch, das Verhalten von Kindern zu ändern, ist der Perspektivenwechsel bei der Ansprechhaltung. Wenn es um hochemotionale Themen geht, wie es im Zusammenhang mit Wut immer der Fall ist, gilt das erst recht. Ein Schlüssel kann sein: aufzuhören, die schwierige Verhaltensweise zu kritisieren und das starke, ja übermächtige Gefühl als falsch hinzustellen. Also nicht: »Du darfst andere Kinder nicht schubsen, du musst deine Wut in den Griff kriegen, du darfst nicht aggressiv sein …«

Der Perspektivenwechsel hilft, die Wut zu entzaubern. Das starke Gefühl kommt ja nicht von ungefähr, es gibt einen Grund dafür. Statt uns auf das Gefühl zu fixieren, können wir über die Ursache sprechen – und dann eine konstruktive Lösung suchen, die auch für das Kind besser funktioniert als die Wut. Das Tolle daran: Sobald wir den Pfad der Kritik verlassen und stattdessen nach der Fertigkeit suchen, die das Kind braucht, wird es mit einer ganz anderen Energie bei der Sache sein. Denn Kinder lieben es, zu lernen.

Dieses Prinzip des »Ich schaff's!« des Psychiaters Ben Furman ist nicht nur bei der Bewältigung von Wut extrem hilfreich, sondern hilft, alle möglichen Probleme in positive Herausforderungen umzudeuten. Es beruht darauf, dass jede schwierige Verhaltensweise letztlich nur ein Hinweis darauf ist, dass eine Fähigkeit fehlt oder gestärkt werden will. Wenn Sie gemeinsam mit dem Kind den Fokus nicht auf die vermeintliche Störung richten, sondern auf die entsprechende Fähigkeit, können Sie viele Themen konstruktiver und auch angenehmer für alle Beteiligten anpacken. Der Umgang mit Wut ist eines der Szenarien, in denen das Prinzip extrem hilfreich ist. Ich bin ein großer Fan der Methode, weshalb ich sie Ihnen ans Herz legen möchte.[73]

Am besten funktioniert die Strategie in Kombination mit einer anderen, die hier in Kapitel 7 bereits Thema war: mit der Suche nach neuen Begriffen. Wenn wir der angestrebten, für das Kind attraktiven Fertigkeit auch noch einen Namen zuschreiben, mit dem es positive Assoziationen hat, stürzt es sich gleich mit noch größerer Begeisterung ins Lernen. Hier kommt – wie schon beim Hulk-Gemüse – das

Prinzip der schönen Worte zum Tragen: Indem wir ungeliebten Dingen einen wohlklingenden Namen geben, verändern wir die Sichtweise auf das Thema und erhöhen die Motivation, etwas anzunehmen oder zu verändern. Die folgenden Schritte der Methode nach Ben Furman vollständig zu berücksichtigen und auch zu zelebrieren ist bedeutsam für den Erfolg:

- Motivation aufbauen: Zuerst ist es wichtig, dass das Kind die Motivation aus eigenem Antrieb erlernen will. Dafür ist es wichtig, dass es selbst der Fertigkeit ihren Namen gibt. Die Eltern dürfen bei der Suche moderieren und Fragen stellen, aber das Kind soll selbst erkennen, welche Fähigkeit es braucht und wie es sie nennen will.[74]
- Die Fähigkeit üben: Die Eltern zeigen dem Kind einen Weg auf, die Fähigkeit zu üben und im Alltag anzuwenden – Rückschläge eingeschlossen, denn Lernen verläuft nicht linear. Das Kind darf sich Mentoren suchen, die den Entwicklungsprozess begleiten und ihm Rückmeldung auf die Fortschritte geben.
- Das Lernen verstärken: Wenn die neu erworbene Fähigkeit einige Male erfolgreich angewendet wurde, darf das Kind sich belohnen – etwa mit einem Filmabend oder einer Party, wenn die neue Fähigkeit erfolgreich ausgespielt wurde. Dieses Belohnungsszenario kann und soll sich das Kind mithilfe der Eltern schon vorab als Zielbild genau ausmalen: Wer darf kommen, welchen Film schauen wir, was gibt es zu essen … Ebenso verstärkend wirkt es, wenn das Kind die Fähigkeit an jemand anderen weitergeben, also selbst zu einer Art Mentor werden darf.[75]

Diese Methode ist ungeheuer effektiv und greift bei den meisten typischen Verhaltensweisen, die bei Kindern in den kritischsten Entwicklungsjahren auftreten. Die Schritte des Gesprächsablaufs sind – wie auch die oben genannten Grundzüge des Entwicklungsprozesses – unabhängig vom Thema immer dieselben. Sie lassen sich unter anderem hervorragend für den Umgang mit problematischen Verhaltensweisen einsetzen, die auf starke Gefühle wie Wut folgen:

Schritte der Kommunikation über Verhalten infolge von starken Gefühlen

1. Perspektivwechsel von Kritik zu Fertigkeitsorientierung
2. Dem Kind helfen, die nötige Fertigkeit zu erkennen und zu benennen
3. Das Kind konsequent bei der Umsetzung unterstützen und positiv hinterfragen – immer mit konkretem Bezug zu der Fertigkeit[76]

Worum es bei Leo ging, war uns allen bewusst: Leo suchte nach Gelassenheit, Ruhe, Kontrolle – denn ein solches Verhalten kühlt die Wut ab und hilft ihm, das starke Gefühl zu kontrollieren. Tatsächlich war er selbst es, der, ohne lange zu überlegen, spontan mit einem Namen für die Fertigkeit bei der Hand war. Gelassenheit, Ruhe, Kontrolle? Für Leo war sofort klar: »Das ist die Manuel-Neuer-Fähigkeit!«

In der Tat ist für einen Manuel Neuer Gelassenheit eine wichtige Kompetenz: Er darf sich nicht durch das Gebrüll aus dem anderen Fanblock, durch Gerüchte um seine Leistungsfähigkeit oder heranstürmende Gegner aus der Ruhe bringen lassen. Er muss Ruhe bewahren, Störendes ausblenden und sich unter Kontrolle haben, um das zu tun, was er am besten kann.

Aus Leos Sicht arbeitete er ab sofort also nicht mehr an einem Wutproblem, sondern an seiner Manuel-Neuer-Fähigkeit, was aus nachvollziehbaren Gründen wesentlich cooler war. Und es funktionierte: Der ganzen Familie, vor allem aber Leo, ging es besser. Zunächst schon deshalb, weil er einen Zugang zu dem wichtigen Thema gefunden hatte. Und im Laufe der Zeit dann, weil er das unangenehme, aber starke Gefühl der Wut nach und nach immer besser in den Griff bekam.

Grenzen-Erfahrung: Der Umgang mit Scham

Scham ist auch in der Kommunikation zwischen Eltern und Kindern manchmal ein Tabuthema. Sie ist nicht nur ein starkes Gefühl, sondern auch eines, das in ungewöhnlicher Weise Einfluss auf unser Kommunikationsverhalten nimmt. Es gibt Momente im Umgang mit unseren Kindern, in denen wir selbst Scham empfinden, das Kind dagegen nicht – und umgekehrt. Manche Themen werden dadurch schon mal zur Gratwanderung. Hin und wieder weichen wir dann lieber aus, um keine Grenzen zu übertreten, bleiben aber mit einem Gefühl der Unsicherheit zurück. Natürlich haben wir das Bedürfnis, unseren Kindern nahe zu sein und über alles mit ihnen zu reden. Wenn das Kind dieses Bedürfnis dann ausnahmsweise mal nicht teilt, weil es Scham empfindet, wundern wir uns: Stimmt da etwas in der Beziehung nicht? Mangelt es an Vertrauen? Können wir nicht über alles reden?

Zum Teil mag diese Besorgnis daher stammen, dass wir das Thema Scham aus dem falschen Winkel betrachten. Zum einen können wir uns zunächst einmal vor Augen halten, dass die Funktion von Scham eigentlich eine positive ist: Das Schamgefühl schützt uns und unsere Kinder davor, etwas zu tun, das unangenehm ist. In der Regel stellt es also sicher, dass wir uns gerade nicht schlecht fühlen müssen. Es macht unser Verhalten »umfeld-kompatibel«.[77]

Zum anderen glauben viele Eltern, Scham wäre eine Frage der kindlichen Prägung. Bedingt stimmt das auch: Kinder übernehmen bestimmte moralische Grenzen von ihren Eltern. Überhaupt Scham zu empfinden erlernt das Kind aber laut aktuellen wissenschaftlichen Erkenntnissen nicht erst im Laufe der Zeit. Vielmehr handelt es sich um ein universelles Entwicklungsphänomen, das dem Kind nicht beigebracht werden muss. Forscher haben festgestellt, dass schon Kleinkinder rot werden, den Blick senken und sich abwenden, wenn ihnen jemand zu nahe tritt oder etwas mitbekommt, das das Kind als privat empfindet. Fachleute gehen davon aus, dass Schamverhalten bei fast allen fünf- bis siebenjährigen Kindern etabliert ist.[78] Dennoch hat das Schamgefühl auch eine Komponente sozialer Prägung: Schamgefühl kann entstehen, wenn wir Kindern zeigen, was wir von ihnen erwarten, was wir dulden und was unsere Grenzen sprengt. Das Gefühl der Scham ist also universell, doch es kann verschiedene Auslöser haben.[79]

Das alles spricht dafür, dass man besonders die grundlegenden, ab Werk eingebauten, aber auch die mühsam in der Beziehung ausgehandelten Grenzen unbedingt respektieren sollte, um dem Kind unangenehme Momente zu ersparen. Und nirgendwo werden – meist unbemerkt und versehentlich – mehr Grenzen überschritten als in der Kommunikation.

Wenn die Grenzübertretung vom Kind ausgeht, kommt es darauf an, angemessen zu reagieren. Das ist gar nicht so einfach. Gerade wir Erwachsenen reagieren leicht über, wenn wir Scham empfinden. Dass sinnvolle Grenzen generell gewahrt werden müssen, steht ja tatsächlich außer Frage. Doch auch wenn das Kind etwas sagt oder tut, das die individuellen oder allgemeinen Schranken des Anstands verletzt, sind wir als Erwachsene in der Vorbildpflicht. Es gilt, das Kind unbedingt dennoch mit Respekt zu behandeln und nicht zu verschrecken, zurückzuweisen oder zu beschämen. Denn damit könnten wir nachhaltige Spuren in seinem Denken und Fühlen über ein sensibles Thema hinterlassen.

Das gilt besonders dann, wenn Scham – ähnlich wie Angst – als völlig ungeeignetes Werkzeug für vermeintlich pädagogische Zwecke eingesetzt wird. »Was hast du dir denn dabei bloß wieder gedacht?« – das ist so eine Phrase mit vielen Variationen, die uns leicht über die Lippen geht. Wir sind uns gar nicht darüber im Klaren, dass wir damit an das Schamgefühl des Kindes appellieren. Ein völlig ungeeignetes Mittel, um eine Verhaltensänderung herbeizuführen. Tatsächlich erreichen wir damit eher, dass das Kind erstarrt. Ein Kind gezielt zu beschämen kann bis in den Bereich seelischer Grausamkeit reichen.[80]

Ein typisches und inzwischen allgegenwärtiges Schamthema für unsere Kinder ist die Trennung von Öffentlichem und Privatem in den sozialen Medien. Kinder sind sehr sensibel dafür, welche Informationen über sie preisgegeben werden. Das wissen alle, die in vertrauter Runde schon mal lustige Anekdoten über den (anwesenden) Nachwuchs zum Besten gegeben haben: Das Kind würde dabei am liebsten im Boden versinken. In den sozialen Netzwerken ist dieses Problem potenziert. Gibt beispielsweise ein Schulkamerad eine Information bei Facebook preis, die dem Kind unangenehm ist – vielleicht sogar ohne böse Absicht und ohne dass es sich gleich um Mobbing handeln muss –, kann Ihrem Kind das unendlich peinlich sein. Sogar Inhalte, die es selbst unvorsichtigerweise gepostet hat und die plötzlich größere Kreise ziehen als geplant, können diesen Effekt haben. Auch für uns als Eltern sollte es vollkommen tabu sein, irgendwelchen Content über unseren Nachwuchs ohne dessen Einverständnis öffentlich zu machen. Fotos und Videos unserer nicht zustimmungsfähigen Kinder gehören ohnehin nicht ins Netz – jedenfalls keine, auf denen sie erkennbar sind.

Selbst wenn ich – wie in diesem Buch – von meinen Kindern erzähle, lege ich großen Wert darauf, sie vorab dafür um Erlaubnis zu bitten. Und wenn sie nicht wollen, dass ich etwas erwähne, dann halte ich mich konsequent daran. Diese Vorgehensweise bietet sich auch an, wenn Sie Ihre Kinder beispielsweise in den sozialen Medien oder in anderen Teilöffentlichkeiten erwähnen. Um Ihrem Kind kleine und große Traumen durch Social Media zu ersparen, ist es enorm wichtig, dass es Möglichkeiten kennt, sich vor ungewollter Öffentlichkeit im Internet zu schützen (Tipps zur Social-Media-Nutzung durch Kinder in Kap. 3). Wie bei allen sensiblen Themen muss das Kind vor allem wissen, dass es offen mit Ihnen sprechen kann – auch und gerade dann, wenn sich das Internet und die Welt verschworen zu haben scheinen und das Kind sich vor Scham am liebsten verkriechen würde.

Dieses Gebot der erklärten Offenheit gilt ab einem bestimmten Alter übrigens auch für Kritik am Elternverhalten. Vor allem Teenagerinnen und Teenager empfinden manche Dinge, die ihre Eltern sagen und tun, als extrem peinlich. So schwer es uns fallen mag, das einzusehen: Es kann sein, dass unsere Kinder sich eine Zeit lang für uns schämen. Wie gerechtfertigt das im Detail sein mag, ist dabei relativ irrelevant – es ist einfach ein Teil des Abnabelungsprozesses in diesem Alter. Das müssen wir nicht nur aushalten können, was schwer genug ist; wir müssen sogar in der Lage sein, offen mit ihnen darüber zu sprechen.

Ein adäquates Mittel, um die Grenzen Ihres heranwachsenden Sprösslings zu wahren und dennoch im Gespräch zu bleiben, ist auch hier wieder das aufrichtige Fragen. Wenn Sie das Gefühl haben, dass sich etwas verändert hat, fragen Sie einfach offen nach: »Ist es noch okay für dich, wenn ich dich zum Basketballtraining bringe?« Vielleicht will Ihr Sohn lieber nicht mehr dabei gesehen werden, wie Sie ihn dort absetzen und ihm womöglich noch ein Küsschen abnötigen. Mit Ihrer Frage ersparen Sie ihm nicht nur den Moment der Scham. Sie demonstrieren auch, dass er keine Hemmungen haben muss, über seine Empfindungen mit Ihnen zu sprechen. Im besten Fall bleiben Sie auf diese Weise nicht nur im Dialog, sondern sind dem Rebellen unterm eigenen Dach sogar ein kleines bisschen weniger peinlich als zuvor.

Wenn wir dagegen (gerade in der Teenage-Zeit) etwas mitbekommen, das offensichtlich nicht für unsere Augen bestimmt ist, dann gibt es nur ein adäquates Mittel: Schweigen. Verletzen Sie auf keinen Fall die Intimsphäre des Kindes. Gehen Sie einfach weg und verkneifen Sie es sich, darüber zu sprechen. So schwierig es für Eltern eines heranwachsenden Kindes sein mag: Es gibt Dinge, die gehen nicht einmal uns etwas an.

In den meisten Fällen ist ein offenes Gespräch jedoch das beste Mittel im Umgang mit der Scham, wie mit allen starken Gefühlen. Dabei ist es allerdings noch wichtiger als bei vielen anderen Kommunikationsanlässen im Alltag mit Kindern, dass wir uns vorsichtig herantasten, empathisch bleiben und Grenzen wahren – die des Kindes, aber immer auch die eigenen.

Kapitel 8

Sprachgewalt

Verletzungen auf beiden Seiten vermeiden

Worte können wehtun

Gewalt ist ein starkes Wort. Niemand möchte sich diesen Schuh gern anziehen, wenn es um die eigenen Kinder geht: Allein die Vorstellung, dass wir den wichtigsten Menschen in unserem Leben mit etwas, das wir sagen, Leid zufügen könnten, ist für uns als Eltern unerträglich. Deshalb neigen wir auch dazu, diesen Gedanken zu verdrängen. Liebe und Gewalt – das sind zwei Dinge, die sich gefühlt doch ausschließen müssten!

Leider tun sie das nicht – schon gar nicht gefühlt, und schon gar nicht beim Kind. Gewalt ist leider ein sehr diffuses und sehr schwer in den Griff zu bekommendes Phänomen in unserer Gesellschaft. Die Definition von Gewaltausübung besteht lediglich darin, dass schädlich auf jemanden eingewirkt wird. Viele Experten weisen sogar ausdrücklich darauf hin, dass physische Gewalt keineswegs die einzige Form von Gewalt ist, die Menschen im Allgemeinen und Familienmitglieder im Besonderen einander antun können. »Worte sind oft auch Waffen«, formulierte etwa die Philosophin Sybille Krämer, Professorin mit Schwerpunkt Sprache und Medien an der FU Berlin, im Rahmen der Berichterstattung über eine internationale Tagung zum Thema »Gewalt durch Sprache«.[81]

Es führt also kein Weg an der unangenehmen Erkenntnis vorbei, die zu diesem Kapitel geführt hat: Sprachgewalt ist leider real. Sprache kann unser Zusammenleben regeln und unsere Beziehungen heilen. Sie hat aber leider auch das Potenzial, andere zu verletzen. Mein Mentor Reimar Kleinwächter hat eine sehr plausible Erklärung für das Gewaltpotenzial der Sprache formuliert: Wenn es zu verbalen Verletzungen komme, werde die »Illusion des Einsseins« angegriffen – ein für Kinder traumatischer Trennungsmoment, verursacht durch Sprache.

Sosehr ich es als Mensch und besonders als Vater bedaure, so nachdrücklich muss ich als Kommunikationstrainer darauf hinweisen: Gerade weil Sprache im Umgang mit Kindern so wunderbar wirkungsvoll ist, kann sie auch große negative Macht entfalten. »Diese Kraft von Sprache wird aber häufig unterschätzt und oft auch unbewusst eingesetzt.«[82] Das heißt, und damit wird das Thema gerade innerhalb der Familie noch brisanter: Wenn wir nicht gezielt darauf achten, merken wir manchmal vielleicht noch nicht einmal, wie wir unsere Kinder mit unseren Worten verletzen.

In dieser traurigen Erkenntnis steckt allerdings auch eine gute Nachricht: Wie bei so vielen Dingen in der Kommunikation geschehen kleinere und größere Fehltritte in der Regel nicht aus böser Absicht, sondern aus mangelnder Achtsamkeit heraus. Wenn wir bagatellisieren oder verstärken, vergleichen oder veräppeln, tun wir das ja nicht gezielt, um unseren Kindern wehzutun. Das macht verletzende Äußerungen zwar nicht weniger schädlich. Doch es bedeutet immerhin, dass wir viele Verletzungen bereits mit etwas mehr Achtsamkeit verhindern können.

Wie wichtig das ist, lässt sich gar nicht überbetonen. Verbale Verletzungen sind schon unter Erwachsenen ein sehr ernstes Thema. In der Eltern-Kind-Kommunikation entwickelt es noch einmal eine ganz eigene Dramatik, weil die Macht- oder auch Hierarchieverhältnisse ungleich verteilt sind. Unsere Kinder lieben ihre Eltern bedingungslos, selbst wenn sie ihnen mit Worten Gewalt antun. Sie sind von ihnen abhängig, faktisch wie emotional; im Gegensatz zu Erwachsenen können sie nicht vor der Gewalt davonlaufen. Diese besondere Qualität der Eltern-Kind-Beziehung verleiht selbst scheinbar harmlosen Alltagsmustern wie Spitznamen oder Vergleichen mit Gleichaltrigen eine besondere Brisanz. Eine typische, an anderer Stelle bereits ausgeführte sprachliche Nachlässigkeit ist dafür ein gutes Beispiel: Manchmal verwechseln wir Stimmungen wie eine Wutreaktion oder Laune mit einer Charaktereigenschaft. Zu oft trennen wir nicht zwischen Mensch und Verhalten. Doch genau das ist extrem wichtig und deshalb auch eine ganz wesentliche Aufgabe: Als Erwachsene müssen wir die Kommunikation befrieden, statt sie weiter anzuheizen. So werfen wir unserem Kind etwa an den Kopf: »Du bist unmöglich!«, wenn wir eigentlich meinen: »Du verhältst dich gerade unmöglich.«

So wie in diesem Beispiel ist es oft in der Kommunikation: eine winzige Variation in den Worten, ein *gewalt*iger Unterschied in der Wirkung.

Warum die Familienhierarchie Verletzungen begünstigt

Um zu verstehen, warum die Eltern-Kind-Kommunikation so anfällig für verbale Gewalt ist, lohnt sich ein genauerer Blick auf ihre spezielle Dynamik. Dabei ist ein Modell der US-amerikanischen Soziolinguistin Deborah Tannen besonders hilfreich. Denn es kann im Grunde die meisten Kommunikationsprobleme erklären. Die Matrix der Gesprächsführung zeigt die Spannungsfelder auf, die der Theorie zugrunde liegen:

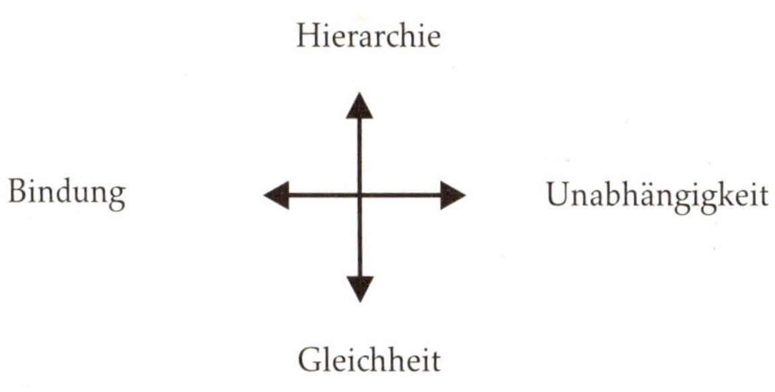

Abb.: Matrix der Gesprächsführung nach Deborah Tannen[83]

Das Prinzip ist einfach, die Tragweite riesig: In Beziehungen kommt es immer wieder zu Asymmetrien, also Ungleichgewichten, die sich in unserer Kommunikation spiegeln. Diese Asymmetrien schlagen sich jeweils auf einer dieser beiden Ebenen nieder:

- Hierarchie – Gleichheit
- Bindung – Unabhängigkeit

Wenn das so klar ist, warum kommt es dann deswegen zum Streit? Weil eine Asymmetrie immer beiderseitig ist und sich auf beiden Seiten genau gegenteilig auswirkt. Wenn einer der beiden Gesprächspartnerinnen oder Gesprächspartner mit ihrem oder seinem Gesprächsverhalten eine stärkere Bindung oder Verbundenheit herstellen, also die oder den anderen näher zu sich heranziehen will, bedeutet das automatisch, dass der oder dem anderen an Unabhängigkeit beziehungsweise Autonomie gelegen ist. Er oder sie wird mit seinen Äußerungen also genau darauf hinwirken wollen. In einem Gespräch, das in dieser Schieflage geführt wird, sind Schwierigkeiten programmiert.

In einer Beziehung wie derjenigen zwischen Eltern und Kindern reicht manchmal schon eine banale Aufforderung wie »Fahr vorsichtig!«, um das Bedürfnis von Tochter oder Sohn nach Gleichheit und Unabhängigkeit zu verletzen und eine genervte Reaktion zu provozieren. Ähnlich verhält es sich mit Sätzen wie: »Hast du dein Portemonnaie eingepackt?« oder »Bist du auch warm genug angezogen?« In jedem dieser Sätze steckt ein Verbundenheits-Manöver, das eben auch ein Kontroll-Manöver enthält. Deshalb kann es beim Empfänger oder bei der Empfängerin Widerstände wecken. Wenn ich auf Bindung einzahle, knapse ich automatisch Unabhängigkeit ab. Wenn das Kind – auch wenn es schon 45 ist – darauf genervt reagiert, können die Eltern das oft nicht verstehen: »Ich hab es doch nur gut gemeint!« Beiden Seiten möchte man in diesen Momenten zurufen: Gut gemacht wäre es, wenn auf das Bedürfnis der oder des jeweils anderen eingezahlt würde. Doch das verlangt ein hohes Maß an Reflexion und, wenn man das eigene Bedürfnis verletzt sieht, auch Resilienz.

Die Kommunikation zwischen Eltern und Kindern unterliegt naturgemäß Schwankungen auf der Achse zwischen Bindung und Unabhängigkeit. Bis zu einem gewissen Alter akzeptieren Kinder Hierarchie und Verbundenheit gegenüber den Eltern in hohem Maße. Mit dem Beginn der Pubertät legen sie dann zunehmend Wert auf Gleichheit und Unabhängigkeit. Diese Veränderung macht es für Eltern manchmal so schwierig, sich neu auszurichten und an die neuen Kommunikationsgewohnheiten ihrer Kinder zu gewöhnen. Die Matrix von Deborah Tannen ist eine wunderbare Grundlage, um die Beziehung ganz aktuell zu reflektieren und in die involvierten Bedürfnisse hineinzuspüren. In Ihre, die Ihres Kindes und im Übrigen auch in die Ihrer Partnerin oder Ihres Partners, denn auch diese Beziehung sollte nicht ins Hintertreffen geraten.

In jedem Verbundenheitsmanöver steckt immer auch ein Kontrollmanöver – das eine bedingt das andere. Bindung oder Verbundenheit anzuerkennen (zum Beispiel, indem man dem Kind als liebendem Familienmitglied vertraut), heißt auch, Kontrolle abgeben zu können. Das fällt Eltern aber schwer – und daran wiederum haben ihre Kinder zu kauen. Diese besondere Beziehungsdynamik ist auch der Grund dafür, dass Verständigungsschwierigkeiten mit unseren Kindern uns besonders zusetzen – und wir selbst als Erwachsene noch sehr emotional werden können, wenn wir Unstimmigkeiten mit unseren Eltern haben.

Genauso verhält es sich mit der Skala zwischen Hierarchie und Gleichheit: Auch hier kommt es bei jeder Abweichung von der gewohnten Balance automatisch zu Schwierigkeiten in der Kommunikation. Solange die Hierarchie akzeptiert ist, können Eltern ganz anders mit ihren Kindern reden, als wenn die Kinder diese Akzeptanz entziehen.

Teenagerinnen und Teenager zu verstehen heißt, die Familienhierarchie zu verstehen

Im Teenager-Alter geht das Kind plötzlich von Gleichheit aus. Es kämpft um seine Unabhängigkeit, indem es gegen das bisherige Hierarchieverständnis rebelliert und die Bemühungen der Eltern um Verbundenheit abwehrt. Deshalb funktionieren in der Kommunikation mit Teenagerinnen und Teenagern plötzlich viele Strategien nicht mehr, die bis dahin immer gegriffen haben – oder sie bewirken womöglich sogar das Gegenteil. Jetzt gilt es, die Beziehung neu zu verhandeln, einen Teil der Kontrolle abzugeben und anzuerkennen, dass Liebe Freiheit zulassen muss.

Eine Zeit der Kontraste bricht an: Das Kind ist beileibe noch kein Erwachsener, sieht sich aber so. Nun müssen Sie es gleichzeitig in seiner Unabhängigkeit respektieren und in seiner Verletzlichkeit beschützen. Bei einer kratzbürstigen Teenagerin oder einem kratzbürstigen Teenager manchmal durchaus eine Herausforderung. In diesen anspruchsvollen Jahren sind es nicht selten plötzlich die Eltern, die sich verletzenden Bemerkungen, Seitenhieben und Vergleichen ausgesetzt sehen. Doch je verständnisvoller und gleichzeitig konsequenter Sie Ihrem Kind in dieser Entwicklungsphase begegnen, desto eher lernt es von Ihnen, dass verbale Entgleisungen nicht zum Ziel führen. Hier kann die Metakommunikation Ihnen helfen, die Kontrolle zu behalten. Also das Reden übers Reden, das in diesem Kapitel noch zur Sprache kommen wird.

Anderes wiederum lässt sich wesentlich besser zeigen als bereden. Zumal mit einer Teenagerin oder einem Teenager, der oder dem vieles in der Eltern-Kind-Beziehung unangenehm oder peinlich vorkommt. Bei solchen Gelegenheiten bekommen Sie dann möglicherweise mal das Jugendwort des Jahres 2021 zu hören: »Cringe!«

Was können Sie tun? Zum Beispiel können Sie den Entscheidungsrahmen des Kindes bei bestimmten Themen nach und nach erweitern: »Du entscheidest, wohin wir am Wochenende einen Ausflug machen.« Indem Sie ihm mehr Mitsprache ermöglichen, erweisen Sie ihm Respekt. Damit zahlen Sie auf das Thema Gleichheit ein, das im Denken Ihres Kindes gerade einen zentralen Platz einnimmt (natürlich nur, wenn Sie die Entscheidung des Kindes dann auch akzeptieren). Wenn Sie gerade sehr häufig korrigierend (also hierarchisch) tätig werden müssen, achten Sie darauf, dass sie auf diese oder ähnliche Weise auch mal einen Akzent für die Gleichheit setzen – und umgekehrt!

Die Bedeutung dieser Sichtweise auf die Gesprächsführung ist natürlich ganz und gar nicht auf Gespräche mit Teenagern beschränkt: Das Bewusstsein, an welchem Punkt der Gesprächsmatrix Sie und Ihr Nachwuchs sich gerade bewegen, kann in allen Entwicklungsphasen ungeheuer hilfreich sein. Gleiches gilt für die Kommunikation mit Erwachsenen. Vor allem unterstützt es Sie dabei, Ihrem Kind zu begegnen, ohne ihm eine böse Absicht zu unterstellen, was uns sonst leicht zu Affektreaktionen verleitet und die Verständigung effektiv und nachhaltig behindern kann.

Auch wenn es manchmal anstrengend sein mag: Der Auftrag der Achtsamkeit liegt vor allem bei uns als Eltern. Selbst wenn ab einem gewissen Alter unsere Machtposition in der Eltern-Kind-Beziehung an Eindeutigkeit verliert, sind wir immer noch in der Vorbildrolle. Nur wir können unseren Kindern Gewaltfreiheit vorleben – zum Beispiel, indem wir unseren Hang zum Urteilen in den Griff bekommen.

Urteilsfrei kommunizieren lernen

Ein großer Teil der Verletzungen, die wir unseren Kindern in Gesprächen antun, beruht auf Urteilen. Dieses Muster ist deshalb doppelt tückisch, weil wir oft nicht einmal bemerken, was wir da tun. Aus Gründen, auf die ich gleich noch eingehe, sind wir so daran gewöhnt, Urteile zu fällen, dass es uns gar nicht mehr auffällt, wie groß ihr Einfluss auf unsere Beziehungen ist – übrigens nicht nur die zu unseren Kindern. Im Umgang mit ihnen wird das Problem aber noch dadurch verstärkt, dass sie von unseren Urteilen so schwer getroffen werden.

Für Kinder – besonders die jüngeren – sind elterliche Urteile nicht selten Gesetz. Das ist auch eine dieser Elternrollen, auf die uns niemand vorbereitet hat: Mit der Geburt eines Kindes werden wir zur höchstrichterlichen Instanz berufen, ohne dass wir dafür gerüstet wären. Ihr Urteil kann in der Welt Ihres Kindes die Sonne aufgehen lassen, aber auch Schatten werfen. Etwas, das wir im Gespräch mit dem Onkel achtlos dahersagen, weil wir gerade genervt sind, kann einem Kind sauer aufstoßen: »Dem musst du keine neuen Fußballschuhe kaufen, das ist ein hoffnungsloser Fall!« Wenn der Kleine bis dahin noch keiner war, ist er es möglicherweise jetzt.

Wir können unseren Kindern helfen, wenn wir unsere Urteile hinterfragen und lernen, uns öfter mal aus der Kommunikation herauszuhalten.

Ich will nicht behaupten, dass das eine Kleinigkeit wäre. Um dieser schlechten Angewohnheit beizukommen, alles und jeden zu bewerten, müssen wir nämlich erst einmal ein paar Hintergründe verstehen. Woher kommt dieser Hang zum Richten? Und woher nehmen wir eigentlich all die Urteile, mit denen wir im Alltag so um uns werfen? Wer hat uns den Filter vor die Linse geschraubt, der uns alles immer nur auf eine Art sehen lässt?

Die Antwort hat einmal mehr damit zu tun, wie schnell die Welt uns überfordern kann. Unsere Lust am Urteil ist nicht zuletzt ein sozialer Entlastungsmechanismus. Einfacher ausgedrückt: Das Urteilen ist eine Art Ventil, das uns hilft, den Alltag zu bewältigen. Ist eine Beziehung gerade schwierig, fällen wir ein Urteil über die oder den anderen, und dann geht es uns erst mal besser – denn am Urteil können wir uns festhalten. Es hilft uns, Sinn in Dingen zu erkennen, die uns sonst in den Wahnsinn treiben würden. Gerade im Leben mit Kindern, deren Verhalten sich oft jeder rationalen Betrachtung entzieht, bin ich schnell mit einem Urteil bei der Hand, wenn ich nicht aufpasse und meine Gedanken filtere. Mir selbst bringt dieses Urteil in diesem Moment vielleicht auch Erleichterung, meinem Kind aber nicht.

Das Internet mag dazu beigetragen haben, dass wir in diesem geschwätzigen Zeitalter gar nicht mehr merken, wie oft wir bewerten und verurteilen. Dort ist das Urteilen zu einem Volkssport geworden. Menschen, die früher frustriert in ihren Bart gegrummelt hätten und von der Welt ignoriert worden wären, rotten sich virtuell zusammen, um andere zu verurteilen und zu schmähen. Heute braucht es nicht mal besonders viele von ihnen, um einen Shitstorm loszutreten. Hinterher kann immer behauptet werden, man hätte sich ja nur angeschlossen und andere würden schließlich genauso denken. Es ist zu leicht geworden, Bestätigung für die eigenen Urteile zu bekommen – auch wenn sie jedem gesunden Menschenverstand und der überwiegenden Mehrheit widersprechen. Es ist so leicht geworden, das eigene Urteil zu wichtig zu nehmen. Menschen durch pseudowissenschaftliche Bewertungen in eine Schublade zu stecken ist allerdings keine Erfindung des Internetzeitalters. Das Phänomen der Küchenpsychologie gab es schon immer.

Der Hang zum Urteilen ist uns ganz einfach eingebaut. Wir urteilen, weil wir das Bedürfnis haben, die Welt und vor allem andere Menschen zu verstehen. Und da wir oft nicht die Zeit haben, jede unserer Annahmen zu überprüfen, ziehen wir immer das Etikett aus dem Holster, das uns gerade Linderung verschafft: Eltern, die ihre Kinder impfen lassen, sind fremdgesteuert. Die Lehrerin, die meinem Kind eine Drei gibt, ist nur zu vernagelt, um sein wahres Talent zu erkennen. Wenn das Kind zum dritten Mal die Gabel runterwirft, will es mich absichtlich provozieren.

Leider glauben wir nicht nur, was wir da denken. Wir haben auch keine Scheu, unsere Urteile laut auszusprechen – sogar unseren Kindern gegenüber. Und damit wir uns selbst besser damit fühlen, verpacken wir sie auch noch in Pseudo-Pädagogik: »So geht das hier aber gar nicht!« – »Sag mal, spinnst du denn!« – »Geht's noch?« – »Du wirst schon sehen, was du davon hast!«

Wenn sich dieses Muster lange genug in der Gesprächsführung festgesetzt hat, beginnt es auf seltsame Weise, Sinn zu machen. Irgendwann stellen wir mehr oder weniger verblüfft fest, wie sich unsere Urteile im Laufe der Zeit wie eine selbst erfüllende Prophezeiung immer weiter bestätigen und die Kommunikation gleichzeitig immer schwieriger wird. Denn das Urteil hilft mir zwar, damit umzugehen, wie mein Kind sich verhält. Es hilft aber nicht meinem Kind, sein Verhalten zu ändern.

Hinzu kommt, dass urteilsbehaftete Gespräche mit Kindern jedes Mal ins Leere laufen – und das mit tendenziell steigender Lautstärke. In der Regel folgt auf ein Urteil nämlich ein Gegenurteil – verbale Berufung, sozusagen. In diesen Verhandlungsrunden, die eher Duellen ähneln, wird sogar zwischen Eltern und Kindern mit harten Bandagen gekämpft: Ein Urteil steht gegen das andere.

Spätestens an diesem Punkt geht es bei Auseinandersetzungen nicht mehr um eine Lösung, sondern nur noch um die Deutungshoheit. Und wenn es erst einmal um die Deutungshoheit geht, wird in der Regel nicht mehr über die Sache verhandelt, sondern über Schuld. Da wird nicht widerlegt, da wird bezichtigt. Wenn der Vater fragt: »Was hast du dir denn nur bei diesem Unsinn gedacht?«, dann ist das ja keine ernst gemeinte Frage, auf die das Kind sinnvoll antworten könnte. Der Vater will auch gar keine Erklärung hören. Er fällt ein Urteil und wirft es dem Kind an den Kopf. »Du bist unmöglich!«, verurteilt er am Höhepunkt einer solchen Auseinandersetzung die Person seines Kindes im Großen und Ganzen. »Du bist blöd!«, gibt das Kind zurück. Im Gegensatz zu den Erwachsenen hat es vielleicht noch gar keinen Zugang zu besseren Strategien. Woher denn auch? An diesem Punkt aber endet das Gespräch, das Kind wird auf sein Zimmer geschickt und hat keine Ahnung, was eigentlich los ist. Nur, dass es mal wieder schuld sein soll, hat es verstanden. Wieder ein Strich auf der Liste der Mikrotraumen! So sorgen wir in der Familie unabsichtlich, aber effektiv für dicke Luft, verletzen unsere Kinder und fügen uns so auch selbst Verletzungen zu.

Viele Streitgespräche, von denen am Ende niemand mehr sagen kann, wie sie entstanden sind, beginnen mit einem Urteil, das jemand leider nicht nur gefällt, sondern auch ausgesprochen hat.

Selbst wenn wir beherrscht genug sind, gewisse Urteile für uns zu behalten, ist der innere Richter selten ein guter Ratgeber für die persönliche Entwicklung. Wir tun uns als Eltern also auch im Sinne der Selbstfürsorge nichts Gutes damit, uns zu sehr an die eigenen Urteile zu klammern. Zum Beispiel würde ich heute noch daran scheitern, deutlich jüngeren Menschen einige meiner rhetorischen Konzepte nahezubringen, wenn ich bei einem ganz bestimmten Urteil stehen geblieben wäre, nämlich dass Anglizismen immer und grundsätzlich abzulehnen sind. Erst nachdem ich mehrfach beobachtet hatte, dass ich manche Millennials in meinen Seminaren nicht so recht erreichte, kam ich ins Grübeln. Ich beschloss, meine Wortwahl bei bestimmten Schlüsselbegriffen zu verändern. Und siehe da: Plötzlich nahmen die Jüngeren meine Konzepte viel besser an. Hätte ich mein Generalurteil über Anglizismen nicht hinterfragt, hätte es mich weiterhin von Teilnehmenden aus dieser Altersgruppe getrennt. Urteile können Pfade verschütten und Brücken einreißen, auch wenn das nicht im Entferntesten beabsichtigt war.

Die Frage ist also: Wie können wir den inneren Scharfrichter mit seinem losen Mundwerk unter Kontrolle bringen? Uns das innere Urteilen grundsätzlich zu verbieten wäre sinnlos, denn so funktioniert unser Verstand nun einmal: Wir brauchen diese Bewertungen in gewissem Maße, um uns die Welt zu erklären. Wir wollen das Verhalten anderer verstehen, wir wollen andere ein Stück weit einordnen können, wir brauchen irgendeinen Kompass für unsere Beziehungen. Wir können nicht anders, als (küchen-)psychologisch zu denken. An der Tatsache, dass wir öfter mal urteilen, lässt sich nichts ändern. Doch an der Qualität unserer Urteile können wir arbeiten. Wir können hinterfragen, wie relevant die Bewertungen wirklich sind, mit denen wir unser Verhalten begründen, und andere Sichtweisen zulassen.

Die folgende Übersicht zeigt, woher typische Urteile kommen und was wir dagegen tun können. Nebenbei helfen die Gegenmaßnahmen, die Welt positiver zu sehen und nicht nur Kindern mit mehr Offenheit und Akzeptanz zu begegnen.

Urteil	**Quelle des Urteils**	**Gegenmaßnahme**
»Als du diese Aufgabe gelöst hast, hattest du doch wieder keine Lust.«	*Hang zur Vereinfachung:* Weil es aufwendig oder unangenehm wäre, das Problem zu ergründen, muss eine einfache Erklärung herhalten.	*Differenzieren:* Ist das wirklich die einzige mögliche Sichtweise oder nur die bequemste?
»Ich halte grundsätzlich nichts von Impfungen.«	*Selektive Wahrnehmung:* Wir nehmen vor allem Informationen wahr, die unser Weltbild bestätigen.	*Filterblase durchbrechen:* Gezielt nach Gegenargumenten und Expertisen suchen, die die Gegenthese vertreten.
»Das sagst du doch nur, weil ich dir gerade das Fernsehen verboten habe.«	*Falsche Kausalität:* Nur weil etwas gleichzeitig passiert, schließen wir auf einen Zusammenhang.	*Zusammenhänge prüfen:* Ist das eine wirklich der Grund für das andere, oder gibt es einen weiteren Faktor?
»Asiatische Mütter sind Tigermütter.«	*Klischees:* Wir übernehmen bestimmte Sichtweisen ungeprüft und blenden Abweichungen aus.	*Realitätsabgleich:* Kann ich das überhaupt aus eigener Erfahrung bestätigen, und gibt es vielleicht auch Gegenbeispiele?
»Wie dieser Schuldirektor sich verhält, ist doch schizophren.«	*Verwechslungen:* Wir verwenden Begriffe aus der Psychologie oft falsch und prägen damit unzutreffende Urteile.	*Freiwillige Selbstkontrolle:* Entweder erst die Bedeutung lernen oder den Begriff nicht verwenden.

Zur Reflexion einladen

Besondere Vorsicht ist in Situationen geboten, in denen unsere Kinder von uns eingeschätzt oder bewertet werden wollen oder sie irgendeine Art von Einordnung von uns erwarten. Bei solchen Gelegenheiten müssen wir nicht mal dem inneren Drang zum Urteilen auf den Leim gehen, nein: Wir werden vom Kind mit großen Augen dazu aufgefordert.

Ganz oft ist es mir selbst schon passiert, dass ich unbedacht darauf eingegangen bin und reflexhaft eine Bewertung abgesondert habe. Solange Sie etwas Positives sagen, ist das natürlich nicht so wild. Wenn Sie mit Ihrem Lob allerdings lügen, um das Kind zu motivieren, wird die Wahrheit möglicherweise nur aufgeschoben, und ein möglicher Lerneffekt bleibt aus. Natürlich ist es kein Drama, wenn das mal passiert. Wenn es sich einschleift und zum Muster wird, wäre das der Entwicklung allerdings nicht gerade förderlich.

Wenn Ihr Kind Sie um eine Bewertung bittet, fragen Sie sich, was es eigentlich braucht. Klar hören Kinder gern ein Lob – aber Kinder wollen auch auf keinen Fall, dass wir sie anlügen. Was das Kind in diesem Moment eigentlich sucht, ist Orientierung. Die können Sie ihm mit einer brutal ehrlichen Bewertung natürlich auch geben, aber dann riskieren Sie eine Verletzung. Helfen Sie ihm stattdessen lieber dabei, sich selbst zu orientieren. Antworten Sie nicht mit einem fertigen Urteil, sondern laden Sie zur Reflexion ein!

An dieser Stelle kann die Gegenfrage das rhetorische Mittel der Wahl sein. Wenn Ihr Kind zum Beispiel mit seinem ersten Zeugnis zu Ihnen kommt, ist das natürlich ein hochsensibler Moment. Zum ersten Mal Schulnoten! Natürlich wird das Kind gespannt vor Ihnen stehen und nach einer Einordnung fragen: »Ich habe in Englisch eine Zwei minus! Ist das gut, Papa?«

Die sachlich richtige Antwort darauf wäre: »Das ist relativ.« Aber damit kann das Kind natürlich nichts anfangen! Deshalb ist es am besten, gar kein Urteil zu fällen, sondern das Kind zur Reflexion einzuladen. Fragen Sie einfach zurück: »Wie bist du denn damit zufrieden?« oder »Findest du das denn gut?«

Wenn das Kind darauf zum Beispiel antwortet: »Ich finde das super!«, können Sie sagen: »Weißt du was – wenn du das super findest, dann finde ich das auch super.«

Wenn Ihr Kind noch sehr klein ist, kommt es noch nicht mit dem ersten Zeugnis oder den ersten Gymnasialnoten zu Ihnen, sondern mit einem selbst gemalten Baum. Vielleicht fragt es Sie dann: »Mama, ist das ein schöner Baum?«

Hier können Sie genauso zurückfragen: »Findest du den Baum denn schön?«

Wenn das Kind das bejaht, können Sie ihm bedenkenlos zustimmen. Und wenn es Ihnen erklärt, dass es nicht zufrieden ist? Ein seltener Fall, aber das mag ja vorkommen. Dann können Sie es fragen, was es in Zukunft anders malen möchte, damit ihm sein nächster Baum besser gefällt. So überlassen Sie die Einschätzung und die Entscheidung über das Folgeverhalten dem Kind – ein Schritt auf dem Weg zur Selbstwirksamkeit.

Mit der Einladung zur Reflexion zeigen Sie dem Kind erstens, dass es in der Lage ist, sich selbst eine Meinung zu bilden, und zweitens, dass es dieser Meinung auch trauen kann. Liefern wir unseren Kindern stattdessen nur vorgefertigte Bewertungen, werden sie immer weiter im Außen nach Orientierung suchen. Das bedeutet auch, dass sie weiterhin anfällig für Verletzungen durch äußere Urteile bleiben. Wann immer Urteile im Spiel sind, rufen Sie sich in Erinnerung: Sie wollen nicht die Unsicherheit des Kindes vertiefen – Sie wollen es in seiner Unabhängigkeit stärken.

Die Einladung zur Reflexion funktioniert übrigens auch in anderen Situationen, in denen Sie bei Ihren Kindern Unsicherheit wahrnehmen – also immer, wenn sie Orientierung suchen. Kinder stellen ja alle möglichen Fragen. In der Regel fühlen wir uns als Eltern genötigt, zu antworten. Selbst wenn wir keine gute Antwort haben, glauben wir, unbedingt eine geben zu müssen – alles, bloß das Kind nicht enttäuschen! Manchmal denken wir uns den größten Blödsinn aus, damit wir nur nicht um eine Antwort verlegen sind. Das ist übrigens ein Fehler, den wir auch Erwachsenen gegenüber viel zu oft machen.

Gerade erst habe ich mich wieder dabei ertappt. Mein jüngerer Sohn Johann fragte mich: »Stammt das Huhn wirklich vom Tyrannosaurus Rex ab?«

Und was antworte ich, Held der Wissenschaft? »Johann, das glaubst du doch wohl selber nicht. Guck dir mal ein Huhn an, und guck dir mal einen T-Rex an. Das ist doch Quatsch! Ein Huhn ist das, was einem T-Rex zwischen den Zähnen stecken bleibt.«

Später dachte ich noch einmal darüber nach, und irgendwie kam es mir komisch vor: Woher bloß kam diese seltsam spezifische Frage? Also recherchierte ich, und siehe da: Das Huhn stammt vielleicht nicht direkt vom T-Rex ab, aber tatsächlich von einer verwandten Dinosaurier-Art.

Kinder fragen nicht einfach so. Wir mögen manchmal nur Bahnhof verstehen, die Frage mag irrational sein und die Motivation dahinter schleierhaft. Doch irgendetwas denken sich Kinder dabei, wenn sie uns einbeziehen. Je spezifischer die Frage, desto sicherer können Sie sein, dass sie irgendeinen konkreten Hintergrund hat. Vielleicht war das Thema in der Schule dran, vielleicht haben sie mit Freundinnen oder Freunden darüber geredet, vielleicht haben sie im Fernsehen oder in einem Buch etwas aufgeschnappt. Bevor Sie Ihrem Kind also Blödsinn erzählen wie ich, fragen Sie einfach mal reflektierend nach: »Was glaubst du denn?« Wenn das Kind schon etwas weiß, wird es jetzt wahrscheinlich damit rausrücken. Dann können Sie sich qualifizierter äußern und einen sinnvolleren Austausch mit Ihrem Kind führen.

Ein weiteres Anwendungsszenario für eine Einladung zur Reflexion bieten Momente, in denen Kinder mit einer unbekannten Situation konfrontiert sind. Oft sind sie dann so aufgewühlt oder irritiert, dass sie erst einmal nicht wissen, was sie fühlen und tun sollen. Wenn mein Sohn zum Beispiel hin- und hergerissen ist zwischen der Loyalität für einen Schulfreund und der Wut darüber, dass der ihm den Ranzen kaputt gemacht hat, ist das für ein Kind keine Kleinigkeit; da bricht eine kleine Ecke der Welt zusammen. In so einem Moment sind wir als Eltern natürlich versucht, zu trösten und das Problem zu klären, indem wir eine Bewertung auf dem Silbertablett servieren: »Das ist ja eine Sauerei, was der Julius sich da geleistet hat! Da muss ich gleich mit seiner Mutter telefonieren!« Das ist das Gegenstück zur Bagatellisierung, nämlich eine Verschlimmerung.

Wenn Sie so reagieren, nehmen Sie dem Kind eine wichtige Entwicklungschance: Hier gilt es – vielleicht sogar bewusst zum ersten Mal in seinem Leben – einen Beziehungskonflikt zu klären. Das Kind kann lernen, zwischen einer Person und ihrem Verhalten zu trennen. Es hat die Möglichkeit, eine angemessene Reaktion auf das eine zu finden, ohne das andere zu verdammen. Das ist ein riesiger Entwicklungsschritt, den wir fördern können, indem wir keine vorgefertigte Lösung liefern. Wenn Kinder selbstbewusst werden sollen, dann müssen sie sich ihrer selbst auch ab und zu bewusst werden. Das können sie nicht, wenn wir ihnen immer alles vorgeben und aufpfropfen.

Stattdessen können Sie fragen: »Was glaubst du, warum du so sauer auf den Julius bist?« Auf diese Weise wird beim Kind die Reflexion angestoßen, die Sie dann weitermoderieren können, bis das Kind sich über seine Gefühle und seinen Umgang mit der Situation klar geworden ist. Schritt für Schritt können Sie mit weiteren Fragen reflektieren: »Was denkst du, wie der Julius sich fühlen würde, wenn du nicht mehr mit ihm redest?« So geben Sie dem Kind Orientierung, ohne ihm vorgefertigte Antworten zu liefern.

Wichtig ist, dass Sie bei der Einladung zur Reflexion ausschließlich offene Fragen stellen. Das ist wichtig, damit Sie Ihr Kind nicht schon durch die Formulierung versehentlich zu einer bestimmten Denkweise drängen. Die folgenden Beispielfragen stellen nur eine kleine

Auswahl dar, sind aber in einer Vielzahl von Situationen geeignet, Kinder zur Reflexion einzuladen:

Fragen, die zur Reflexion einladen

1. Wie findest du das denn?
2. Wie bist du denn damit zufrieden?
3. Wie geht es dir denn, wenn du daran denkst?
4. Was glaubst du, warum du dich so fühlst?
5. Warum, glaubst du, ist das so gelaufen?
6. Was denkst du, warum er/sie das gemacht hat?
7. Wie würdest du dich fühlen, wenn es umgekehrt wäre?
8. Was würdest du an seiner/ihrer Stelle fühlen/denken?
9. Wie möchtest du, dass es jetzt weitergeht?
10. Was könntest du sagen/tun, damit es so kommt, wie du willst?

Durch die Reflexion lernt das Kind, Verantwortung für seine Urteile und seine Reaktionen zu übernehmen. Außerdem stärkt sie das Selbstbewusstsein: Wenn es lernt, sich seine eigene Meinung über sich und die Welt zu bilden, ist es weniger von den Bewertungen anderer abhängig. Dadurch wird es später auch weniger anfällig für Verletzungen durch Fremdurteile sein und sich in seiner Meinung nicht so leicht beeinflussen lassen. Kurz: Reflexionsfähigkeit stärkt das unabhängige Denken – eines der größten Geschenke, die Sie Ihrem Kind machen können. Und, da bin ich als Vater ehrlich: auch sich selbst.

Eine wundervolle Quelle für inspirative Fragen an Kinder stammt vom norwegischen Bestseller-Autor Jostein Gaarder. Vielleicht ist er Ihnen durch sein philosophisches Jugendbuch *Sofies Welt* noch ein Begriff, das in meiner Jugend ein Welterfolg war. Sein späteres Buch *Fragen fragen*[84] enthält eine ganze Reihe von großartigen Anregungen für Fragen und Gesprächsthemen, die Eltern mit ihren Kindern diskutieren können. Manche davon helfen, die Welt zu verstehen, manche, das Ich zu erkunden, und alle regen sie die Vorstellungskraft an. Wir philosophieren zum Beispiel gern noch ein bisschen, wenn wir unsere Kinder abends ins Bett bringen und noch eine Weile bei ihnen liegen. Dafür hat das Buch schon viele Male wertvolle Inspirationen geliefert.

Ebenfalls ein tolles Vorbild für derartige Gespräche ist der Philosoph Albert Kitzler, der in Berlin unter dem Namen »MASS UND MITTE« eine philosophische Schule für antike Lebensweisheit gegründet hat. Unter anderem gibt er auch Philosophie-Stunden für Kinder. Dabei stellt er immer wieder unter Beweis, welche Antworten auf tiefgründige Lebensfragen sich aus Kindern herauskitzeln lassen – und das gegenüber einem Menschen, den sie gar nicht so gut kennen wie ihre Eltern. Probieren Sie es doch einmal aus! Sie werden verblüfft sein, welche Gedanken Sie Ihren Kindern sogar auf Fragen entlocken können, von denen Sie vielleicht gar nicht geglaubt hätten, dass sie sie überhaupt beantworten können.

Ich-Botschaften statt Du-Botschaften als Deeskalations-Strategie

Wenn wir als Eltern selbst verletzt sind, ist die Gefahr am größten, dass wir unsere Kinder verletzen. Das ist bedauerlich, aber nur menschlich: In schmerzhaften Momenten, wenn wir an den Worten oder dem Verhalten unserer Kinder zu kauen haben, reagieren wir eher aus dem Affekt heraus, ohne vorher die möglichen Folgen zu überdenken. Solche emotionalen Reaktionen sind selten besonders klar oder respektvoll, denn darauf kommt es uns in diesem Moment nicht an: Wir sind genervt oder verletzt und wollen dem Kind zu verstehen geben, dass es sich so nicht verhalten soll.

Eine Zeit lang hatte ich mit meinen Kindern eine Absprache, dass sie abends fernsehen durften, wenn sie zuvor ihr Zimmer aufgeräumt hatten. Eines Abends fragte ich Leo: »Hast du denn dein Zimmer aufgeräumt?« – »Ja«, lautete die Antwort. »Okay, dann darfst du jetzt noch fernsehen«, gab ich ihm die ersehnte Erlaubnis. Als ich dann an seinem Zimmer vorbeiging und bei einem kurzen Blick durch die Tür feststellen musste, dass es aussah, als hätte eine Bombe eingeschlagen, war das für mich ein kleiner Schock. Kinder sind ja bis ungefähr zum Alter von fünf, sechs Jahren wunderbar ehrlich. Dann setzt irgendwann auch mal das Lügen ein, was entwicklungspsychologisch betrachtet zwar normal, nur eben kein erfreulicher Meilenstein für uns Eltern ist. Da ist man schnell mit einer moralischen Du-Botschaft zur Hand: »Du sollst nicht lügen! Ich habe dich gefragt, und du hast mir ins Gesicht gelogen!« Auf diese Weise wird der Konflikt nur verhärtet, weil das Kind den unangenehmen Fehler natürlich nicht gern eingestehen möchte und sich schämt.

Das geht auch anders, zum Beispiel nach einer von mir vielfach genutzten Methode, dem sogenannten BAHN-Modell. Es dient dazu, klare Botschaften zu senden, indem es Beobachtungen und Gefühle rhetorisch benennt. So macht es das Bedürfnis, das hinter einem Verhalten steckt, erkennbar und überführt es in einen Impuls, den das Gegenüber nachvollziehen und erfüllen kann. Durch die Trennung der bewussten und unbewussten Gesprächsebenen werden Motive, Absichten und Ziele transparent. Folgende vier Schritte sind den vier Buchstaben zugeordnet:

1. Beobachtung: Die Beobachtung kommunizieren
2. Auswirkung: Das Gefühl benennen
3. Hintergrund: Das Bedürfnis äußern
4. Nachfrage: Eine Handlungsoption vorschlagen

In unserem Beispiel könnte eine Äußerung nach dem BAHN-Modell folgendermaßen klingen: »Du hast gesagt, du hast dein Zimmer aufgeräumt. Nun habe ich gesehen, dass dein Zimmer gar nicht ordentlich ist. Das macht mich ein bisschen traurig, weil mir das Vertrauen zwischen uns wichtig ist.« Als ich ein ähnliches Problem bei einer anderen Gelegenheit nach diesem Muster ansprach, sprang Leo aus dem Bett und sagte: »Papa, du kannst dich auf mich verlassen! Das kommt nicht wieder vor!« Das war ein schönes, erbauliches Gespräch für uns beide. Möglich wurde es, weil ich meine Affektreaktion aus einer momentanen Enttäuschung heraus dieses Mal runterschluckte und meine moralische Du-Botschaft für mich behielt. Suchen wir die Schuld für etwas beim anderen, verhärten sich Gespräche; sprechen wir von uns selbst, entspannen sie sich in der Regel.

Viele Verhaltensweisen von Kindern lassen sich schon darauf zurückführen, dass sie in Gedanken gerade woanders sind oder einfach andere Prioritäten setzen als wir. Warum sollte ich mit den schönen Filzstiften nicht die weiße Tapete im Wohnzimmer bemalen, wenn Mama meine Bilder doch so mag? Warum nicht den Sand über Papas englischen Rasen verteilen, um die Sandkastenfläche zu vergrößern? Warum kann das Zähneputzen nicht ausfallen, wenn gerade etwas Wichtigeres wie Spielen ansteht? Kinder bewegen sich in solchen Fällen nicht in irgendeinem bewusst geschaffenen, fertigen moralischen Rahmen, anhand dessen wir sie bewerten könnten oder sollten. Sie tun, was ihnen einfällt, und orientieren sich dann an den Reaktionen der Erwachsenen. Mit anderen Worten: Sie brauchen klare Botschaften von uns, um zu verstehen, wie die Welt funktioniert. Sie brauchen adäquate Kommunikation.

Und wie reagieren wir Erwachsenen auf Verhalten, das uns missfällt? Oft unklar und respektlos, wenn auch in aller Regel ohne jede Absicht. Aus dem Affekt heraus oder einfach nur aus Unachtsamkeit formulieren wir erst mal einen persönlichen Vorwurf. Das tun wir fast immer in der denkbar ungünstigsten Form, soweit es den Lerneffekt des Kindes betrifft, nämlich in Form einer Du-Botschaft: »Du lügst, wenn du sagst, du hast dein Zimmer nicht aufgeräumt!« Oder, fast noch schlimmer, die Pseudo-Moralfrage: »Warum lügst du mich an?« Beobachten Sie sich selbst und Eltern in Ihrer Umgebung einmal dabei, wie oft sie am Tag solche Du-Botschaften formulieren:

»Du hast doch wirklich nicht mehr alle Gurken im Glas!« – »Du kannst doch nicht den ganzen Sand auf meinen Rasen schütten!« – »Was hast du dir denn dabei gedacht, die Wand zu bemalen?« – »Wenn du nicht brav bist, bekommst du kein Eis!« – »Das meinst Du doch nicht ernst, oder?« – »Wie kommst du dazu, so mit mir zu reden?«

Das Problem an dieser Art von Reaktion ist, dass das Kind sie oft gar nicht einordnen kann. »Du-Botschaften sind besonders ungünstig, wenn es sich um Diagnosen oder Interpretationen handelt«.[85] Genauso gut könnten Sie Chinesisch reden: Ihr Nachwuchs versteht bei diesen Äußerungen nur Bahnhof. Er hat nicht an die Konsequenz seiner Handlung oder seiner Worte für andere gedacht, sondern aus einem spontanen Antrieb heraus gehandelt. Im Gegensatz zu uns Erwachsenen unterscheiden unsere Kinder noch nicht zwischen Persönlichkeit und Verhalten. Wenn sie ausgeschimpft werden, beziehen sie die Reaktion grundsätzlich erst einmal nicht auf die konkrete Handlung, sondern auf sich: Papa meckert, also bin ich falsch. Ich habe etwas getan, das man nicht tun soll, also stimmt mit mir etwas nicht. Außerdem bekommt das Kind im Vorwurfsmodus keinen Anhaltspunkt, wie es eine ähnliche Situation in Zukunft vermeiden kann: Es wurde ja gar nicht erklärt, warum sein Verhalten nicht akzeptabel ist.

Damit das Kind denselben Fehler nicht immer wiederholen muss, braucht es diese Information aber – sonst kann es nur weiterhin davon ausgehen, dass es selbst das Problem ist. So würde allein die Verletzung hängen bleiben: Mama oder Papa ist unzufrieden, sauer, böse mit mir. Mit Du-Botschaften korrigieren wir nicht das Verhalten, sondern greifen direkt das Selbstbewusstsein unseres Kindes an. Das kann dazu führen, dass es ängstlich wird und sich zurückzieht, statt dazuzulernen.

Wie aber können wir Verhalten korrigieren oder dem Kind anzeigen, dass wir verletzt sind, ohne dabei selbst in den Angriffsmodus zu schalten? Indem wir statt Du-Botschaften mehr Ich-Botschaften senden, wann immer wir auf Verhaltensweisen oder Aussagen unserer Kinder reagieren.

Der US-amerikanische Psychologe Thomas Gordon hat den Begriff der »Ich-Botschaft« bereits in den 1970ern entwickelt und unter anderem auf die Kindererziehung durch Eltern und Lehrende angewendet. Auch im deutschsprachigen Raum gibt es ähnliche Ansätze. So spielen etwa im Vier-Seiten-Modell von Friedemann Schulz von Thun Ich-Botschaften eine Rolle. Er betrachtet sie als Werkzeug der »Selbstkundgabe«.[86] Der Urheber des Begriffs selbst, Thomas Gordon, bezeichnete Ich-Botschaften unter anderem als authentische und bewertungsfreie »Selbstoffenbarungen«.[87]

Wenn das Prinzip einmal verstanden wurde, ist es gar nicht so schwierig, Du-Botschaften nach und nach aus der eigenen Kommunikation zu verbannen und stattdessen mehr Ich-Botschaften zu senden. Das ist übrigens nicht nur in der Kommunikation mit Kindern sehr sinnvoll. Auch viele Erwachsene neigen dazu, vor allem kritische Botschaften auf sich als Mensch zu beziehen anstatt auf ihr konkretes Verhalten, und dann verletzt oder defensiv zu reagieren.

Wie kommunizieren Sie Ich-Botschaften erfolgreich? Der Schlüssel liegt darin, nicht nur eine Interpretation oder ein Urteil zu vermitteln, sondern auch die Beobachtung zu kommunizieren, die den Anlass für Ihre Botschaft gegeben hat. Dann können Sie nämlich schlüssig erklären, wie diese Beobachtung und Ihre Reaktion darauf miteinander zusammenhängen. Laut Thomas Gordon hat eine Ich-Botschaft drei Bestandteile (eigene, freie Übersetzung der Begriffe):[88]

Struktur einer Ich-Botschaft

Beispieläußerung: »Wenn du dein Zimmer nicht aufräumst, muss ich das jeden Abend überprüfen und ärgere mich.«

1. *Bewertungsfreie Beschreibung des Verhaltens*: Zuerst beschreiben Sie das Verhalten, das Sie beobachtet haben – und zwar ohne jegliche Bewertung! Thomas Gordon empfiehlt, Ich-Botschaften mit dem Wort »wenn« zu beginnen. Dadurch versteht der andere, dass es nur um dieses konkrete Verhalten in dieser spezifischen Situation geht, nicht um das Verhaltensmuster oder ähnliche Situationen generell. Betrachten Sie das »Wenn« aber ruhig als Option; wichtiger ist, dass Sie Ihre Beobachtung konkret und urteilsfrei kommunizieren.

   Beispiel: »Wenn du dein Zimmer nicht aufräumst …«

2. *Greifbare und konkrete Wirkungsbeschreibung*: Im zweiten Schritt beschreiben Sie anschaulich und für das Kind nachvollziehbar, welche Wirkung oder welchen Effekt das beobachtete Verhalten auf Sie oder die Umwelt in dieser Situation hat. Dieser Zwischenschritt ist notwendig, damit das Kind das Gefühl im letzten Schritt nicht direkt auf sein Verhalten und damit auf sich selbst bezieht, sondern auf dessen Wirkung.

   Beispiel: »… muss ich das jeden Abend überprüfen …«

3. *Ausgelöstes Gefühl*: Erst am Ende der Äußerung verleihen Sie nun dem Gefühl Ausdruck, das erzeugt wird. Achten Sie darauf, dass Sie hier wirklich eine innere Empfindung äußern, die aus der vorher genannten Wirkung oder dem Effekt des Verhaltens entstand, und formulieren Sie nicht etwa einen versteckten Vorwurf gegen das Kind (»Ich fühle mich von dir ignoriert«, »Da komme ich mir veräppelt vor« oder dergleichen).

   Beispiel: »… und ärgere mich.«

Die Reihenfolge der drei Schritte ist zwar sinnvoll und bietet Ihnen einen guten Anhaltspunkt, um Ich-Botschaften zu formulieren. Sie muss aber nicht immer penibel eingehalten werden. Wichtig ist der klare inhaltliche Bezug der drei Schritte aufeinander, damit das Kind eindeutige Schlüsse aus Ihrer Äußerung ziehen kann.

Eine Aussage nach diesem Muster hilft dem Kind, Ihre Reaktion zu verstehen. Außerdem lernt es auf diese Weise, sein Verhalten auf seine Umwelt abzustimmen: »Aha, wenn ich nicht von selbst Zähne putze, muss Papa etwas machen, das ihm nicht gefällt. Also ist es besser, wenn ich in Zukunft vorher Zähne putze.« – »Aha, wenn ich dieses Wort benutze, wird Mama traurig. Also sage ich das lieber nicht mehr.«

Drei Typen von Ich-Botschaften und ihre Wirkung

Inakzeptable Verhaltensweisen von Kindern sind der vielleicht häufigste Anwendungsfall für Ich-Botschaften: Mit ihrer Hilfe können wir das Verhalten von Kindern auf klare und gleichzeitig sinnvolle Weise korrigieren, ohne dass wir dabei jedes Mal Gefahr laufen, dass wir das Kind verletzen und es sich möglicherweise nach und nach zurückzieht. Dieser erste von insgesamt drei Typen von Ich-Botschaften heißt bei Thomas Gordon *»konfrontative Ich-Botschaft«*.[89]

Darüber hinaus gibt es allerdings noch weitere Gelegenheiten, bei denen Ich-Botschaften uns in der Kommunikation mit Kindern wertvolle Dienste leisten können. Eine davon haben Sie bereits in Kapitel 2 kennengelernt, nämlich im Zusammenhang mit dem klaren Loben: Auch hier kommunizieren Sie erst die Beobachtung, die zu dem Lob führt, und erklären dann, warum Sie sich über das Verhalten oder die Leistung des Kindes freuen. Daraus lernt das Kind, für welche Art von Verhalten es Anerkennung bekommt und warum dieses Verhalten von anderen begrüßt wird. Thomas Gordon bezeichnet diese Form der Bestätigung als *»positive Ich-Botschaft«*.[90] Ein Beispiel: »Vorhin hast du freiwillig mit deinem Bruder geteilt. Deshalb musste ich mich nicht darum kümmern, dass die Schokolade gerecht verteilt wird. Darüber habe ich mich sehr gefreut.«

Der dritte und letzte Typ nach Thomas Gordon ist die sogenannte *»präventive Ich-Botschaft«*.[91] Hier informieren Sie das Kind möglichst frühzeitig darüber, welches Bedürfnis Sie als Erwachsener in einer bestimmten Situation haben und welche Unterstützung Sie von Ihrem Kind brauchen, damit dieses Bedürfnis erfüllt wird. Vor einem Restaurantbesuch mit der Familie könnten Sie Ihrem Kind zum Beispiel schon unterwegs im Auto mitteilen: »Wenn wir gleich im Restaurant sind, möchte ich mein Essen in Ruhe genießen. Dabei würde es mir sehr helfen, wenn jeder von uns am Tisch sitzen bleibt, bis wir alle fertig sind.«

An all diesen Beispielen wird der größte Vorteil von Ich-Botschaften im Allgemeinen deutlich: Sie haben eine deeskalierende Wirkung. Deshalb eignen sie sich in sehr vielen Situationen als sanfte Alternative, in denen wir im Affekt oder auch aus Achtlosigkeit sonst schnell schwere Geschütze auspacken – und damit alles nur noch schlimmer machen.

Der Grund für diese deeskalierende Wirkung von Ich-Botschaften enthält eine weitere Erkenntnis darüber, welche Art von Äußerungen wir vermeiden sollten: Mit einer Ich-Botschaft gehen wir einer direkten Konfrontation aus dem Weg. Solange ich über mich selbst spreche, fühlt die oder der andere sich nicht angegriffen oder in seinen Gefühlen verletzt – also muss er sich auch nicht verteidigen. Außerdem provoziere ich mit der Aussage, wie es mir gerade geht, keine Diskussion darüber, wer recht hat.

Diese Vorteile machen Ich-Botschaften zu einer der einfachsten und universellsten Präventionsmaßnahmen gegen Verletzungen in Gesprächen sowohl mit Kindern als auch unter Erwachsenen. In der Eltern-Kind-Kommunikation erfüllen sie allerdings zusätzliche Funktionen. Zum einen hat eine Verhaltenskorrektur per Ich-Botschaft zusätzlich einen Lerneffekt, das heißt: Das Kind versteht den Grund für die Korrektur. Dadurch bekommt es überhaupt erst die Möglichkeit, sein Verhalten in vergleichbaren Situationen zukünftig umzustellen. Zum anderen tragen Ich-Botschaften zur Entwicklung von Empathie bei: Das Kind erfährt, wie seine Eltern oder andere Menschen sich in konkreten Situationen unter bestimmten Umständen fühlen und wie man sie durch das eigene Verhalten unterstützen kann, damit es ihnen gut geht. Wenn wir Kindern diese Informationen vorenthalten, können wir auch nicht erwarten, dass sie sich uns und anderen gegenüber in gewissen Situationen rücksichtsvoll verhalten.

Was aber tun, wenn ein Gespräch schon auf Konfrontationskurs ist und die ersten verletzenden Worte bereits gefallen sind? Dann ist es zu spät für Prävention – Zeit für den Griff zum Notfallkoffer.

Übers Reden reden: Metakommunikation als Erste-Hilfe-Maßnahme

Erlauben Sie mir zwei Fragen. Erstens: Wie zufrieden sind Sie eigentlich mit Ihrer eigenen Kommunikation – so als erwachsener Mensch mit einigen Jahrzehnten Erfahrung? Zweite Frage: Wie hat sich diese Selbsteinschätzung verändert, seit Sie Kinder haben?

Ich für meinen Teil ertappe mich auch als Kommunikationstrainer immer noch regelmäßig bei, sagen wir mal: suboptimalen Gesprächsverläufen. Was mich natürlich noch mehr wurmt, ist, wenn ich bei suboptimalen Äußerungen *ertappt* werde. Früher war es vor allem meine Frau, die darunter am meisten zu leiden, hin und wieder aber sicher auch ihren Spaß hatte. Sie ist, wie schon erwähnt, Deutschlehrerin. Seit meine beiden Kinder auf der Welt sind, kann meine Frau sich in dieser Hinsicht entspannt zurücklehnen, denn die Alltagserdung übernehmen jetzt die beiden. Wenn es Ihnen auch nur ein kleines bisschen so geht wie mir, haben Ihre Kinder auch Ihnen schon mehr als einmal demonstriert, dass man in der Kommunikation nie auslernt.

Gleichzeitig bin ich für dieses doch eher kritisch aufgestellte, engste Kommunikationsumfeld sehr dankbar. Das können wir als Eltern nämlich sein. (Ob Sie zusätzlich eine Deutschlehrerin heiraten, ist Ihre Sache.) Kinder sind unfassbar gute Sparringspartnerinnen und -partner in Sachen Kommunikation. Vor allem sind sie brillante Spiegel für unklare Kommunikationsmuster aller Art. Zum Beispiel ertappen sie uns schon beim geringsten Anflug eines Geruchs von heißem Brei, bevor wir mit dem Drumherumreden überhaupt angefangen haben.

Leider kippt das Bedürfnis nach Klarheit bei Kindern schnell mal ins Gnadenlose, vor allem in Kombination mit ihrer Impulsivität. Das kann eine Qualität sein, die wir als Eltern nicht zu stark abschleifen sollten. Nichtsdestotrotz müssen Kinder von ihren Eltern auch die Regeln respektvoller, empathischer und dem Anlass angemessener Kommunikation lernen. Denn daran werden sie außerhalb der Familie ihr Leben lang gemessen werden. Wie wir schon festgestellt haben, sind es ja fast nie die Inhalte, die Verständigung verhindern. Nicht was wir sagen, treibt andere auf die Palme, aus dem Raum oder schlimmstenfalls sogar aus der Beziehung, sondern *wie* wir es sagen. Wir schulden unseren Kindern nicht nur Kommunikation; wir schulden ihnen als Teil ihres Wachstumsprozesses auch die tägliche Verhandlung darüber, wie man kommuniziert.

Daraus ergibt sich für mich ein Impuls, der mir sehr am Herzen liegt: Wir sollten öfter übers Reden reden – also darüber, wie gelingende Kommunikation funktioniert. Nicht nur, aber ganz besonders mit unseren Kindern. Denn die kommunizieren meistens so, wie sie auch ihren Alltag erleben: emotional. Die Tücke ist nur: Wenn wir als Eltern und Alltagsgeschädigte erst einmal gestresst genug sind, tun wir das auch. Dann entstehen Schwierigkeiten im Gespräch. Das geschieht unter Erwachsenen natürlich genauso. Der Unterschied ist allerdings: Bei ihnen können wir mit rationalen Argumenten mehr erreichen. Mit denen stoßen wir bei Kindern oft auf taube Ohren. Ihnen ist es wichtig, mit ihren Emotionen gesehen zu werden und nicht für ihre Sicht auf die Welt kämpfen zu müssen. Was bei Erwachsenen schon sinnvoll ist, ist bei ihnen noch wichtiger: Um argumentativ zu ihnen durchzudringen, müssen wir zunächst immer auch ihre Emotionen und ihre Welt sehen und respektieren.

Was also tun, wenn die Luft brennt? In der Eltern-Kind-Kommunikation bietet sich als Erste-Hilfe-Maßnahme eine Methode an, die wir unter Erwachsenen meist nur bei anhaltenden Verständigungsschwierigkeiten einsetzen und generell viel seltener brauchen: die Metakommunikation.

Was sich anhört wie eine Superkraft aus dem Fantasy-Arsenal Hollywoods, ist in Wahrheit eine sehr einfache, sehr direkte und vor allem wundervoll ehrliche Methode, typischen Problemen in der Eltern-Kind-Kommunikation zu begegnen: Metakommunikation heißt nichts anderes, als übers Reden zu reden, genauer gesagt: darüber, *wie* man gerade miteinander redet. Sie setzt also genau da an, wo die meisten Gespräche scheitern: beim Wie statt beim Was.

Einige Beispiele zeigen, wie universell diese Methode tatsächlich ist. Vor allem, wenn Sie noch recht kleine Kinder im Vor- oder Grundschulalter haben, sind Sie es vermutlich gewöhnt, regelmäßig angeschrien zu werden. Je nachdem, wie lang und anstrengend Ihr Tag zu diesem Zeitpunkt schon war, ist die Versuchung, zurückzuschreien manchmal groß. Alternativ drohen wir auch gern mal direkt mit Konsequenzen, falls das Kind weiterschreit. Damit ist das Problem aber nicht gelöst. Vielmehr wird die Verständigung dadurch nur noch weiter erschwert. Dass die Äußerungen eines wütenden, schreienden Kindes (oder Erwachsenen) mitten aus der Emotion heraus auch inhaltlich oft nicht viel zur Lösung beitragen, kommt noch hinzu: Im allgemeinen Geschrei ist auf der Sachebene meistens nicht viel zu holen.

An dieser Stelle kann eine Intervention in Form von Metakommunikation Wunder wirken. Teilen Sie Ihrem schreienden Kind freundlich, aber bestimmt mit: »Ich möchte nicht, dass wir in diesem Ton miteinander reden!«[92] Das »Wir« hilft an dieser Stelle, einen direkten Vorwurf ans Kind zu vermeiden, der gleich wieder Emotionen schüren würde. Sollten zu diesem Zeitpunkt die Emotionen auf beiden Seiten schon hochgekocht sein, signalisieren Sie Ihrem Kind damit außerdem, dass Sie auch ihre eigenen Äußerungen meinen. Die Mahnung kann je nach Situation also auch als Friedensangebot aufgefasst werden.

Diese Intervention kann immer nur von Ihnen kommen, denn Kinder – zumal kleine – hinterfragen diese Ebene eines Gesprächs in der Regel nicht. Sie senden mit dieser »Auszeit«, in der Sie das Gespräch von außen betrachten, gleich mehrere positive Signale ans Kind:

Vorteile der Metakommunikation

1. Sie demonstrieren Ihrem Kind, dass Sie Wert darauf legen, wie in der Familie miteinander gesprochen wird – woran es wiederum erkennt, dass es Ihnen wichtig ist und als Gesprächspartnerin oder Gesprächspartner respektiert wird.
2. Sie zeigen, dass Sie an einer Lösung interessiert sind, das Problem also auch im Sinne des Kindes klären wollen (und sich nicht etwa einfach nur durchsetzen wollen).
3. Sie übernehmen in der schwierigen Situation die Führung und geben dem Kind damit Orientierung, werden also Ihrer Vorbildrolle gerecht – auch im Sinne eines Vorbilds in Sachen Kommunikation.

Eine weitere Situation, die alle Eltern kennen: Sehr oft geschieht es, dass Kinder mitten im Gespräch den Kontakt abbrechen und uns ihre Aufmerksamkeit entziehen. Wenn sie keine Lust haben, über etwas zu reden, wenden sie sich schon mal mitten im Gespräch ab, beschäftigen sich nur noch mit ihrem Spielzeug oder versuchen sogar, wegzugehen.

Auch hier ist es wieder wichtig, auf Vorwürfe zu verzichten. Eine typische, aber wenig hilfreiche Reaktion wäre etwa die bereits emotional aufgeladene Frage: »Sag mal, hörst du mir überhaupt zu?« oder auch der wenig souveräne Imperativ der Verzweiflung: »Hör mir gefälligst zu, wenn ich mit dir rede!« Beides ist zwar in gewisser Weise Metakommunikation, wird aber nicht zum Ziel führen, weil es den Graben zwischen Ihnen und Ihrem Kind nur noch tiefer zieht.

Um die Aufmerksamkeit des Kindes zurückzubekommen, können Sie die Metakommunikation mit einem anderen Wirkverstärker kombinieren: in Kontakt gehen. Bevor Sie weitersprechen, sorgen Sie dafür, dass Sie und Ihr Kind einander körperlich zugewandt und im Augenkontakt sind. Diese Geste allein bewirkt schon eine Veränderung – denn genauso stellen unsere Kinder auch selbst sicher, dass wir ihnen zuhören. Wendet sich das Kind während des Gesprächs ab oder geht weg, können Sie es zum Beispiel am Arm festhalten, Blickkontakt herstellen und ansprechen, was Ihnen gerade auffällt: »Johann, ich habe den Eindruck, du hörst mir gerade nicht zu. Wie oder wann kann ich mit dir reden, sodass du mir zuhörst?«[93]

Wann immer Gespräche emotional aus dem Ruder laufen: Steigen Sie so schnell wie möglich erst einmal aus dem strittigen Thema aus und sprechen Sie zunächst darüber, *wie* Ihr Kind und Sie gerade miteinander reden. Danach ist eine Klärung fast immer wesentlich einfacher. Außerdem wird Ihr Kind eine größere Akzeptanz für den Ausgang des Gesprächs, für die gemeinsam gefundene Lösung oder auch für eine Forderung Ihrerseits aufbringen. Und schließlich können Sie auf diese Weise verhindern, dass auch nach dem letzten Wort noch eine Weile die Luft brennt. Neben der auslösenden Sachfrage wurde auf diese Weise auch gleich der emotionale Brandherd thematisiert. All das macht die Metakommunikation zu einer sehr effektiven Erste-Hilfe-Maßnahme gegen alle möglichen Arten von emotionalen Entgleisungen, mit denen es unseren Kindern meistens noch schlechter geht als uns Eltern.

Entschuldigen will gelernt sein

Bei aller Liebe und Sorgfalt, die wir in die Kommunikation mit unseren Kindern stecken: Nobody's perfect. Glauben Sie es einem Kommunikationstrainer, der in der Kommunikation mit seinen Kindern immer noch regelmäßig scheitert. Eine Kindheit ist eine lange, anspruchsvolle Zeit, die uns als Eltern immer mal wieder an unsere Grenzen bringt. Sosehr wir uns auch wünschen, dass es nicht so wäre:

Verletzungen passieren. Manchmal gehen Gespräche mit Kindern so richtig, richtig schief. Und das Einzige, das eine Verletzung wieder heilen kann, die durch Kommunikation entstanden ist, ist mehr Kommunikation: eine Entschuldigung. Die muss uns aber nicht nur über die Lippen kommen, was uns als Erwachsenen gegenüber Kindern an hektischen Tagen manchmal schon schwerfällt oder auch einfach nicht in den Sinn kommt. Sie muss auch noch etwas taugen. Entschuldigung ist nicht gleich Entschuldigung!

Schon unter Erwachsenen fällt es vielen Menschen wahnsinnig schwer, sich zu entschuldigen. Gegenüber Kindern sollte es eigentlich leichter sein, denn sie verzeihen viel mehr und viel schneller. Leider neigen wir dazu, uns darauf zu verlassen – bis es dem Kind irgendwann einmal nicht mehr leichtfällt. Das mag Jahre dauern, doch der Punkt kann kommen, an dem das Fass überläuft. Irgendwann fühlt sich das Kind einmal zu oft hängen gelassen, wo eine aufrichtige Entschuldigung fällig gewesen wäre, und dann nimmt die Beziehung Schaden. Den zu kitten ist schwieriger, als sich zu entschuldigen.

Ein Grund, warum uns das Entschuldigen so schwerfällt, ist der mangelnde Anreiz: Wir glauben oft, uns schon entschuldigt zu haben, und wundern uns, dass wir dafür keine Anerkennung bekommen. Ganz oft liegt das daran, dass wir der Gesprächspartnerin oder dem Gesprächspartner eben keine aufrichtige Entschuldigung kommuniziert haben, auch wenn wir das meinen. Das Tückische ist, dass eine floskelhafte, schnell dahingesagte Entschuldigung sich derselben Kernworte bedient wie eine echte, aufrichtige. Oft werfen wir aber einfach nur ein »Sorry« oder »›tschuldigung« hin und lassen es dabei bewenden. Das ist erstens zu wenig und zweitens nicht eindeutig genug von einer ritualisierten Entschuldigung zu unterscheiden. Wir verwenden dieses Wort in allen möglichen Situationen, in denen es eigentlich nichts verloren hat: Wir gehen beiseite und sagen »Entschuldigung!«, wir machen die Kühlschranktür nicht zu und sagen »Entschuldigung!«, wir rufen Kellnerinnen und Kellner mit »Entschuldigung!« und leiten sogar Bitten damit ein: »Entschuldigung, ich hätte noch eine Frage?« Und weil wir dieses Wort ritualisiert nutzen, hat es irgendwann nicht mehr die gewünschte Wirkung, wenn wir es ernst meinen und wirklich damit um Entschuldigung bitten wollen.

Wenn Sie einfach nur »Entschuldige« oder »Sorry« sagen, lassen Sie das Kind mit seinem Kopfkino allein: Warum ist Papa so? Warum werde ich so ungerecht behandelt? Habe ich es nicht anders verdient? Was habe ich falsch gemacht? Lohnt es sich, respektvoll zu sein, wenn die Erwachsenen es selbst nicht sind?

Aus all diesen Gründen ist es wichtig, Kindern vorzuleben, dass und vor allem wie man sich richtig, anständig, aufrichtig entschuldigt, wenn es einen echten Grund dafür gibt. Eine solche aufrichtige Entschuldigung unterscheidet sich schon in ihrer Form deutlich von einer floskelhaften – und dieser Unterschied kommt auch bei der Empfängerin oder beim Empfänger an.

Bevor ich Ihnen den Ablauf einer aufrichtigen Entschuldigung vorstelle, gebe ich Ihnen ein Beispiel, das mir als Vater den Wert und vor allem die erstaunliche Wirksamkeit dieser wichtigen Kommunikationstechnik eindrucksvoll vor Augen geführt hat. Diese Geschichte, von der ich gehört habe, soll sich in Schweden zugetragen haben. Sie hätte aber genauso gut Ihnen oder mir passieren können, auch wenn möglicherweise nicht jeder von uns genauso reagiert hätte.

Eine Mutter saß mit ihrer kleinen Tochter im Wartebereich einer Klinik und wartete auf ihren Termin. Während die Mutter in einer Zeitung las, wurde ihrer Tochter langweilig. Gleichzeitig kam eine Krankenschwester aus dem OP-Saal – mit einem Wagen voller Gerätschaften aus einer gerade beendeten Operation. Um durch eine Verbindungstür zu gelangen, musste sie auf einen Knopf an der Wand drücken. Sie entfernte sich nur für wenige Sekunden und nur zwei Meter weit von dem OP-Wagen, um den Schalter zu erreichen. Doch diese wenigen Sekunden reichten dem kleinen Mädchen, um aufzuspringen, zu dem Wagen zu laufen und auf die Ablage zu greifen. Dabei verletzte es sich an einer benutzten Injektionsnadel aus der Operation.

Welches Drama sich daraufhin abspielte, können wir uns gut vorstellen: Die zweifellos schockierte Mutter explodierte. Sie schrie die Krankenschwester an, was sie sich dabei gedacht habe, den Wagen unbeaufsichtigt stehen zu lassen. Die Krankenschwester, vor Schreck möglicherweise selbst überfordert, hielt erst einmal dagegen: Ebenfalls aufgebracht, fragte sie die Mutter, warum sie nicht mal ein paar Sekunden auf ihre Tochter aufpassen könne.

Es kam, wie es kommen musste: Die Mutter verklagte die Klinik. Das zuständige Gericht ordnete einen Mediationsprozess an – ein in Schweden sehr übliches Verfahren, um eine ausgewachsene Verhandlung möglichst zu vermeiden. Zu diesem Termin erschien der Oberarzt der Klinik. Bevor die Mediation überhaupt offiziell begonnen hatte, ging er auf die Mutter zu, um sich zu entschuldigen. Dabei sagte er in etwa Folgendes: »Ich möchte Ihnen sagen, wie leid es mir tut, was Ihrer Tochter in unserem Krankenhaus geschehen ist. Bitte glauben Sie mir, dass es auch für die beteiligte Krankenschwester eine große Belastung ist. Der Vorfall ist immer noch bei nahezu jeder Übergabe Thema im Stationszimmer, und es geht ihr wirklich schlecht damit. Ich habe selbst zwei Kinder und möchte mir gar nicht vorstellen, wie das für Sie gewesen sein muss – die Ungewissheit und all die unangenehmen Tests, die bei Ihrer Tochter deswegen gemacht werden mussten.« Schließlich erläuterte der Arzt der Mutter anhand eines schriftlich ausgearbeiteten Plans, den er dabeihatte, welche Maßnahmen das Krankenhaus inzwischen ergriffen hatte. Der gesamte Übergabeprozess nach einer Operation war neu aufgesetzt worden, damit so etwas nicht mehr vorkommen konnte, und er legte die Details bereitwillig offen.

Unmittelbar im Anschluss an dieses Gespräch soll die Mutter alle Forderungen zurückgezogen haben. Nicht einmal das Schmerzensgeld, das ihr mit hoher Wahrscheinlichkeit zugestanden worden wäre, wollte sie noch beanspruchen. Als Eltern können wir nachvollziehen, in welcher Sorge sie gewesen sein muss. Und doch war die Entschuldigung stark genug, sie zu beruhigen und ihr die Sicherheit zu geben, dass von diesem Krankenhaus keine Gefahr für Kinder ausging.

Natürlich kann es keine Garantie dafür geben, dass es in jeder Situation so laufen wird, wenn Sie sich nur richtig entschuldigen. Doch das Beispiel verdeutlicht: Eine aufrichtige Entschuldigung kann eine unglaubliche Kraft entwickeln. Sie kann Verletzungen heilen und helfen, Beziehungen zu retten. Manchmal wird die Bindung nach einer aufrichtigen Entschuldigung sogar tiefer, als sie vorher war, wenn ihr auch noch eine erkennbare Veränderung folgt. Möglich ist das aber nur, wenn die Entschuldigung erstens wirklich aufrichtig gemeint und zweitens so formuliert ist, dass die Gesprächspartnerin oder der Gesprächspartner das auch spürt. Das ist zwar keine der leichtesten Übungen in der Kommunikation, aber auch keine hohe Kunst. Und es lohnt sich wirklich, in diesen wichtigen Moment in einer Beziehung zu investieren – zumal Ihr Kind dabei auch noch etwas sehr Wichtiges von Ihnen lernt.

Die drei Schritte einer aufrichtigen Entschuldigung

Eine aufrichtige Entschuldigung hat drei Schritte, die sich auch an der Entschuldigung des Arztes im Beispiel oben gut nachvollziehen lassen:

1. Reue,
2. Empathie,
3. einen Plan.

Beim ersten Schritt geht es darum, Reue zu zeigen. Reue möchte verloren gegangenes Vertrauen wiederherstellen. Dazu muss Ihr Kind spüren, dass es Ihnen wirklich leidtut. Das ist mit einer Pseudo-Entschuldigung wie einem hingeworfenen »Sorry« noch nicht gewährleistet. Reue muss man ausformulieren. Machen Sie sich die Mühe, zu zeigen, dass Sie den Grund für die Enttäuschung auch wirklich verstanden haben. Sprechen Sie aus, was an Ihrem Verhalten falsch war, und sagen Sie klar, dass Sie sich deswegen schlecht fühlen.

Empathie, der zweite Schritt, zeigt der oder dem anderen, dass Sie sich in sie oder ihn hineinversetzt haben. Sie geben damit zu verstehen, dass Sie tatsächlich nachvollziehen können, wie er oder sie sich jetzt fühlt – Ihretwegen. Spiegeln Sie in Ihren Worten, was Sie glauben, welches Gefühl das Kind im Moment der Verletzung empfunden hat – etwa Enttäuschung, Frustration, Wut.

Der Plan im dritten Schritt zeigt der Empfängerin oder dem Empfänger der Entschuldigung, dass die Sache für Sie mit der bloßen Entschuldigung nicht einfach abgefrühstückt ist. Damit Ihr Kind erkennt, dass Sie es ernst meinen, schlagen Sie als Geste der Versöhnung zum Schluss eine möglichst konkrete Maßnahme vor, die hilft, den angerichteten Schaden zu kitten. Der Plan kann auch dazu dienen, zu zeigen, wie Sie sicherstellen, dass es beim nächsten Mal anders läuft. Der Wille zur Wiedergutmachung sagt: Ja, du bist mir wichtig, und ich will das wieder in Ordnung bringen.

Folgen Sie diesen drei Schritten das nächste Mal, wenn Sie sich bei Ihrem Kind für ein Versäumnis wie eine verpasste Schulaufführung oder für eine unangemessene Reaktion aus dem Affekt heraus entschuldigen, und Sie werden den Unterschied an der Reaktion spüren. Ihr Kind wird garantiert merken, dass Sie es wirklich ernst meinen, selbst wenn es im ersten Moment noch beleidigt ist und Ihnen nicht sofort den Gefallen tut, einzulenken. Lassen Sie ihm Raum für seine Emotionalität – schließlich ist der oder die Kleine zu Recht enttäuscht von Ihnen. Sie können sicher sein, dass Ihre Worte dennoch durchdringen.

Das bedeutet natürlich auch, dass Sie auf jeden Fall daran gemessen werden, was Sie gerade sagen. Stellen Sie also unbedingt sicher, dass Sie den Plan aus dem dritten Schritt auch durchziehen – sonst vertiefen Sie die Verletzung noch. Eine aufrichtige Entschuldigung dient dazu, ein Vertrauens-Defizit auszugleichen. Sie kann sogar eine angeschlagene Beziehung stärken. Eine leere Entschuldigung dagegen ist geeignet, dieses Defizit noch zu vergrößern.

Überlassen Sie Ihr Kind nicht dem Schmerz der Ungewissheit, wenn eine Verletzung passiert ist. Wenn Sie sich aufrichtig entschuldigen, erweisen Sie ihm den Respekt, den es nach einem Vertrauensbruch nötig hat. Dasselbe gilt übrigens, wenn Sie sich auf diese Weise bei einem enttäuschten Erwachsenen entschuldigen. Das Vorgehen ist ein universelles Prinzip in der Kommunikation: Entschuldigen schafft Klarheit – und Klarheit verbindet, wo Unklarheit trennt.

Kapitel 9

Wachstumsfreuden

Wie Sie Ihre Kinder lebensfit machen

Zukunftsmacher

In diesem Buch ist immer wieder die Rede von einer gewissen Elternrolle gewesen. Eigentlich ist das eine himmelschreiende Untertreibung. Denn es gibt ja nicht wirklich die eine, klar umrissene Rolle, die wir als Eltern ausfüllen. Vielmehr handelt es sich bei der Elternschaft um einen Schnittpunkt unzähliger Rollen, die wir alle gleichzeitig ausfüllen.

In der freien Wirtschaft könnte man mit der multiplen Quasi-Qualifikation, die Eltern sich vor allem in den ersten Jahren mal eben draufschaffen, wahrscheinlich sehr erfolgreich sein. Für unsere Kinder werden wir zu Pädagoginnen und Pädagogen, Psychologinnen und Psychologen, Projektmanagerinnen und Projektmanagern, Führungskräften, Krankenpflegerinnen und -pflegern, Ernährungsberaterinnen und -beratern, Unterhaltungskünstlerinnen und -künstlern, Handwerkerinnen und Handwerkern … Die Liste ließe sich beliebig fortsetzen. Die Qualifikation für all diese Rollen erwerben wir sozusagen nebenbei im Fernstudium, während wir eigentlich vollauf damit beschäftigt sind, einfach nur liebende und verantwortungsvolle Eltern zu sein – von all den anderen Rollen, die wir beruflich und privat noch so auszufüllen haben, mal ganz abgesehen.

Eigentlich irre, was Eltern sich zumuten, oder? Und doch tun wir uns das nicht nur an, sondern auch noch mit Freude. Weil wir unsere Kinder lieben und ein Leben ohne sie gar nicht vorstellbar ist, natürlich. Aber auch, weil wir das Ziel vor Augen haben, das alle anderen Prioritäten überragt und bei allen Eltern dieser Welt in etwa dasselbe sein dürfte: Wir wollen, dass unsere Kinder sich gut entwickeln und zu glücklichen, auf ihre Weise erfolgreichen Menschen heranwachsen. Wir wollen, dass sie im Leben nicht nur zurechtkommen, sondern es nach ihren Vorstellungen anpacken. Das ist letztlich auch der Hauptzweck all der Bemühungen um gelingende Kommunikation, um die es in diesem Buch geht: unsere Kinder in die Lage zu versetzen, ihr Leben in die eigenen Hände zu nehmen und zu gestalten. Sie sollen glückliche Beziehungen führen, sie sollen Erfüllung in ihrem Tun finden, sie sollen die Welt mit ihrem Dasein bereichern. All das wünschen wir uns für unsere Kinder, und all das versuchen wir zu fördern. Wir tun das, weil wir aus Erfahrung wissen, worauf es im Leben ankommt – besser jedenfalls als unsere Kinder, solange sie Kinder sind.

Es gibt noch einen Grund, warum wir als Eltern für unsere Kinder unser Bestes geben: Wir tun es auch deshalb, weil wir die Alternative kennen. Als Erwachsene wissen wir, wie schwer Altlasten wiegen, die wir mit uns herumschleppen, älter oft noch als wir selbst. Sie können unsere Beziehungen stören und uns dabei stören, das Leben zu führen, das wir uns erträumen. Anders als unsere Kinder in ihrer unbeschwerten Glückseligkeit wissen wir bereits, wie schmerzvoll das sein kann. Und nicht zuletzt wissen wir, was es kostet, auszugleichen, was in der Kindheit versäumt wurde.

Die Themen, die bei Erwachsenen in der Regel die selbstbestimmte Lebensgestaltung blockieren oder erschweren, sind sehr oft Themen mit direkter Anbindung an die Kommunikation. Wir können Kindern so manche Tür öffnen und so manchen Weg ebnen, indem wir positiv und ermutigend mit ihnen über Dinge reden, die später einen großen Einfluss auf ihre Haltung und ihre Handlungsspielräume im Leben haben werden. Denn auch bei diesen Themen sind wir unseren Kindern Vorbild – in Sachen Kommunikation und in allem, was sie bewirkt.

Warum es sich lohnt, über Fehler zu reden

Eines der sensibelsten Themen in der Kommunikation mit Kindern, mit dem auch viele Erwachsenen später noch zu kämpfen haben, ist der Umgang mit Fehlern. Der Grund dafür ist nicht einmal, dass Kinder so große Probleme damit hätten, Fehler zu verarbeiten – wenn sie den richtigen Umgang damit gelernt haben. Das größere Problem ist, dass wir Erwachsenen selbst damit zu kämpfen haben, wie unsere Leistungsgesellschaft einerseits auf Fehler fixiert ist und sie andererseits genau deshalb tabuisiert. In unserer Fehlerkultur ist der Wurm drin – und zwar vom Bildungssystem bis hin zur Chefinnenetage. Deshalb ist die Gefahr groß, dass wir bei diesem Thema unbewusst ein schlechtes Vorbild abgeben und es noch nicht einmal merken.

Auf die Idee, Fehler zur Grundlage einer gesunden Feedbackkultur zu machen, kommen noch immer wenige Lehrerinnen und Lehrer, wenige Unternehmen und wenige Politikerinnen und Politiker. Wir können inzwischen über fast alles reden: über Work-Life-Balance, über Quoten, über Homeoffice für alle. Nur über Fehler nicht. Jeder Fehler, glauben wir, könnte uns das Leben ruinieren, die Karriere killen – oder uns zu schlechten Eltern machen. Fehler, meinen wir, machen angreifbar und unbeliebt, und sie einzuräumen schwächt die eigene Position – sogar dem eigenen Kind gegenüber, glauben manche.

Die Folge ist eine Art Schweigespirale. Die gibt es leider sogar in vielen Familien. Das Verrückte daran ist, dass sie nur für die eigenen Fehler gilt. Mit dem Finger auf die Fehler anderer zeigen – Kinder eingeschlossen – geht dagegen immer. Das Meckern ist ein richtiger Volkssport bei uns.

Das alles hat natürlich Folgen für das Gesprächsklima, wenn die Leistungsorientierung an ihre Grenzen stößt und mal nicht alles läuft wie am Schnürchen. Ich merke das auch in meinen Veranstaltungen regelmäßig: Schon Erwachsenen die Angst vor Fehlern zu nehmen ist eine rhetorische Herausforderung. Die meisten vertuschen ihre

Irrtümer und Missgeschicke lieber, als sie zur Gesprächsgrundlage zu machen. Die Angewohnheit sitzt tief, eigene Fehler zu verbergen, anstatt damit zu arbeiten, gleichzeitig aber auf den Fehlern anderer gründlich herumzureiten. Und leider beginnt diese tabuisierende Fehlerkultur schon im Bildungssystem. Deshalb hat sie Kinder und Eltern gleichermaßen im Griff.

Das alles ist ein Jammer, denn es gibt kaum eine bessere Lerngrundlage als Fehler. Sie können etwas Wunderbares sein – allerdings nur, wenn sie für eine Entwicklung genutzt werden.

Was Fehler schon alles möglich gemacht haben! Ohne ein paar saftige Missgeschicke und Irrtümer hätte es einige der wichtigsten Erfindungen der Neuzeit gar nicht gegeben. Da wäre zum Beispiel das Penicillin: eine der wichtigsten Errungenschaften der Medizingeschichte. Entdeckt wurde es nicht etwa durch gezielte Forschung, sondern infolge eines Missgeschicks seines Erfinders. Der spätere Nobelpreisträger Alexander Fleming hatte im Sommer 1928 vergessen, das Laborfenster zu schließen, bevor er in die Ferien fuhr. Als er zurückkehrte, fiel ihm eine seltsame Veränderung an der Versuchsanordnung auf, die er vor dem Urlaub eingerichtet hatte. Die war nämlich hin. Als er sie neugierig unter dem Mikroskop betrachtete, entdeckte er Pilzsporen, die durchs offene Fenster eingedrungen waren. Und die hatten den Eitererregern den Garaus gemacht. Die Weiterentwicklung dieser Zufallsentdeckung revolutionierte die Therapiemöglichkeiten bakterieller Erkrankungen für immer. Millionen Menschen verdanken ihr Leben der Schusseligkeit eines zerstreuten Professors.

Eine weitere Erfindung, die auf einem Missgeschick beruht, haben Sie gleich viermal an Ihrem Auto: den Gummireifen. Bis 1839 hätte man dem Werkstoff Gummi keinesfalls das Leben von Fahrzeuginsassen anvertrauen können. Bis Charles Nelson Goodyear 1839 ein Missgeschick unterlief. Er experimentierte gerade mit einer Mischung aus Gummi und Schwefel, als er für einen Moment die Konzentration verlor und ein Stück der Mixtur auf eine heiße Herdplatte fallen ließ. Das stinkende Ergebnis war eine Gummikonsistenz, die bisher niemand in planmäßigen Versuchen hatte erzeugen können: korrosionsresistenter, abriebfester und temperaturbeständiger als in allen geplanten Versuchen. Wenig später meldete Goodyear ein Patent auf einen Gummireifen an, der innerhalb kürzester Zeit seinen Siegeszug um die Welt antrat.

Was haben Alexander Fleming und Charles Goodyear gemeinsam? Sie haben ihre Fehler in positivem Licht betrachtet. Sie haben sie nicht abgehakt, sondern darauf aufgebaut. Und genau das ist die Basis einer gesunden Fehlerkultur.

Fehler sind Lerngrundlagen, die wir nicht vertuschen, sondern zum Thema machen sollten. Entweder, um die Ursache zu erkennen, damit sie nicht noch einmal passieren – oder weil sie uns zeigen, was wir anders und besser machen könnten. Genau in diesem Erkenntnisgewinn liegt von Natur aus der Wert von Fehlern im Leben unserer Kinder. In ihrer experimentellen Welt ist »Versuch und Irrtum« nichts weniger als ein Lebensentwurf. Und jedes Mal, wenn wir einen Fehler anprangern oder auch vertuschen wollen, machen wir unserem Kind damit etwas kaputt. Eine Lernchance, allemal; die Lust aufs Entdecken, schlimmstenfalls.

Wo eine gesunde Fehlerkultur ansetzen kann, lässt sich gut an einem Beispiel zeigen, auf das ich im Rahmen meiner Arbeit gestoßen bin. Viele Jahre lang habe ich Veranstaltungen im Tagungshotel Schindlerhof bei Nürnberg durchgeführt. Dort wird der »Fehler des Monats« nicht verdammt und nicht unter den Tisch gekehrt, sondern prämiert. Der oder die Mitarbeitende, der oder die für den Fehler verantwortlich zeichnet – und das tun die Mitarbeitenden im Schindlerhof freiwillig –, bekommt sogar ein kleines Präsent und ein Dankeschön von der Geschäftsführung. Dahinter steckt die Erkenntnis, dass das ganze Unternehmen von Irrtümern jedes Einzelnen profitieren kann: »Gut, dass du diesen Fehler gemacht hast. So können wir alle daraus lernen!« Kurz: In diesem Unternehmen schmeißen sie Fehlern eine Party!

Übertragen auf die Kommunikation mit Kindern, erschließt sich daraus noch deutlicher, wie viel zielführender ein solcher positiver Umgang mit Fehlern ist. Kinder zu zwingen, ihre Fehler zuzugeben, womöglich noch unter Androhung von Sanktionen, funktioniert nicht. Es sorgt eher dafür, dass sie sich verschließen. Wie soll man verhindern, dass Fehler sich wiederholen, wenn man dem Kind beibringt, sie unter den Teppich zu kehren?

Viel schwerer noch wiegt die Pseudomoral dieser Methode. Denn sie trennt nicht zwischen dem Fehler und dem- oder derjenigen, der oder die ihn verursacht hat. Wenn wir den Umgang mit Fehlern auf der Frage aufbauen, wer was verbockt hat, bringen wir unserem Kind bei: Wenn du Fehler machst, bist du falsch. Ein fatales Signal, denn wie oft bauen Kinder schon absichtlich Mist? Fehler passieren. Sie gehören zum Leben und Lernprozess eines Kindes dazu. Die Familie ist der ideale Rahmen, um offen über Fehler zu sprechen und einen entspannten, konstruktiven Umgang damit zu erlernen. Denn hier ist die Chance am größten, schamfrei über Missgeschicke zu sprechen. »Geliebt wirst du einzig, wo du schwach dich zeigen darfst, ohne Stärke zu provozieren«, schrieb der Philosoph und Soziologe Theodor W. Adorno. Wenn unsere Kinder es von uns nicht lernen, dann lernen sie es womöglich auch später nicht mehr – oder nur gegen starke innere Widerstände.

Mit jedem Fehler wächst das Gehirn

Genau hier liegt auch der Knackpunkt für einen besseren Umgang mit den Fehlern, die unsere Kinder machen. Wenn wir Fehler an Schuld messen, tun wir unseren Kindern damit Unrecht, denn sie können sie oft gar nicht verhindern. Frei nach Alexander Fleming sollten wir deshalb nicht den Schuldigen unters Mikroskop legen, sondern die Gründe für den Fehler! Nur so können wir gemeinsam mit unseren Kindern herausfinden, was sie aus diesem Fehler lernen und beim nächsten Mal besser machen können.

Eines Ansatzes, der auf diesen Überlegungen beruht, bedient sich das neuseeländische Schulsystem, wie die ZEIT berichtete. Die Unterschiede zwischen unserem System und dem am anderen Ende der Welt könnten teilweise kaum größer sein. In manchen deutschen Schulen wird zum Beispiel Schreiben nach Gehör gelehrt und werden Fehler, die dabei entstehen, nicht korrigiert – aus Sorge, dass das die Kinder entmutigen könnte. So stark ist das Fehler-Tabu, dass man selbst in der Schule lieber nicht darüber redet!

In Neuseeland dagegen werden Fehler von Anfang wegen ihrer Nützlichkeit begrüßt. Wendet ein Kind in Mathe die falsche Lösungsstrategie an, freut sich die Lehrerin: »Was für ein großartiger Fehler!« Beim Schreibenlernen in der ersten Klasse werden sogar die Radiergummis aus den Federtaschen verbannt. Warum? Fehler sollen nicht verschämt entfernt, sondern offengelegt und besprochen werden. Wurde ein Fehler geklärt, sagen die Lehrerinnen und Lehrer: »Und wieder wächst dein Gehirn ein bisschen!«[94]

Dass man Fehler mit Kindern tatsächlich auch positiv und motivierend thematisieren kann, zeigt auch die unterschiedliche Vorgehensweise beim Korrigieren von Aufsätzen. In Deutschland sind wir voll auf den Fehler fixiert. Sind einem Kind in seinem Aufsatz viele Fehler unterlaufen, bekommt es ein vollgeschriebenes Papier zurück. Hat es alles richtig gemacht, bleiben die Ränder leer. Ein seltsames Signal, finde ich … In Neuseeland wird der Text des Kindes auch bei vielen Fehlern nicht durchgestrichen, sondern bleibt immer stehen. Die Verbesserungen stehen darüber. Außerdem werden nicht nur die Fehler markiert. Alles, was richtig ist, wird mit einem Häkchen versehen – als Ansporn.[95]

All die Gegenbeispiele zu einer gleichzeitig fehlerfixierten und tabubehafteten Kommunikationskultur zeigen: Der Schlüssel zu einem konstruktiven Umgang mit Fehlern liegt darin, dass sie überhaupt erst einmal auf den Tisch kommen – und zwar gern in wohlschmeckender Form. Wäre so ein »Fehler des Monats«, komplett mit Partyhüten und Eiscremetorte, nicht auch etwas für zu Hause? Natürlich ist mir klar, dass nicht jeder Fehler in Mathe ein Grund zum Feiern ist und nicht jedes Missgeschick ein Sprungbrett zum Nobelpreis. Eine Menge lernen können Kinder allerdings schon aus den unterschiedlichen Fehlern, die sie in verschiedenen Entwicklungsphasen machen.

Entscheidend ist, dass wir alle uns beim Thema Fehler mal eine Runde locker machen. Den Grundstein dafür legen wir am besten so früh wie möglich. Die Scham vor Fehlern ist nämlich etwas, das unsere Kinder sich später nur mit viel Mühe und Ausdauer wieder abgewöhnen können, wenn überhaupt. Sowohl die träge, föderale Bildungspolitik als auch die manchmal an den falschen Stellen wettbewerbsorientierte Arbeitskultur sitzen in dieser Hinsicht leider meist noch auf dem Schlauch. Umso wichtiger ist es, dass wir als Eltern einen Kontrapunkt setzen. Am besten klappt das, wenn Sie den Anfang machen und selbst offen über Fehler und Ihren Erkenntnisgewinn sprechen.

Hier sind fünf Tipps zum Umgang mit Fehlern bei Kindern:

- Ermutigen Sie Ihr Kind, zu Fehlern zu stehen und offen mit Ihnen darüber zu sprechen.
- Diskutieren Sie im Gespräch über Fehler nicht über Schuld, sondern über die sachlichen Gründe.
- Passen Sie nicht (nur) das Strafmaß dem Fehler an, sondern auch den Erkenntnisgewinn: großer Fehler, großer Lerneffekt.
- Helfen Sie dem Kind moderierend, selbst darauf zu kommen, welcher Nutzen sich aus einem Irrtum oder Missgeschick ziehen lässt.
- Wenn Ihr Kind sich sehr für Fehler schämt: Erzählen Sie ihm Geschichten von Fehlern, aus denen etwas Tolles erwachsen ist.

Den Kindern ihre Träume lassen

Randy Pausch trat als Sterbender auf die Bühne – und veränderte damit das Leben unzähliger Zuhörer. Als der Professor für Informatik an der Carnegie Mellon University in Pittsburgh am 18. September 2007 seine letzte Vorlesung hielt, wussten alle Anwesenden im Saal bereits, dass er nur noch wenige Monate zu leben hatte. Pausch war ein beliebter Dozent, dessen Vorlesungen immer gut besucht waren – lange bevor die dramatische Nachricht von seiner Krebserkrankung die Runde machte. Daher war es nicht weiter verwunderlich, dass der Hörsaal zum Bersten gefüllt war, als Pausch zum letzten Mal vor sein Auditorium trat. Alle waren gekommen, um ihm ein letztes Mal ihre Ehre zu erweisen und zu hören, was er unter dem Titel *Last Lecture: Achieving Your Childhood Dreams* zu sagen haben würde.

Er hatte viel zu sagen. Pausch sprach in seinem bewegenden Vortrag mit der Klarheit des Todgeweihten über die Lektionen seines Lebens, und er tat es gänzlich ohne das zu erwartende Pathos. Tatsächlich brauchte er nur Sekunden, um die Zuhörenden zum Lachen zu bringen – und es gelang ihm noch viele weitere Male. Trotzdem ahnte an diesem Tag wohl niemand, dass diese letzte Rede des Randy Pausch weit über den Campus hinaus legendär werden und Menschen überall auf der Welt bewegen würde. Allein bei YouTube hat das Video der Rede über 20 Millionen Aufrufe.[96] Es ist eine der meistgesehenen Reden im Internet. Auch in Buchform wurde das Skript zu einem internationalen Bestseller.[97]

Fast noch bemerkenswerter als diese Superlative ist allerdings das Vermächtnis, das Pausch vor allem seinen jungen Zuhörenden im Hörsaal und im Internet hinterlassen hat: Er hat es geschafft, junge Menschen zum Nachdenken darüber zu bringen, dass ihre Zeit endlich ist. Sie ist alles, was sie haben, um ihre Träume zu erreichen, und nichts darf sie davon abhalten.

Genau aus diesem Grund haben mir Randy Pauschs Worte zugleich gutgetan und wehgetan. Denn beim Lesen des Buches wurde mir klar: Nicht selten sind wir es, die Eltern, die Kinder von ihren Träumen abhalten. Schmerzhafter als diese Erkenntnis ist nur noch die Einsicht, dass wir oft einfach darüber hinweggehen, was unsere Kinder uns anvertrauen. Manchmal räumen wir achtlos im Vorbeigehen Träume ab, nur weil sie uns in unserer maßgeschneiderten Erwachsenenwelt unrealistisch erscheinen.

Wahrscheinlich ist es ebenso unrealistisch, zu glauben, wir könnten uns das vollständig abgewöhnen. Träume und Verantwortung sind Konzepte, die sich schon immer aneinander gerieben haben. Ohne Träume zu leben lohnt sich nicht, ohne Vernunft zu leben funktioniert nicht. Doch wir dürfen uns nicht der Tatsache verschließen, dass mit jedem Traum etwas in unseren Kindern stirbt – viel zu früh, um zu wissen, was daraus erwachsen wäre. Diese Löcher können Narben und Phantomschmerzen hinterlassen, die sich ein Kind vielleicht sogar als Erwachsener noch nicht erklären kann. So etwas wie ein Fundbüro für verlorene Träume gibt es nämlich nicht.

Vielleicht müssen Sie sich nicht einmal in Ihr Kind hineinversetzen, um zu wissen, was ich meine. Vielleicht kennen Sie diese Phantomschmerzen aus eigener Erfahrung, weil Ihnen ein Traum verwehrt oder buchstäblich *ausgeredet* wurde. Manche Menschen erobern sich ihre Träume zurück und erfüllen sie sich trotz mangelnder Unterstützung aus dem Elternhaus. Doch auch sie haben es schwerer, als es sein müsste und sein sollte. Ich für meinen Teil möchte mir nicht vorwerfen müssen, es meinen Kindern unnötig schwer gemacht zu haben, ihre Träume zu leben.

Damit wir uns richtig verstehen: Unseren Kindern die Erfüllung ihrer Lebensträume aus der Hand zu nehmen ist nicht unsere Aufgabe. Genauso wenig können oder müssen wir ihnen jeden flüchtigen Wunsch von den Augen ablesen. Schon gar nicht können wir für jede fixe Idee die Welt anhalten, die sich von heute auf morgen als Alltagsfliege entpuppt. Was wir allerdings tun können, ist, die Träume unserer Kinder mit Respekt zu behandeln. Wir können achtsam über die Visionen reden, die unsere Kinder uns anvertrauen. Vor allem können wir aufhören, sie mit achtlosen Worten abzuräumen, bevor sie mit unseren Kindern zu etwas Großem heranwachsen können. Wir können Träume leben lassen, statt sie zu unterdrücken. Das wäre schon mal ein Anfang.

Manchmal können wir sogar mehr tun als das. Wenn wir nur richtig zuhören und den Worten unserer Kinder folgen, ergeben sich daraus oft konkrete Impulse für uns als Ermächtiger – wir müssen sie nur hören wollen. Mit meinem Sohn Leo habe ich beides erlebt: den Schmerz des Traumkillers und die Freude des Ermächtigers. Wenn wir ehrlich sind, ist das Leben mit Kindern doch ganz oft genau das: ein Wechselbad zwischen Erfüllung und Scheitern. Besonders dann, wenn es funktioniert.

Dass Manuel Neuer für meinen älteren Sohn Leo besondere Bedeutung hat, haben Sie bereits in Kapitel 7 erfahren: Das Vorbild des Welttorhüters hat ihm geholfen, seine Wutphase in den Griff zu bekommen und gelassener zu werden. Nur zu verständlich also, dass Leo sein Idol gern mal persönlich treffen würde. Was die Kommunikation über diesen Traum für mich zu einer Herausforderung machte, war die Tatsache, dass er mir das durchaus zutraute. In Kinderaugen war das vielleicht auch nicht vollkommen abwegig, nachdem es mir gelungen war, Oliver Kahn für eine meiner Veranstaltungen zu gewinnen. »Und jetzt soll Manuel Neuer zu uns kommen!«, verkündete Leo daraufhin.

Einerseits war ich natürlich ein bisschen stolz darauf, dass mein Sohn dachte: Der Papa kann das. Doch gleichzeitig fühlte ich mich unter Druck gesetzt. In Gedanken legte ich mir schon die Erwiderung zurecht, in der ich Leos Traum auf Lebensgröße herunterrationalisierte: »Manuel Neuer? Nee, Leo, das geht nicht. Wenn der mal zehn Jahre aus dem Spielbetrieb raus ist, so wie Oli Kahn jetzt, dann können wir vielleicht drüber reden. Aber jetzt, auf dem Höhepunkt seiner Karriere als Fußballer? Ausgeschlossen.«

Argumentation gelungen, Traum tot – als Leo sich einmal in den Kopf gesetzt hatte, dass Udo Lindenberg dringend mal zu Besuch kommen müsste, hatte ich noch so reagiert. Doch dieses Mal biss ich mir rechtzeitig auf die Zunge. Plötzlich erinnerte ich mich nämlich an etwas, das Randy Pausch geschrieben hat. In seinem Buch regt er an, Kinderträume einfach mal stehen zu lassen. Auch die überlebensgroßen, unrealistischen, gesponnenen. Denn statt sie abzuräumen, so Pausch, könnte man ja auch einmal überlegen, ob man nicht eine kreative Lösung findet, die dem Kind demonstriert: Du hast nicht nur das Recht, Träume zu haben, sie können auch wahr werden – auf die eine oder andere Art.

Also überlegte ich, was ich tun konnte, um Leos Traum am Leben zu erhalten, statt ihn um die Ecke zu bringen. Wie sich herausstellte, war das gar nicht so schwierig. So ließ ich mich von seinem Wunsch inspirieren, Tickets für ein Heimspiel des FC Bayern zu kaufen. Auf diese Weise konnte Leo Manuel Neuer zum ersten Mal live spielen sehen – ein großer Tag für ihn. Da konnte der Angriff vorn die spektakulärsten Tore schießen, Leo hatte nur sein Idol im Blick. Begegnet sind die beiden sich noch nicht, aber der Traum lebt weiter – stellvertretend für all die anderen Träume einer Kindheit und die Chance, dass sie eines Tages wahr werden. Und darauf, nur darauf kommt es an. Glauben Sie es nicht mir, glauben Sie es dem sterbenden Randy Pausch – Vater dreier Söhne, Ermächtiger von Millionen.

Wir glauben, wir täten unseren Kindern einen Gefallen damit, wenn wir ihnen unrealistische Träume »ausreden« – auch so ein Wort, auf dem es sich gründlich herumzukauen lohnt. Tatsächlich schaden wir ihnen vielmehr damit, ihre Wünsche und Fantasien zu tabuisieren. Genau das tun wir, wenn wir sagen: »Das ist unmöglich!«, »Das klappt nie!« oder »Wünsch dir was Realistisches!« Diese Respektlosigkeit im Umgang mit Träumen ist eine weitere Form des Irrglaubens, die Erfahrungen unserer Kinder vorwegnehmen zu müssen. Wir reden uns ein, dass wir sie damit schützen. In Wirklichkeit schützen wir nur uns selbst. Wer bin ich denn, dass ich einschätzen könnte, welche Träume für meine Söhne einmal wahr werden?

Am Ende ist das mit der Eltern-Kind-Kommunikation irgendwie doch eine ziemlich klare Sache: Die richtigen Worte sind immer die, mit denen wir unseren Kindern helfen, sich ihre eigene Welt zu bauen.

Die Träume unserer Kinder sind eines von vielen Themen, bei denen wir nicht alles vorwegnehmen oder präventiv klären können, sosehr wir uns das auch wünschen mögen. Wir können nicht überall sein und immer recht haben, um unseren Kindern nur ja jedes Unglück zu ersparen und als Eltern nur ja nichts falsch zu machen. Solange wir uns an dieser Illusion festhalten, machen wir uns die Kommunikation mit unseren Kindern nur selbst unnötig schwer. Wir machen schwierig, zäh und anstrengend, was so wundervoll, unbeschwert und erfüllend sein kann.

Dieser Hinweis, zu Beginn angeklungen als Warnung vor dem allgegenwärtigen Perfektionsdrang meiner Eltern-Generation, ist mir auch am Schluss dieses Buches extrem wichtig: Seien Sie milde zu sich. Fehler passieren, und wir lernen daraus. Schlechte Worte fallen, und stehen als gute wieder auf. Kinder wachsen, und wir wachsen mit ihnen. Das ist kein Wettbewerb, kein Spiel und kein Kampf, sondern die schönste Erfahrung unseres Lebens. Behandeln wir sie auch so.

Alles, was ich Ihnen in diesem Buch gezeigt und mitgegeben habe, ist nicht als Warnung oder Mahnung oder Belehrung gedacht, denn nichts davon steht mir zu. Auch ich werde als Vater weiterhin scheitern und lernen und wachsen. Mein Anliegen als Kommunikationstrainer ist es, Sie bei der Erweiterung Ihres Repertoires zu unterstützen. Je größer Ihr Repertoire, desto öfter werden Gespräche zwischen Ihnen und Ihren Kindern gelingen. Ein größeres Repertoire hilft uns, im Gespräch zu bleiben. Und das ist am Ende alles, was zählt. Miteinander reden verbindet unsere Welt mit der Welt unserer Kinder, während wir gemeinsam durchs Leben gehen – vorwärts.

Kommen Sie gut an.

Register

Anmerkungen

1 Eltern machen sich selbst Druck, WirtschaftsWoche online, 12. Januar 2015, https://www.wiwo.de/erfolg/trends/familienstudie-eltern-machen-sich-selbst-druck/11216362.html

2 Florian Schroeder in der NDR Talkshow, Ausschnitt aus der Sendung vom Facebook-Account der Sendung, 26. 01. 2016, https://www.facebook.com/watch/?v=1007668945946603

3 Ebd.

4 Ebd.

5 Ebd.

6 Florentine Fritzen: Die Alleswoller, FAZ online, 13. 09. 2009, https://www.faz.net/aktuell/gesellschaft/familie/erwachsen-werden-die-alleswoller-1854621-p2.html

7 Ebd.

8 Ebd.

9 Barbara Leitner: Mit Kindern reden – Verbindliche Kommunikation mit den Jüngsten, KiTaFachtexte, Alice-Salomon-Hochschule Berlin et al., S. 7, verfügbar unter: https://www.kitafachtexte.de/fileadmin/Redaktion/Publikationen//FT_leitner_2011.pdf

10 Ebd., S. 8

11 Lektüreempfehlung für alle, die nach mehr Respekt und/oder Selbstliebe suchen: Erich Fromm: Die Kunst des Liebens, dtv 1998

12 Anne Otto: Ruhe im Kopf, Psychologie heute 03/2020, S. 18 f.

13 Ebd., S. 18

14 Ebd., S. 18

15 Ebd., S. 19
16 Ebd., S. 20
17 Ebd., S. 20
18 Ebd., S. 21
19 Ebd., S. 23
20 Ebd., S. 24
21 Interview mit Astrid Lindgren, Die Zeit, Nr. 47/92, 13. November 1992
22 Ute Glaser: Die Eltern-Trickkiste – So bekommen Sie Zahnputzverächter, Gemüseverweigerer und alle anderen Widerständler spielend in den Griff, Gräfe & Unzer 2011
23 Paulo Coelho: Die Geschichte vom Bleistift, zitiert nach: Yeyebook free library (mehrsprachig), https://www.yeyebook.com/de/, abgerufen am 04. 11. 2020
24 Ebd., S. 52
25 Ebd., S. 49
26 Ebd., S. 51
27 Ebd., S. 52
28 Zitiert nach: Frank Luerweg: Die Urteile der anderen, Psychologie heute 05/2019, S. 65
29 Ebd., S. 65 f.
30 Ebd., S. 66
31 Ebd., S. 66
32 Ebd., S. 66
33 Ebd., S. 66 f.
34 Ebd., S. 66 f.
35 Jens Corssen/Stephanie Ehrenschwendner: Das Corssen-Prinzip: Die vier Werkzeuge für ein freudvolles Leben, Arkana 2016
36 Thomas Feibel: Jetzt pack doch mal das Handy weg! Wie wir unsere Kinder von der digitalen Sucht befreien, 3. Auflage, Ullstein Taschenbuch 2018
37 Daniela Liebich: Mit Kindern sprechen – Die richtigen Worte finden, Kizz online, 09. 10. 2014, https://www.herder.de/kizz/kinderent-

wicklung-erziehung/mit-kindern-sprechen-die-richtigen-worte-finden/

38 Ebd.

39 Ebd., S. 307

40 Ebd., S. 310

41 Synästhesie: Wenn Worte schmecken, Pharmazeutische Zeitung, Ausgabe 17/2017, 25.04.2017, https://www.pharmazeutische-zeitung.de/ausgabe-172017/wenn-worte-schmecken/#:~:text=Syn-%C3%A4sthesie%20hei%C3%9Ft%20das%20faszinierende%20Ph%C3%A4nomen,bleibt%20ein%20Leben%20lang%20beste-hen.&text=Manche%20Syn%C3%A4sthetiker%20sp%C3%BC-ren%20einen%20Geschmack,sie%20ein%20bestimmtes%20Wort%20h%C3%B6ren.

42 Katrin Hörnlein: Wozu brauchen Kinder noch Bücher? Zeit online, 20.03.2019, https://www.zeit.de/2019/13/lesen-kinder-buecher-bildschirm-analog-digital

43 Ebd.

44 Nina Dinkelmeyer: Hier wird der Grundstein für den Schulerfolg gelegt, Welt online, 29.10.2019, https://www.welt.de/wirtschaft/karriere/bildung/article202637006/Vorlesestudie-2019-Warum-Eltern-Kindern-unbedingt-vorlesen-sollten.html

45 Ebd.

46 Katrin Hörnlein: Wozu brauchen Kinder noch Bücher? Zeit online, 20.03.2019, https://www.zeit.de/2019/13/lesen-kinder-buecher-bildschirm-analog-digital

47 Nina Dinkelmeyer: Hier wird der Grundstein für den Schulerfolg gelegt, Welt online, 29.10.2019, https://www.welt.de/wirtschaft/karriere/bildung/article202637006/Vorlesestudie-2019-Warum-Eltern-Kindern-unbedingt-vorlesen-sollten.html

48 Verena Friederike Hasel: Gebt den Kindern einen Grund zum Lernen! Zeit online, 26.12.2019, https://www.zeit.de/gesellschaft/schule/2019-12/bildung-neuseeland-schulen-lehrer-kinder-lernen

49 Ebd.

50 Die Kontaktdaten der Zuschauerredaktion des KiKa finden Sie unter https://www.kika.de/kontakt-und-hilfe/index.html

51 Post für den Sandmann: https://www.sandmann.de/elternseite/kontakt/

52 Wo wohnt der Weihnachtsmann, das Christkind und der Nikolaus? Deutsche Post online, https://www.deutschepost.de/de/w/weihnachtspost/weihnachtsmann-christkind.html

53 Lara Malberger: Wir verlernen die Handschrift, Zeit online, 14. 04. 2018, https://www.zeit.de/wissen/2018-04/schreiben-handschrift-digitalisierung-hirnforschung-neurologie

54 Ebd.

55 Ebd.

56 Vgl. dazu u. a.: Gregor Staub: Fitnessstudio fürs Gehirn – Optimales Gedächtnistraining für Privatleben, Schule und Beruf, mvg 2016

57 UNICEF/Katharina Kesper: Coronavirus – Wie soll man mit Kindern darüber sprechen? Acht Tipps, wie Sie Ihr Kind beruhigen und schützen können, UNICEF Info, 20. 03. 2020, https://www.unicef.de/informieren/aktuelles/blog/coronavirus-acht-tipps-mit-kindern-darueber-zu-sprechen/212392

58 Mechthild R. von Scheurl-Defersdorf: Deutlich reden, wirksam handeln – Kindern zeigen, wie Leben geht, Herder 2016, S. 89

59 Vorsorgeuntersuchung für Erwachsene, Stadt Wien, https://www.wien.gv.at/gesundheit/beratung-vorsorge/gesundenuntersuchung/

60 »Enkelfähig« ist ein von der Investmentholding Haniel aus Duisburg geprägter Begriff und Titel eines Magazins, mit dem das familiengeführte Unternehmen eine gesellschaftliche Debatte über Werte anstoßen möchte: http://www.enkelfaehig.de/

61 Ute Glaser: Die Eltern-Trickkiste – So bekommen Sie Zahnputzverächter, Gemüseverweigerer und alle anderen Widerständler spielend in den Griff, GU 2001, S. 13

62 Ebd.

63 Ebd.

64 Tanja Walter: Hilfe, mein Kind flippt aus – Wie Eltern richtig reagie-

ren, RP online, 17.04.2019, https://rp-online.de/leben/gesundheit/psychologie/ausraster-beim-kind-so-reagieren-eltern-richtig_aid-38143565

65 Ebd.

66 Martin Stahlmann: Was soll das Kind fühlen? KSA – Kinderschutz aktuell, 2. Quartal 2019, S. 11

67 Ebd.

68 Ebd.

69 Franziska Fischer: Riddikulus! Patronus!, in: Kinderschutz aktuell, 2. Quartal 2019, S. 12

70 Ebd., S. 12 f.

71 Ebd., S. 13

72 Ebd.

73 Exemplarisch für das vielpublizierte Prinzip sei folgender Ratgeber des Schöpfers genannt: Ben Furman/Kai Kujasalo: Ich schaff's! Spielerisch und praktisch Lösungen mit Kindern finden – Das 15-Schritte-Programm für Eltern, Erzieher und Therapeuten, 6. Auflage, Carl-Auer Verlag 2020

74 Ben Furman/Kai Kujasalo: Ich schaff's! Spielerisch und praktisch Lösungen mit Kindern finden – Das 15-Schritte-Programm für Eltern, Erzieher und Therapeuten, Carl Auer Verlag 2015, S. 44 ff.

75 Ebd., S. 15 f.

76 Ebd., S. 44 ff.

77 Elisabeth Raffauf/Renate Blum-Maurice: Schamgefühl bei Kindern, Expertinnengespräch, in: Kinderschutz aktuell, 2. Quartal 2019, S. 18

78 Ebd.

79 Ebd.

80 Ebd.

81 Expertin: Worte können wie körperliche Gewalt verletzen, Handelsblatt online, 08.11.2006, https://www.handelsblatt.com/technik/forschung-innovation/wissenschaft-expertin-worte-koennen-wie-koerperliche-gewalt-verletzen/2730026.html?ticket=ST-2358768-r6BtINnQKT9NvBIjy6or-ap1#:~:text=Worte%20

k%C3%B6nnen%20nach%20Aussage%20der,verletzend%20sein%20wie%20k%C3%B6rperliche%20Gewalt.&-text=%E2%80%9EWorte%20f%C3%BCgen%20dem%20Gegen%C3%BCber%20zwar,als%20linguistisches%20Messer%20eingesetzt%20werden
82 Ebd.
83 Deborah Tannen: Das hab' ich nicht gesagt! Kommunikationsprobleme im Alltag, Goldmann 1999
84 Jostein Gaarder: Fragen fragen, Hanser 2012
85 Friedemann Schulz von Thun: Miteinander reden 1: Störungen und Klärungen, Rowohlt 2013, S. 88
86 Ebd.
87 Thomas Gordon/V. Sterling Edwards: Making the Patient Your Partner – Communication Skills for Doctors and Other Caregivers, Greenwood Publishing 1997, S. 112, zitiert nach: https://books.google.de/books?id=mKUwSxK7vIMC&pg=PA112#v=onepage&q&f=false)
88 Thomas Gordon: Teacher Effectiveness Training – The Program Proven to Help Teachers Bring Out the Best in Students of All Ages, Crown Publishing 2003, S. 142 ff., zitiert nach: https://books.google.de/books?id=_XelYuKzXQgC&pg=PA142#v=onepage&q&f=false
89 Thomas Gordon: Die Neue Familienkonferenz: Kinder erziehen ohne zu strafen, Heyne 2012, S. 172 ff.
90 Ebd., S. 83 ff.
91 Ebd., S. 180 ff.
92 Daniela Liebich: Mit Kindern sprechen – Die richtigen Worte finden, Kizz online, 09.10.2014, https://www.herder.de/kizz/kinderentwicklung-erziehung/mit-kindern-sprechen-die-richtigen-worte-finden/
93 Ebd.
94 Verena Friederike Hasel: Gebt den Kindern einen Grund zum Lernen! Zeit online, 26.12.2019, https://www.zeit.de/gesellschaft/schule/2019-12/bildung-neuseeland-schulen-lehrer-kinder-lernen
95 Ebd.

96 Carnegie Mellon University: Randy Pausch Last Lecture – Achieving Your Childhood Dreams, 20. 12. 2007, https://www.youtube.com/watch?v=ji5_MqicxSo&t=3118s

97 Randy Pausch/Jeffrey Zaslow: Last Lecture – Die Lehren meines Lebens, Goldmann 2009

Die Wiederentdeckung einer vergessenen Tugend

Respekt ist nicht nur Voraussetzung für eine funktionierende Gesellschaft. Er ist der Schlüssel zum ganz persönlichen Erfolg. Wer beruflich und privat langfristig etwas erreichen will, kommt mit einem egoistischen und arroganten Verhalten nicht weit. Um auch in schwierigen Situationen zu bestehen, braucht es Selbstbeherrschung, Überzeugungskraft und Konfliktfähigkeit. Mit anderen Worten: Nur wer lernt, mit anderen respektvoll umzugehen, wird am Ende selbst Respekt und Anerkennung gewinnen.

René Borbonus

Respekt!

Wie Sie Ansehen bei Freund und Feind gewinnen

Hardcover mit Schutzumschlag
Auch als E-Book erhältlich
www.ullstein.de

Econ

Sag, was du meinst, und du bekommst, was du willst

Klar zu scheinen ist einfach – klar zu sein ein Alleinstellungsmerkmal. Heute hat scheinbar jeder etwas zu sagen und tut das dann auch noch. Die Welt ist dadurch nicht klarer, sondern noch komplexer geworden. René Borbonus bringt Klarheit in die Kommunikation: Warum werden wir so oft nicht gehört, obwohl wir laut in den Wald rufen? Was macht eine Argumentation, ein Gespräch, eine Rede wirklich klar? Und wo ist eigentlich der Schwarm, wenn man ihn braucht?

René Borbonus

Klarheit

Der Schlüssel zur besseren Kommunikation

Hardcover mit Schutzumschlag
Auch als E-Book erhältlich
www.ullstein.de

Econ

Der Nr.-1-Bestseller aus Großbritannien

Die erfahrene Psychotherapeutin Philippa Perry erzählt berührend von ihrer Arbeit und ihrem Familienleben und verrät, wie wir schmerzliche Erfahrungen aus der eigenen Kindheit nicht weitergeben, sondern heilen. Wenn wir uns bewusst machen, dass unsere eigene Erziehung das Verhältnis zu unseren Kindern beeinflusst, können wir aus Fehlern lernen – und sie wiedergutmachen. Wir erfahren, wie wir aus negativen Verhaltensmustern ausbrechen und mit impulsiven Gefühlen umgehen. »Ein gütiges und versöhnliches Buch, das uns lehrt, gütig und versöhnlich mit uns selbst, unseren Kindern und unseren eigenen Eltern umzugehen.« *The Times*

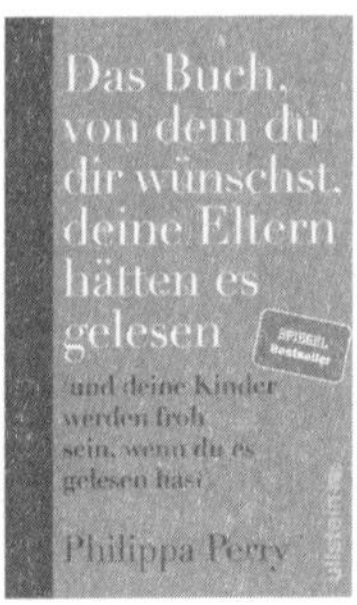

Philippa Perry

Das Buch, von dem du dir wünschst, deine Eltern hätten es gelesen

(und deine Kinder werden froh sein, wenn du es gelesen hast)

Aus dem Englischen von Karin Schuler
Halbleinenband
Auch als E-Book erhältlich
www.ullstein.de

ullstein